Antonio Benedito Silva Oliveira

Dalgi Sequeira Santos

IFRS e CPC

Guia de aplicação contábil para contexto brasileiro

Editora Saraiva

www.editorasaraiva.com.br

Editora Saraiva

Rua Henrique Schaumann, 270
Pinheiros – São Paulo – SP – CEP: 05413-010
Fone PABX: (11) 3613-3000 Fax: (11) 3611-3308
Televendas: (11) 3613-3344 Fax vendas: (11) 3268-3268
Site: http://www.saraivauni.com.br

Filiais

AMAZONAS/RONDÔNIA/RORAIMA/ACRE
Rua Costa Azevedo, 56 – Centro
Fone/Fax: (92) 3633-4227/3633-4782 – Manaus

BAHIA/SERGIPE
Rua Agripino Dórea, 23 – Brotas
Fone: (71) 3381-5854/3381-5895/3381-0959 – Salvador

BAURU/SÃO PAULO (sala dos professores)
Rua Monsenhor Claro, 2-55/2-57 – Centro
Fone: (14) 3234-5643 – 3234-7401 – Bauru

CAMPINAS/SÃO PAULO (sala dos professores)
Rua Camargo Pimentel, 660 – Jd. Guanabara
Fone: (19) 3243-8004/3243-8259 – Campinas

CEARÁ/PIAUÍ/MARANHÃO
Av. Filomeno Gomes, 670 – Jacarecanga
Fone: (85) 3238-2323/3238-1331 – Fortaleza

DISTRITO FEDERAL
SIA/SUL Trecho 2, Lote 850 – Setor de Indústria e Abastecimento
Fone: (61) 3344-2920/3344-2951/3344-1709 – Brasília

GOIÁS/TOCANTINS
Av. Independência, 5330 – Setor Aeroporto
Fone: (62) 3225-2882/3212-2806/3224-3016 – Goiânia

MATO GROSSO DO SUL/MATO GROSSO
Rua 14 de Julho, 3148 – Centro
Fone: (67) 3382-3682/3382-0112 – Campo Grande

MINAS GERAIS
Rua Além Paraíba, 449 – Lagoinha
Fone: (31) 3429-8300 – Belo Horizonte

PARÁ/AMAPÁ
Travessa Apinagés, 186 – Batista Campos
Fone: (91) 3222-9034/3224-9038/3241-0499 – Belém

PARANÁ/SANTA CATARINA
Rua Conselheiro Laurindo, 2895 – Prado Velho
Fone: (41) 3332-4894 – Curitiba

PERNAMBUCO/ ALAGOAS/ PARAÍBA/ R. G. DO NORTE
Rua Corredor do Bispo, 185 – Boa Vista
Fone: (81) 3421-4246/3421-4510 – Recife

RIBEIRÃO PRETO/SÃO PAULO
Av. Francisco Junqueira, 1255 – Centro
Fone: (16) 3610-5843/3610-8284 – Ribeirão Preto

RIO DE JANEIRO/ESPÍRITO SANTO
Rua Visconde de Santa Isabel, 113 a 119 – Vila Isabel
Fone: (21) 2577-9494/2577-8867/2577-9565 – Rio de Janeiro

RIO GRANDE DO SUL
Av. A. J. Renner, 231 – Farrapos
Fone: (51) 3371- 4001/3371-1467/3371-1567 – Porto Alegre

SÃO JOSÉ DO RIO PRETO/SÃO PAULO (sala dos professores)
Av. Brig. Faria Lima, 6363 – Rio Preto Shopping Center – V. São José
Fone: (17) 3227-3819/3227-0982/3227-5249 – São José do Rio Preto

SÃO JOSÉ DOS CAMPOS/SÃO PAULO (sala dos professores)
Rua Santa Luzia, 106 – Jd. Santa Madalena
Fone: (12) 3921-0732 – São José dos Campos

SÃO PAULO
Av. Antártica, 92 – Barra Funda
Fone PABX: (11) 3613-3666 – São Paulo

302.174.001.001

ISBN 978-85-02-21229-9

**CIP-BRASIL. CATALOGAÇÃO NA FONTE
SINDICATO NACIONAL DOS EDITORES DE LIVROS, RJ.**

O45i
Oliveira, Antonio Benedito Silva
IFRS e CPC : guia de aplicação contábil para contexto brasileiro / Antonio Benedito Silva Oliveira, Dalgi Sequeira Santos. – 1. ed. – São Paulo: Saraiva, 2013.
272 p. ; 24 cm.

ISBN 978-85-02-21229-9

1. Contabilidade. 2. Contabilidade – Normas. I. Sequeira, Dalgi Santos. II. Título.

13-04166
CDD: 657
CDU: 657

16/08/2013   19/08/2013

Copyright © Antonio Benedito Silva Oliveira
Dalgi Sequeira Santos
2014 Editora Saraiva
Todos os direitos reservados.

Direção editorial	Flávia Alves Bravin
Coordenação editorial	Rita de Cássia da Silva
Editorial Universitário	Luciana Cruz Patricia Quero
Editorial de Negócios	Gisele Folha Mós
Produção editorial	Daniela Nogueira Secondo Rosana Peroni Fazolari
Produção digital	Nathalia Setrini Luiz
Suporte editorial	Najla Cruz Silva
Arte e produção	Join Bureau
Capa	Weber Amendola
Produção gráfica	Liliane Cristina GomesGeográfica E
Impressão e acabamento	Geográfica Editora

Contato com o editorial
editorialuniversitario@editorasaraiva.com.br

1ª edição

Antônio dedica essa obra à sua esposa Cidinha e a seu filho Miguel.

Dalgi dedica essa obra a seu esposo Nuno e seus filhos João Pedro, Mariana e André Luís.

"... A razão, uma faísca a mover o coração..."
(Sb. 2,2)

Agradecemos, em primeiro lugar, a Deus, a força maior que nos move no mundo, pela possibilidade de estarmos aqui com desafios e oportunidades de crescimento e melhoria.

Gostaríamos de agradecer imensamente à nossa família pela compreensão nos momentos em que deixamos de estar com ela para nos dedicarmos a este livro, além do apoio que nos deu nos momentos de maior desafio.

Agradecemos à editora Saraiva, que acreditou nesse projeto, nos dando o suporte necessário.

Por fim, agradecemos a todos os amigos que, de uma maneira ou de outra, colaboraram para a realização desta obra.

Sobre os autores

Antonio Benedito Silva Oliveira

É doutor e mestre em Controladoria e Contabilidade pela Faculdade de Economia, Administração e Contabilidade da Universidade de São Paulo (FEA-USP) e graduado em Ciências Contábeis pela mesma instituição. Atualmente, é consultor de empresas na área de Contabilidade Gerencial e professor da Pontifícia Universidade Católica de São Paulo (PUC-SP) nesta área. Tem artigos publicados em revistas e congressos científicos da área e livros no ramo de Controladoria, Contabilidade, Gestão e Pesquisa Contábil.

Dalgi Sequeira Santos

É mestre em Ciências Contábeis e Atuariais pela Pontifícia Universidade Católica de São Paulo (PUC-SP), MBA em Finanças Empresariais pela Fundação Getulio Vargas (FGV); bacharel em Ciências Contábeis pela Universidade Paulista (UNIP); e em Administração de empresas pela PUC-SP.

Prefácio

A ideia para essa obra surgiu do dia a dia dos autores que, ao ministrarem contabilidade, verificaram a necessidade de um livro *tropicalizado* que falasse de IFRS e fizesse a devida conexão com os CPCs no Brasil. Assim, com o convite da Editora Saraiva, se viabilizou a intenção da obra.

O livro tem foco em um público que queira tomar contato com o conjunto completo das normas internacionais de contabilidade e com a brasileira após a convergência.

Desenvolveu-se uma visão estruturada para cada norma, procurando-se seguir a ordem lógica estabelecida pela própria composição, cuidando para inserir ideias, comentários, enriquecendo os temas, porém com o desvelo e atenção para não distorcer a norma e seus conceitos.

A obra pode ser lida completa, ou de acordo com a necessidade técnica do leitor.

Ela foi desenvolvida também para ser utilizada em cursos de ciências contábeis, matéria de introdução às normas contábeis, e no apoio ao docente, por ter uma estruturação pedagógica.

Cada capítulo é separado e ordenado de maneira a tratar exclusivamente uma IFRS e IAS vigente. A disposição de modo geral é a seguinte:

- **Introdução:** Situa-se o leitor na norma e consideram-se diferenças da norma internacional, quando houver, para o CPC. Lembrando que são poucas e pontuais, pois o processo de convergência no Brasil é bem-sucedido.

- **Objetivo da norma:** Considerar objetivo e alcance da norma, com alguns comentários e destaques.

- **Visão geral do assunto:** Trata principais temas desenvolvidos na norma.

- **Definições:** Traz as definições transcritas da norma e, em alguns casos, comentários sobre elas.

- **Desenvolvimento:** Trata-se a parte técnica da norma, bem como detalhes de aplicação.

- **Divulgação:** Traz os principais pontos de divulgação, ou seja, não traz na íntegra toda a parte de divulgação da norma. Para esse item, a leitura dos detalhes de divulgação na norma é essencial, além de acompanhá-lo sempre com leitura de Demonstrações Contábeis Modelo (no caso brasileiro, as Demonstrações do Prêmio ANEFAC podem ser utilizadas como apoio), e modelos de divulgações publicados.

- **Considerações finais:** Comentários que fecham o capítulo e enfocam pontos essencias e diferenciais da norma, além do ponto de vista dos autores.

- **Questões para fixação do aprendizado:** Questões de fixação de níveis diferentes e que instigam o leitor a revisitar a norma além de materiais referenciados.

- **Referências:** Principais referências de consultas utilizadas pelos autores, além de serem importantes para o leitor cuja intenção é a ampliação do conhecimento.

Sumário

Introdução

A Convergência às Normas Internacionais de Contabilidade[1]

As Normas Internacionais de Contabilidade ficam a cargo do International Accounting Standard Board (IASB), entidade constituída em 2001, substituindo o International Accounting Standard Committee (IASC), fundado em 1973.

O IASB tem como signatários órgãos profissionais da Alemanha, Austrália, Canadá, Estados Unidos, França, Holanda, Irlanda, Japão, México e Reino Unido. Ao todo, cento e dezessete países são signatários deste padrão contábil.

Três principais vantagens acrescidas ao exposto

a) Redução de riscos nos investimentos internacionais

Neste contexto, a necessidade de harmonização surge em um ambiente globalizado de negócios, onde os tomadores de decisão sobre uma entidade econômica estão localizados em várias regiões geográficas do mundo e usam a informação contábil para realizar suas escolhas.

O quadro a seguir destaca algumas ideias relacionadas a esta realidade. Assim como aparece nele, a informação contábil é a linguagem na qual o conhecimento sobre as alternativas econômicas e suas consequências são analisadas. Surge daí o desafio da padronização desta linguagem, uniformizando, da melhor forma possível, os diversos dialetos existentes. Um problema básico é o de nivelar a linguagem sem matar a

---

[1] Grande parte deste capítulo foi escrita com base nas informações do site da Fundação IFRS. Acreditamos que o entendimento do funcionamento, da disponibilidade das normas, assim como para obtenção de materiais, justifica este capítulo. As informações públicas ali obtidas foram analisadas e retrabalhadas em conjunto com outros dados, buscando formar uma introdução ao estudo das normas IFRS.

Quadro 1   Objetivo e Contexto da Harmonização.

Objetivo da Contabilidade Internacional
▪ **Contabilidade**: linguagem universal;
▪ **Desafio mundial**: necessidade de padronização;
▪ **Contabilidade**: campo do conhecimento especializado;
▪ **Foco**: harmonização/convergência;
▪ **Prazo**: a partir de 2010 passaram a vigorar no Brasil as normas internacionais do padrão IASB, inclusive balanços internos;
▪ **Necessidade**: capacitar profissionais para a nova realidade.

cultura local e as várias circunstâncias que criam termos (procedimentos contábeis) específicos em cada dialeto. Conforme a professora Weffort, muitas vezes, existem razões econômicas, culturais e sociais para as diferenças. Importante, ainda neste contexto, notar que o foco é harmonização e não uniformização.

No Brasil, a Lei nº 11.638/2007, que regulamenta a contabilização das companhias abertas, estipula em seu artigo 177, parágrafo 5º, que:

> As normas expedidas pela Comissão de Valores Mobiliários a que se refere o § 3º deste artigo deverão ser elaboradas em consonância com os padrões internacionais de contabilidade adotados nos principais mercados de valores mobiliários.

O parágrafo 3º desta lei estipula a obrigatoriedade de adequar as demonstrações contábeis às exigências da norma, além de outras obrigações, conforme:

> As demonstrações contábeis das companhias abertas observarão, ainda, as normas expedidas pela Comissão de Valores Mobiliários, e serão auditadas por auditores independentes *registrados na mesma comissão.*

Com intuito de guiar o processo de harmonização, no Brasil, foi criado o Comitê de Pronunciamentos Contábeis (CPC), pelo Conselho Federal de Contabilidade, em conjunto com entidades como: Abrasca, Apimec Nacional, Bovespa, CFC, Fipecafi (FEA/USP) e Ibracon.

Existem ainda outras entidades denominadas convidadas permanentes a participar de reuniões:

1. Bacen;
2. CVM;
3. RFB;
4. Susep.

Com essa composição, o CPC é um organismo multidisciplinar de pronunciamentos, que centraliza a emissão de normas contábeis, e corresponde a um órgão independente criado para liderar o processo brasileiro de convergência ao IFRS (IASB), já adotado em 107 países.

Considerando-se o ambiente atual, a adesão às normas do IASB/IFRS é uma tendência mundial.

1. A partir de 2005, as normas contábeis internacionais (IFRSs) foram adotadas por 107 países.
2. As empresas listadas em bolsa de valores dos 25 países-membro da União Europeia (UE) estão obrigadas a elaborar demonstrações contábeis em IFRS.
3. Securities and Exchange Commission (SEC) – a partir de 2009, passou a aceitar das empresas estrangeiras listadas na bolsa de valores dos Estados Unidos a publicação de DF de acordo com o IFRS, sem necessidade de reconciliação com o USGaap.

Um aspecto inovador e que aparentemente terá profundos impactos na informação contábil e nos trabalhos do contador e do auditor é o da essência sobre a forma. Para que a informação represente adequadamente as transações e outros eventos que ela se propõe representar, é necessário que as transações e os eventos sejam contabilizados e apresentados de acordo com a sua substância e realidade econômica, e não meramente sua forma legal.

Sobre a Fundação IFRS e do IASB

Os IFRSs são fruto do trabalho do IASB, por meio de sua fundação IFRS uma organização do setor privado, independente e sem fins lucrativos que atua no interesse público e tem como objetivos:

- desenvolver um conjunto de normas internacionais de relatórios financeiros (IFRS) por meio de seu corpo normativo, o IASB, que sejam aceitas globalmente;
- promover o uso e a aplicação rigorosa dessas normas;
- ter em conta as necessidades de relato financeiro das economias emergentes e de pequenas e médias empresas (PME); e
- alcançar a convergência das normas contábeis nacionais e IFRS para soluções de alta qualidade.

A governança e supervisão das atividades desenvolvidas pela Fundação IFRS e seu corpo normativo tem como base a atuação dos seus curadores, que também são responsáveis pela salvaguarda da independência do IASB e por assegurar o financiamento da organização. Os curadores têm a responsabilidade de publicamente prestar contas a um Conselho de Monitoramento das autoridades públicas.

A definição de normas

O International Accounting Standards Board (IASB)

O IASB é o órgão normatizador independente da Fundação IFRS. Seus membros (atualmente 15 em tempo integral) são responsáveis:

a) pelo desenvolvimento e pela publicação de IFRS, incluindo as IFRSs para as PMEs; e
b) pela aprovação de interpretações do IFRS desenvolvidas pelo Comitê de Interpretações IFRS (anteriormente chamado IFRIC).

Todas as reuniões do IASB são abertas ao público e também disponibilizadas via *webcast*.

No cumprimento de suas funções de definição de padrões, o IASB segue um processo completo e sistematizado, aberto e transparente pela publicação de documentos de consulta, tais como de discussão e minutas de exposição, sobre os assuntos normatizados. Estes documentos ficam disponíveis para serem comentados pelo público e este aspecto é um componente importante do processo de definição das normas IFRS. O IASB envolve-se com as partes interessadas em todo o mundo, incluindo investidores, analistas, reguladores, líderes empresariais, representando os normalizadores e profissionais de contabilidade.

O Comitê para Interpretação do IFRS Interpretations Committee

O IFRS Interpretations Committee (anteriormente chamado IFRIC) é o órgão interpretativo do IASB. Este Comitê de Interpretação é composto por 14 membros votantes, nomeados pelos curadores, representando uma variedade de países e origens profissionais. Sua missão é a revisão em uma base oportuna de questões contábeis generalizadas que têm surgido no contexto do IFRS atual, com o intuito de fornecer orientação fundamentada.

A Equipe de Apoio da Fundação IFRS

Todas as outras atividades desenvolvidas pela Fundação IFRS em apoio aos objetivos da organização são gerenciados pela equipe da Fundação.

Essas atividades incluem:

- a criação de uma taxonomia XBRL[2] para IFRS e IFRS para as PME, visando a facilitar o uso eletrônico, a troca e a comparabilidade dos dados contábeis elaborados de acordo com as IFRSs. Isto é feito pela *equipe de XBRL para o IFRS*;

---

[2] *eXtensible Business Reporting Language* é uma linguagem de computador para transmissão de dados pela Internet. Uma taxonomia XBRL é um dicionário organizado dos conceitos utilizados em determinado contexto de negócios. Pode ser, por exemplo, um país ou outro domínio como uma empresa, ou um grupo de entidades.

- a produção de material atualizado, compreensível e passivo de ser baixado gratuitamente, e organização de conferências e *workshops* sobre o IFRS, sob o rótulo de *Iniciativa de Educação*;
- a proteção da marca IFRS para o apoio do projeto de convergência global para o financiamento da organização é outro conjunto de atividades desenvolvidas pela equipe de apoio sob o rótulo de *Gerenciamento de Conteúdo*;
- *operações*, incluindo a gestão do dia a dia e de apoio para a organização. Também estão inseridas as comunicações, melhora e expansão das relações externas e promoção do aperfeiçoamento da compreensão do trabalho da organização.

Traduções Oficiais do IFRS

Existem já algumas traduções oficiais para os IFRSs, que podem ser acessadas na página oficial da Fundação IFRS. Um aspecto de interesse nelas é o fato de que são criadas seguindo o processo de tradução da Fundação IFRS, que inclui a revisão por um comitê de especialistas técnicos contábeis.

Deve ser notado, para melhor entendimento dos prazos para a disponibilização das traduções, que, de forma geral, as normas IFRS são emitidas em inglês para estudo e aprovação pelo IASB, e o processo de tradução começa após a emissão da norma em inglês. Por essa razão, há uma demora entre a emissão da norma em inglês e a existência de traduções disponíveis.

A mudança para padrões globais

O objetivo da Fundação IFRS e do IASB é desenvolver, no interesse público, um conjunto único de normas de alta qualidade, compreensíveis, exequíveis e globalmente aceitas para a confecção de informação financeira, com base em princípios claramente articulados.

Em busca desse objetivo, o IASB trabalha em estreita cooperação com as partes interessadas em todo o mundo, incluindo investidores nacionais normalizadores, reguladores, auditores, acadêmicos e outros no desenvolvimento de padrões de alta qualidade globais.

Todas as grandes economias estabeleceram cronogramas para convergência ou adoção das normas IFRS em um futuro próximo. Os esforços de convergência internacionais da organização também são suportados pelo Grupo de Líderes 20 (G20), que, em sua reunião de setembro 2009, em Pittsburgh, Estados Unidos, solicitou aos órgãos internacionais de contabilidade que redobrassem seus esforços para alcançar essa meta.

Quadro 2   *Status* em 2010, para as empresas listadas em bolsa, da implementação do IFRS

País	*Status* para as empresas listadas em bolsas de valores em abril de 2010
Argentina	Obrigatório para os exercícios sociais iniciados em ou após 1º de janeiro de 2011.
Austrália	Obrigatório para todas as entidades de relatórios do setor privado e como base para o relatório do setor público desde 2005.
Brasil	Necessário para as demonstrações contábeis consolidadas de bancos e empresas listadas partir de 31 de dezembro de 2010 e para as contas individuais da empresa, progressivamente, desde janeiro de 2008.
Canadá	Obrigatório a partir de 1º janeiro de 2011 para todas as entidades listadas e permitido para entidades do setor privado, incluindo as sem fins lucrativos.
China	Substancialmente convergentes normas nacionais.
União Europeia	Todos os Estados-membros da UE são obrigados a adotar o IFRS tal como adotado pela UE para as empresas listadas desde 2005.
França	Necessário, por meio da UE, processo de adoção e implementação desde 2005.
Alemanha	Necessário, por meio da UE, processo de adoção e implementação desde 2005.
Índia	Índia é convergente com o IFRS ao longo de um período que começa em 1º de abril de 2011.
Indonésia	Processo de convergência em curso, uma decisão sobre uma data para a plena conformidade com as IFRSs está prevista para ser feita em 2012.
Itália	Necessário, por meio da UE, processo de adoção e implementação desde 2005.
Japão	Permitidas a partir de 2010 para uma série de empresas internacionais; decisão sobre a adoção obrigatória até 2016 esperada por volta de 2012.
México	Obrigatório a partir de 2012.
República da Coreia	Obrigatório a partir de 2011.
Rússia	Necessário para as instituições bancárias e de alguns outros emissores de valores mobiliários; permitido para outras empresas.
Arábia Saudita	Não é permitido para as empresas cotadas.
África do Sul	Necessário para as entidades listadas desde 2005.
Peru	Necessário para as entidades listadas desde 2008.
Reino Unido	Necessário, por meio da EU, processo de adoção e implementação desde 2005.
Estados Unidos	Permitido para emissores estrangeiros nos Estados Unidos desde 2007, data-alvo para substancial convergência com o IFRS que é de 2011 e decisão sobre sua eventual aprovação para as empresas americanas esperados em 2011.

NOTA: A lista refere-se apenas às sociedades cotadas em bolsas de valores. Assim, esta tabela não representa uma avaliação oficial do uso do IFRS nesses países, apesar de ser um bom indicador dessa adoção. Na maioria dos casos, a informação foi fornecida pelas autoridades nacionais competentes ou é baseada em informações disponíveis publicamente. Para obter informações definitivas sobre o uso do IFRS e em qualquer país ou países, contatar a autoridade competente diretamente.

Fonte: Fundação IFRS.

Como são desenvolvidas as interpretações (IFRIC)

Existem ainda, como descrito anteriormente, as Interpretações do IFRS, as IFRIC, que são desenvolvidas de acordo com um processo de consulta e debate, assim como as próprias normas IFRS, inclusive fazendo os projetos de interpretações serem propostos para comentário público.

Este processo para criação das IFRIC pelo IFRS Interpretations Committee compreende sete etapas:

1. Identificação de questões. A responsabilidade primária para a identificação de questões a serem consideradas pelo Comitê de Interpretações IFRS encontra-se com seus membros e observadores nomeados.
2. Definição da agenda. Um aspecto prático de qualquer projeto é o da definição do cronograma, a agenda de trabalhos, no caso da elaboração duma interpretação IFRIC. Este processo começa com a definição dos itens da agenda, as tarefas que deverão ser empreendidas.
3. Interpretações de IFRS reuniões de comissões e voto. Uma proposta de interpretação é desenvolvida para o voto do Comitê das interpretações. A votação ocorre em uma reunião pública. Um consenso é alcançado quando não mais que quatro membros votaram contra a proposta.
4. Desenvolvimento de um projeto de Interpretação. O IFRS Interpretations Committee chega às suas conclusões com base em informações contidas em documentos agenda preparada pelo pessoal do IASB.

Um documento descreve a questão a ser discutida e fornece as informações necessárias para os membros do Comitê de Interpretações desenvolver uma compreensão do problema e tomar decisões sobre o assunto.

Um trabalho é desenvolvido para a consideração do Comitê de Interpretações depois de uma revisão completa da literatura contábil autorizada e de alternativas possíveis, incluindo a consulta sempre que necessária às autoridades conhecedoras e definidoras de padrões sobre o assunto.

Tal trabalho pode incluir:

- breve descrição da transação ou do evento;
- questões ou perguntas específicas a serem consideradas pelo Comitê de Interpretações;
- conceitos relevantes da estrutura;
- descrição dos potenciais adequados sobre tratamentos alternativos com base nesses conceitos, com os argumentos a favor e contra cada alternativa;
- lista dos pronunciamentos do IASB relevantes, bem como aqueles de normalizadores nacionais, identificando qualquer inconsistência entre os tratamentos alternativos, os conceitos relevantes e do padrão; e
- recomendações sobre o tratamento contábil apropriado.

5. O papel do IASB na edição de Interpretação. Quando o IFRS Interpretations Committee chega a um consenso sobre uma interpretação, esta é colocada para o IASB ratificar (em uma reunião pública) antes de ser emitido.

6. Comentário sobre período e deliberação. Costuma-se também definir um período de consulta quanto a itens não adicionados à agenda, com um período de comentários não inferior a 30 dias.

   Os comentários recebidos são colocados no registro público, exceto quando expressamente solicitados pelo comentarista (apoiados por uma boa razão, como a confiança comercial), e compõem a deliberação que ocorre na reunião seguinte do Comitê de Interpretação. Nessa reunião, o Comitê de Interpretação decide se acrescenta a questão em sua agenda.

7. O papel do IASB em uma interpretação. A aprovação pelo IASB requer que, pelo menos, nove membros do IASB sejam a favor – os votos do IASB sobre a interpretação como apresentados pela Comissão de Interpretações. Se uma interpretação não for aprovada pelo IASB, ele fornece ao Comitê de Interpretação uma análise das objeções e preocupações dos votantes contra a interpretação.

   Com base nesta análise, o IASB decidirá se o caso deve ser remetido ao Comitê de Interpretação, adicionado à própria agenda do IASB ou não será objeto de qualquer ação adicional.

   Interpretações aprovadas são emitidas pelo IASB.

No Brasil

No Brasil, o processo de emissão e harmonização das normas emitidas ficou a cargo do Comitê de Pronunciamentos Contábeis, com a organização que consta no Quadro 3.

Nota-se neste quadro que são vários os órgãos componentes do Comitê de Pronunciamentos Contábeis. No caso brasileiro, houve a inserção do pronunciamento referente à Demonstração de Valor Adicionado, que não consta do conjunto original de normas emitidas pelo IFRS. Para as demais normas, optou-se pela escolha de trazer para os pronunciamentos brasileiros as normas internacionais o mais fielmente possível.

Nesse processo de harmonização às Normas Internacionais de Contabilidade iniciado em 2008, no Brasil, foram dados já vários passos, como a edição das Leis nos 11.638/07 e 11.941/09 (conversão em lei da Medida Provisória nº 449/08). Do ponto de vista do trabalho do Comitê, conforme levantamento apresentado pela Deloitte, há os seguintes produtos:

a) em 2008: 14 pronunciamentos, 1 norma sobre a estrutura conceitual básica e 1 orientação técnica. Estes documentos foram emitidos pelo Comitê de Pronunciamentos Contábeis (CPC), e aprovados por Deliberações da CVM e Resoluções do CFC;

b) em 2009: o CPC editou mais 27 pronunciamentos, 2 orientações e 12 interpretações técnicas. Também aprovados por Deliberações da CVM e Resoluções do CFC;

Quadro 3 Entidades envolvidas no processo brasileiro de harmonização

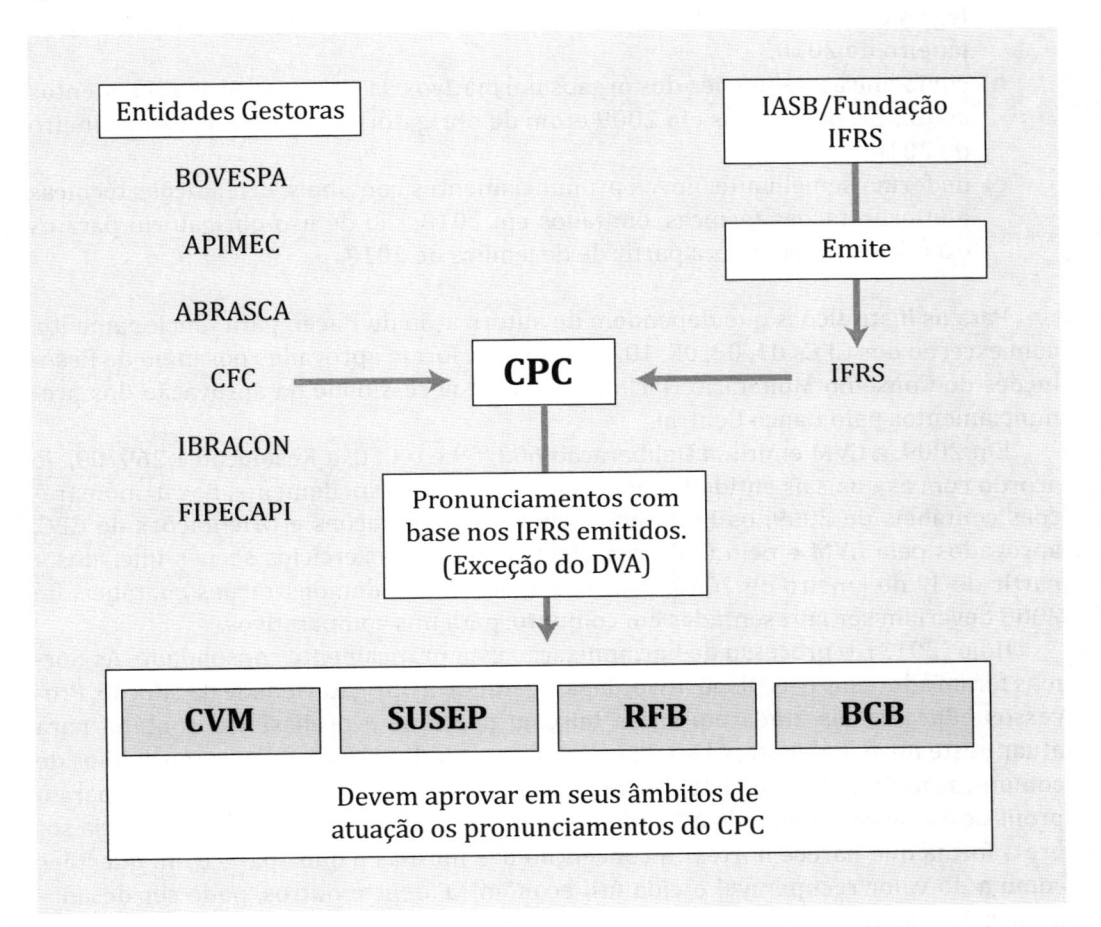

c) Em 2009, foi publicado também o CPC PME, aplicável às entidades considera-das como de pequeno e médio portes, que não sejam emitentes de títulos de dívida negociados no mercado, companhias abertas e, também, que não sejam sociedades de grande porte conforme definido na Lei nº 11.638/07;

d) O trabalho do Comitê prossegue com novos pronunciamentos, orientações e interpretações técnicas publicados no período de 2010 a 2012.

Em relação aso prazos para aplicação, a CVM e o CFC estabeleceram que:

a) os pronunciamentos editados em 2008, que tratassem de assuntos já defini-dos na Lei nº 11.638/07 e na MP 449/08 (Lei nº 11.941/09) tiveram de ser aplicados no próprio exercício de 2008. Houve uma exceção, por conta do CPC 11 que trata de contratos de seguros, que não tinham sido objeto de definições legais e normativas anteriores e que, portanto, estariam em vigor a partir de janeiro de 2010;

b) conforme as definições dos órgãos normativos da época, os pronunciamentos contábeis publicados em 2009 eram de obrigatórios a partir de 1º de janeiro de 2010;

c) de forma semelhante, novos pronunciamentos contábeis, orientações técnicas e interpretações técnicas, emitidos em 2010, são de uso obrigatório para os exercícios encerrados a partir de dezembro de 2010.

Para as instituições que dependem de autorização do Bacen para funcionamento, com exceção dos CPCs 01, 03, 05, 10, 24 e 25, que foram aprovados por meio de Resoluções do Conselho Monetário Nacional, existe a necessidade da aprovação dos pronunciamentos pelo Banco Central.

Em 2009, a CVM emitiu a Deliberação 603/09 e o CFC, a Resolução 1.269/09, de acordo com as quais as entidades poderiam adotar antecipadamente, nas demonstrações contábeis de 2009, os Pronunciamentos, Interpretações e Orientações do CPC, aprovados pela CVM e pelo CFC, com vigência para os exercícios sociais iniciados a partir de 1º de janeiro de 2010. Para sua aplicação, as demonstrações contábeis de 2008 deveriam ser apresentadas em conjunto, para fins comparativos.

Hoje (2013), o processo de harmonização está praticamente consolidado. As normas foram adotadas e há dispositivos legais gerando a obrigatoriedade da adoção. Processos educacionais ainda em curso buscam preparar o profissional contábil para atuar neste novo ambiente. Além disso, há pareces indiscutíveis, bem como ganhos de comunicação do ponto de vista da informação contábil e ganhos profissionais para o profissional de contabilidade atuando neste novo contexto. A questão da essência sobre a forma que parece nortear a concepção das normas e que aparece em questões como a do valor recuperável e vida útil econômica, dentre outros, pode ser desafiadora, exigindo do contador e do auditor julgamentos envolvendo conhecimentos econômicos, de gestão e do negócio em si no qual estejam trabalhando.

1

Pronunciamento Conceitual Básico, Estrutura Conceitual para Elaboração e Divulgação de Relatório Contábil-Financeiro – CPC 00 (R1)

1.1 Introdução

A Estrutura Conceitual não é uma norma na essência e, portanto, não define normas ou procedimentos para qualquer questão particular sobre aspectos de mensuração ou divulgação. Ela não substitui qualquer Pronunciamento Técnico, Interpretação ou Orientação, sendo o balizamento destes.

É importante saber que a Estrutura Conceitual Básica está em processo de atualização efetuada pelo IASB e FASB, que estão trabalhando em conjunto para a renovação de um documento.

O foco é atualizar, em fases predeterminadas na agenda dessas duas entidades, a Estrutura Conceitual para Elaboração e Apresentação das Demonstrações Contábeis, que foi emitida em 1989. Quando finalizada, haverá um único documento, denominado Estrutura Conceitual para Elaboração e Divulgação de Relatório Contábil-Financeiro (*The Conceptual Framework for Financial Reporting*).

A versão trabalhada neste livro corresponde à para 2011 da Estrutura Conceitual, válida para 2012, que inclui dois capítulos da primeira fase do projeto da Estrutura:

Capítulo 1 – Objetivo da elaboração e divulgação de relatório contábil-financeiro de propósito geral;

Capítulo 3 – Características qualitativas da informação contábil financeira útil.

É fundamental verificar que:

- O Capítulo 2, que ainda não está concluído, tratará da entidade que divulga a informação.
- O Capítulo 4 é formado pelos conceitos importantes que remanesceram da antiga Estrutura Conceitual.

O documento foi emitido no Brasil, denominado CPC 00, com mínimas alterações em relação ao internacional.

Nota-se que é um documento de natureza generalista e considera determinados conceitos que podem, ou não, estar contemplados pela normatização local.

Um exemplo dessa adaptação local se refere à Reavaliação, citada na figura da manutenção do capital físico, que a Lei das Sociedades por Ações, após a modificação instituída pela Lei nº 11.638/2007, não mais o admite a partir de 2008.

A justificativa técnica é que esse caso trata de uma das alternativas de manutenção de capital, e não a única, apesar dessa menção no documento Reavaliação Espontânea de Ativos, e não mais poderá ser realizada no Brasil enquanto viger a Lei atual.

1.2   Objetivo da norma

O objetivo é lançar diretrizes para Elaboração e Divulgação de Relatório Contábil-Financeiro.

Essas diretrizes, segundo a própria norma, buscam gerar Demonstrações Contábeis que sejam úteis na tomada de decisões econômicas e avaliações por parte dos usuários em geral.

Deve servir como orientação, na forma de um conjunto básico de conceitos fundamentais. Uma espécie de dicionário a ser utilizado, consistentemente embasado em conceitos acadêmicos que constituem o arcabouço teórico, principalmente no que tange à Teoria Geral da Contabilidade.

A proposta é a de que, entendendo a Estrutura Conceitual básica, o leitor tenha plenas condições de compreender as outras normas, criticá-las e, na ausência de normas específicas para determinados assuntos, possa chegar a conclusões e contabilizações racionais e aceitáveis, por meio do raciocínio e da aplicação da Estrutura Conceitual.

1.3   Visão geral do assunto

O capítulo tratará da norma de Estrutura Conceitual Básica e passará por tópicos importantes e profundamente necessários ao conhecimento, para que se possam ordenar e priorizar os outros níveis de interpretação e discussões técnicas das normas que se seguirão.

Uma premissa básica, fruto de consenso teórico e profissional, é a de que seja indiscutível o dever de conhecimento dos fatores que limitam as características dos elementos das Demonstrações Contábeis, quais são esses elementos e suas características, além dos parâmetros para reconhecimento e mensuração desses itens.

Sem fundamentar o conhecimento dos termos e das definições trazido por essa norma, torna-se quase impossível seguir adiante com os estudos.

1.4 Definições

Essa é uma norma que trata basicamente de definições, portanto, diferentemente dos outros capítulos deste livro, nos quais serão expostas definições utilizadas e explicadas, esta seção não tem este conteúdo específico.

1.5 Desenvolvimento

1.5.1 O objetivo do relatório contábil-financeiro de propósito geral (Capítulo 1 da norma)

O Capítulo 1 da Estrutura Conceitual tem seus parágrafos numerados como OB de objetivo.

A norma define:

O objetivo do relatório contábil-financeiro de propósito geral é fornecer informações contábil-financeiras acerca da entidade que as reporta (*reporting entity*) sendo úteis a investidores existentes e em potencial, a credores por empréstimos e a outros credores, quando da tomada decisão ligada ao fornecimento de recursos para a entidade. Essas decisões envolvem comprar, vender ou manter participações em instrumentos patrimoniais e de dívida, e a oferecer ou disponibilizar empréstimos ou outras formas de crédito.

A análise das entradas e das saídas dos fluxos de caixa futuros geram expectativas nos investidores, credores por empréstimos e outros credores em termos de retorno. Para gerenciar as perspectivas e efetivamente apostar na entidade, esses usuários necessitam de informação acerca de recursos, reivindicações contra a entidade, e sobre a eficiência e efetividade da administração em relação ao uso dos recursos desta. Para tal fim, esses interessados utilizam os relatórios contábil-financeiros que têm como propósito ajudar a atender a essas necessidades.

Mas, cabe lembrar que relatórios contábil-financeiros de propósito geral:

i. não podem atender a todas as informações de que necessitam os usuários. Estes devem considerar relato pertinente de outras fontes;
ii. não são elaborados para mostrar o valor econômico da entidade;
iii. não são elaborados para atender primariamente a órgãos reguladores e demais usuários que não sejam investidores, credores por empréstimo e outros credores;
iv. são em larga escala baseados em estimativas, julgamentos e modelos, e não em descrições ou retratos exatos.

Assim, esses relatórios representam informações sobre:

i. recursos econômicos da entidade; e
ii. mudanças nos recursos econômicos e reivindicações.

Ambos os tipos de informação fornecem dados de entrada úteis para decisões liga-das à entidade.

1.5.2 Recursos econômicos e reivindicações

Referem-se à natureza e aos montantes de recursos econômicos e reivindicações da entidade. Informações sobre os fluxos de caixa dela também ajudam os usuários a avaliar a capacidade de a entidade gerar fluxos de caixa futuros líquidos, indicando como ela obtém e despende caixa. Esse tipo de informação auxilia usuários a identi-ficar pontos fracos e fortes em relação à saúde financeira da entidade.
Exemplos:

- informações sobre seus empréstimos e resgate de títulos de dívida;
- dividendos e outras distribuições para seus investidores;
- outros fatores que podem afetar a liquidez e a solvência da instituição.

1.5.3 Mudanças nos recursos econômicos e reivindicações

Informações de variações são de extrema importância e ajudam na possibilidade de montagem e projeções de fluxos e predição de retornos futuros da entidade sobre os seus recursos econômicos (função preditiva), além da análise da *performance* finan-ceira refletida pelo regime de competência e pelos fluxos de caixa. Veja que:

i. informações sobre a *performance* financeira da entidade auxiliam os usuários a compreender o retorno que ela tenha gerado sobre os seus recursos econômicos;
ii. informações sobre o retorno gerado pela corporação servem como indicativo de quão diligente a administração foi no desempenho de suas responsabilidades para tornar eficiente e eficaz o uso dos recursos da entidade;
iii. informações sobre a variabilidade e sobre os componentes desse retorno tam-bém são importantes, especialmente para avaliação das incertezas associadas a fluxos de caixa futuros;
iv. informações sobre a *performance* financeira passada e sobre quão diligente a administração tem sido no desempenho de suas responsabilidades são, do mesmo modo, úteis para predição de retornos futuros da instituição sobre os seus recursos econômicos.

1.5.4 Regime de competência

A norma enfatiza que o regime de competência retrata com propriedade os efeitos de transações e outros eventos e circunstâncias sobre os recursos econômicos e reivin-dicações. Ele foca mais no fornecimento de melhor base de avaliação da *performance* passada e futura da entidade do que a informação em caixa.

Pronunciamento Conceitual Básico, Estrutura Conceitual para Elaboração
e Divulgação de Relatório Contábil-Financeiro – CPC 00 (R1)

5

1.6 Características qualitativas da informação contábil-financeira útil (Capítulo 3 da norma)

1.6.1 Características qualitativas fundamentais

As características qualitativas da informação contábil-financeira estão divididas em dois grupos:

a) São duas características qualitativas fundamentais, consideradas as mais críticas:

Relevância
É a informação que faz diferença nas decisões econômicas dos usuários. Ajuda a avaliar o impacto de eventos passados ou a corrigir suas avaliações anteriores (valor confirmatório), ou os auxilia nos processos para predizer resultados futuros (valor preditivo). A Relevância sempre está relacionada com a natureza e com o tamanho (materialidade) do item.

Representação fidedigna
A informação fidedigna é definida em três características de informação:

- completa, aquela que contém o necessário para que o usuário compreenda o que está sendo retratado;
- neutra, aquela informação sem viés na seleção ou na apresentação, não está distorcida para mais, tampouco para menos; e
- livre de erro, não é aquele parecer com total exatidão, mas sim que o processo para obtenção deste tenha sido selecionado e aplicado livre de erros.

b) Quatro características qualitativas de melhoria, menos críticas, porém desejáveis são:

   i. comparabilidade;
  ii. verificabilidade;
 iii. tempestividade; e
 iv. compreensibilidade.

Restrição de custo na elaboração e divulgação de relatório contábil-financeiro útil
O processo de elaboração e divulgação de relatório contábil-financeiro impõe custos, que devem ser justificados pelos benefícios gerados pela divulgação da informação.

O foco é gerar dados fidedignos e relevantes que suportem os usuários com informação suficiente para sua tomada de decisões. Mas, cabe aqui uma limitação, porque o foco não é suportar usuários de qualquer sorte com todos os informes possíveis.

Devido a essa subjetividade envolvida na decisão do que seja informação útil e suficiente, cabe aos órgãos normalizadores procurar tomar por base os custos e benefícios com relação à elaboração e à divulgação de modo geral, e não somente em relação a entidades individuais que reportam a informação.

1.7 Estrutura conceitual para elaboração e apresentação das demonstrações contábeis: texto remanescente (Capítulo 4 da norma)

1.7.1 Premissa da continuidade operacional (*going concern assumption*)

Normalmente, entende-se que a entidade não tem a intenção, tampouco a necessidade de entrar em processo de liquidação ou de reduzir materialmente a escala de suas operações, portanto, é uma corporação em bases de continuidade operacional.

No entanto, cabe ressaltar que as demonstrações contábeis podem ser elaboradas em bases diferentes da continuidade. Para esses casos, a divulgação é requerida.

Elementos das demonstrações contábeis

O grupamento retrata os efeitos patrimoniais e financeiros das transações e outros eventos em classes amplas de acordo com as suas características econômicas. Podem-se denominar essas classes de elementos das demonstrações contábeis.

Eles podem ser assim classificados:

i. elementos diretamente relacionados à mensuração da posição patrimonial e financeira no balanço patrimonial: são os ativos, os passivos e o patrimônio líquido;
ii. elementos diretamente relacionados com a mensuração do desempenho na demonstração do resultado: são as receitas e as despesas.

É importante notar que a demonstração das mutações na posição financeira geralmente reflete os elementos da evidência do resultado e as alterações nos componentes do balanço patrimonial. A *Estrutura Conceitual* não identifica qualquer elemento que seja exclusivo dessa demonstração.

1.7.2 Posição patrimonial e financeira

Os elementos diretamente relacionados com a mensuração da posição patrimonial são:

a) ativo: é um recurso controlado pela entidade como resultado de eventos passados e do qual se espera que fluam futuros benefícios econômicos para a entidade;
b) passivo: é uma obrigação presente da corporação, derivada de eventos passados, cuja liquidação se espera que resulte na saída de recursos da entidade capazes de gerar benefícios econômicos;
c) patrimônio líquido: é o interesse residual nos ativos da entidade depois de deduzidos todos os seus passivos.

1.7.3 Desempenho

O resultado é tido como a medida de desempenho ou como base para outras medidas. Os elementos diretamente relacionados com a mensuração do resultado são as receitas e as despesas.

Os elementos de receitas e despesas são definidos como segue:

a) receitas são aumentos nos benefícios econômicos durante o período contábil, sob a forma da entrada de recursos ou do aumento de ativos ou diminuição de passivos, que resultam em crescimento do patrimônio líquido, e que não estejam relacionados com a contribuição dos detentores dos instrumentos patrimoniais;

b) despesas são decréscimos nos benefícios econômicos durante o período contábil, sob a forma da saída de recursos ou da redução de ativos ou assunção de passivos, que resultam em diminuição do patrimônio líquido, e que não estejam relacionados com distribuições aos detentores dos instrumentos patrimoniais.

1.7.4 Ajustes para manutenção de capital

É importante saber que as movimentações de alguns itens, embora se enquadrem na definição de receitas e despesas, como citado anteriormente, são incluídas no patrimônio líquido da ótica de conceitos de manutenção de capital.

Para esse conceito, conforme Glautier e Underdown,[1] existe um entendimento comum de que o lucro é a sobra que pode ser distribuída após se ter garantido a manutenção do capital. Apesar desse entendimento geral, no entanto, não existe unanimidade sobre o que seria *manutenção do capital*.

Pode-se citar como exemplo "a reavaliação de ativos".

1.7.5 Conceitos de capital

O conceito de capital financeiro (ou monetário) é adotado pela maioria das entidades na elaboração de suas demonstrações contábeis. Já o conceito de capital apropriado para a corporação deve estar baseado nas necessidades dos usuários das demonstrações contábeis.

Podemos, portanto, classificar esse conceito em duas categorias. A escolha indica o objetivo a ser alcançado na determinação do lucro, mesmo que possa haver algumas dificuldades de mensuração ao tornar o conceito operacional:

- capital financeiro – deve ser adotado se os usuários das demonstrações contábeis estiverem primariamente interessados na manutenção do capital nominal investido ou no poder de compra do capital investido;
- capital físico – quando a principal preocupação dos usuários for com a capacidade operacional da entidade.

---

[1] GLAUTIER, M. W. E.; UNDERDOWN, B. *Accounting theory and practice.* 7th ed. London: Financial Times/Prentice Hall, 2001. p. 305.

1.7.6 Conceitos de manutenção de capital e determinação do lucro

Os conceitos de capital mencionados dão origem às seguintes definições de manutenção de capital:

a) **manutenção do capital financeiro:** de acordo com esse conceito, o lucro é considerado auferido somente se o montante financeiro (ou dinheiro) dos ativos líquidos no fim do período exceder o no começo do período, depois de excluídas quaisquer distribuições aos proprietários e seus aportes de capital durante o estágio. A manutenção do capital financeiro pode ser medida em qualquer unidade monetária nominal ou de poder aquisitivo constante;

b) **manutenção do capital físico:** de acordo com esse conceito, o lucro é considerado auferido somente se a capacidade física produtiva (ou capacidade operacional) da entidade (ou os recursos ou fundos necessários para atingir essa capacidade) no fim do período excedê-la no início do período, depois de excluídas quaisquer distribuições aos proprietários e seus aportes de capital durante a fase.

1.7.7 Reconhecimento dos elementos das demonstrações contábeis

Reconhecimento depende principalmente da Probabilidade de Realização de Benefício Econômico Futuro e da Confiabilidade nessa Mensuração; sem os quais não há como reconhecer ativos e receitas.

A obrigatoriedade de serem prováveis as entregas de ativos para o reconhecimento dos passivos e das despesas também é fator determinante para ele.

1.7.8 Probabilidade de futuros benefícios econômicos

Probabilidade é o grau de incerteza com que os benefícios econômicos futuros referentes ao item venham a fluir para a entidade ou a fluir dela.

Essa avaliação do grau de incerteza atrelado ao fluxo de benefícios econômicos futuros deve ser feita com base na evidência disponível quando as demonstrações contábeis são elaboradas.

1.7.9 Confiabilidade da mensuração

O segundo critério para reconhecimento de um item é que ele possua custo ou valor que possa ser mensurado com confiabilidade.

Como exemplo, pode-se citar que o uso de estimativas razoáveis é parte essencial da elaboração das demonstrações contábeis e não prejudica a sua confiabilidade.

1.7.10 Reconhecimento de ativos

Conforme definido na norma:

O ativo deve ser reconhecido quando for provável que benefícios econômicos futuros dele provenientes fluirão para a entidade, e seu custo ou valor puder ser mensurado com confiabilidade.

1.7.11 Reconhecimento de passivos

Conforme definido na norma:

O passivo deve ser reconhecido quando for provável que uma saída de recursos detentores de benefícios econômicos seja exigida em liquidação de obrigação presente e o valor pelo qual essa liquidação se dará puder ser mensurado com confiabilidade.

1.7.12 Reconhecimento de receitas

Conforme definido na norma:

A receita deve ser reconhecida quando resultar em aumento nos benefícios econômicos futuros relacionados com crescimento de ativo ou com diminuição de passivo, e puder ser mensurada com confiabilidade.

1.7.13 Reconhecimento de despesas

Conforme definido na norma:

A despesa deve ser reconhecida quando resultar em decréscimo nos benefícios econômicos futuros relacionados com o recuo de um ativo ou o aumento de um passivo, e puder ser mensurada com confiabilidade.

1.7.14 Mensuração dos elementos contábeis

Segundo a estrutura: mensuração é o processo que consiste em determinar os montantes monetários por meio dos quais os elementos das demonstrações contábeis devem ser reconhecidos e apresentados no balanço patrimonial e na demonstração do resultado. Esse processo envolve a seleção da base específica de mensuração.

A Estrutura Conceitual admite que os elementos patrimoniais podem ser reconhecidos. Veja o Quadro 1.1 na página seguinte.

A norma enfatiza que o custo histórico é a base mais comumente adotada, em combinação com as demais para certas situações.

Quadro 1.1   Tipos de reconhecimento dos elementos patrimoniais pela Estrutura Conceitual

Tipo de reconhecimento	Ativos	Passivos
Custo histórico	Os ativos são registrados pelos montantes pagos em caixa ou equivalentes de caixa ou pelo valor justo dos recursos entregues para adquiri-los na data da aquisição.	Os passivos são registrados pelos montantes dos recursos recebidos em troca da obrigação ou, em algumas circunstâncias (por exemplo, imposto de renda), pelos montantes em caixa ou equivalentes de caixa, que, se espera, sejam necessários para liquidar o passivo no curso normal das operações.
Custo corrente	Os ativos são mantidos pelos montantes em caixa ou equivalentes de caixa que teriam de ser pagos se esses mesmos ativos ou ativos equivalentes fossem adquiridos na data do balanço.	Os passivos são reconhecidos pelos montantes em caixa ou equivalentes de caixa não descontados, que, se espera, sejam necessários para liquidar a obrigação na data do balanço.
Valor realizável (valor de realização ou de liquidação)	Os ativos são mantidos pelos montantes em caixa ou equivalentes de caixa que poderiam ser obtidos pela sua venda em forma ordenada.	Os passivos são mantidos pelos seus montantes de liquidação, isto é, pelos montantes em caixa ou equivalentes de caixa, não descontados, que, se espera, sejam pagos para liquidar as correspondentes obrigações no curso normal das operações.
Valor presente	Os ativos são mantidos pelo valor presente, descontado, dos fluxos futuros de entradas líquidas de caixa que, se espera, seja gerado pelo item no curso normal das operações.	Os passivos são mantidos pelo valor presente, descontado, dos fluxos futuros de saídas líquidas de caixa que, se espera, sejam necessários para liquidar o passivo no curso normal das operações.

1.8   Divulgação

Essa norma trabalha mais conceitos do que aspectos de divulgação. Os aspectos de divulgação de cada rubrica e assuntos contábeis serão expostos em cada norma com seu respectivo assuntos.

 Considerações finais

A leitura da Estrutura Conceitual na íntegra é item obrigatório e essencial para o aluno e o profissional interessado em aprender e exercer atividades relacionadas à Contabilidade, pois conceitua os pilares da ciência e da atuação prática. É com ela que se estabelecem os conceitos básicos para entender o restante das normas.

Devido a essa importância, sugere-se que não se comece os outros capítulos sem a conclusão e o entendimento de cada questão colocada e respondida. O debate deve ser amplo e exaurido.

Questões para fixação do aprendizado

1. Demonstrações contábeis elaboradas de acordo com a Estrutura Conceitual Básica têm a finalidade de satisfazer as necessidades comuns da maioria dos seus usuários. Exemplifique, de acordo com a Estrutura, algumas características desses usuários.
2. Defina usuário primário das Demonstrações Contábeis.
3. Antes da restruturação da Estrutura Conceitual, falava-se na característica da "confiabilidade", termo que encontrarão em muitos livros técnicos. Por que o termo "a nova Estrutura Conceitual" substituiu a "confiabilidade".
4. Outra mudança refere-se à característica essência sobre a forma, amplamente discutida em livros técnicos, que foi formalmente retirada da condição de componente separado da representação fidedigna. Por que se optou por retirá-la? Ela ainda é válida como conceito?
5. A característica prudência (conservadorismo) também foi retirada da condição de aspecto da representação fidedigna por ser considerada inconsistente com a neutralidade. Justifique a afirmação anterior.
6. Defina a característica qualitativa de melhoria da Comparabilidade. Explique a diferença de Comparabilidade e Consistência.
7. Defina a característica qualitativa de melhoria da Verificabilidade. Quando se aplica essa característica nas Demonstrações Contábeis, é admissível que se trabalhe com faixa de resultados possíveis ou somente resultados exatos são aceitos? Justifique.
8. Defina a característica qualitativa de melhoria da Tempestividade e correlacione-a com a norma que instrui divulgação de Eventos Subsequentes.
9. Defina a característica qualitativa de melhoria da Compreensibilidade. Com a definição, posso afirmar que itens de grande complexidade não devem ser divulgados? Como o usuário das Demonstrações Contábeis deve agir diante de itens de alta complexidade para entendimento?
10. Entre no site do IASB e verifique a agenda para complementação da Estrutura Conceitual Básica. Quais são os próximos passos e datas?

 Referências

GLAUTIER, M. W. E.; UNDERDOWN, B. *Accounting theory and practice*. 7th ed. London: Financial Times/Prentice Hall, 2001.

IFRS – CONSOLIDATED WITHOUT EARLY APPLICATION – Official pronouncements applicable on 1 January 2012. Chapter Conceptual Framework for Financial Reporting. IFRS Foundation.

MANUAL OF ACCOUNTING IFRS 2012. PricewaterhouseCoopers. Disponível em: <http://www.pwc.com/ifrs>. Acesso em: 20 jun. 2013.

PRONUNCIAMENTO CONCEITUAL BÁSICO (R1) – Estrutura Conceitual para Elaboração e Divulgação de Relatório Contábil-Financeiro – CPC.

IFRS 1
Adoção pela Primeira Vez das Normas Internacionais de Relatório Financeiro – CPC 37 (R1)

2.1 Introdução

Em junho de 2003, esta norma foi emitida pela primeira vez; posteriormente, a IFRS 1 foi alterada várias vezes para atualização, acomodando as exigências de adoção inicial para cada norma nova ou alterada.

Esta norma se aplica quando uma entidade adota as IFRSs pela primeira vez. Isso deve ocorrer por meio de uma declaração explícita e sem reserva de cumprimento.

2.2 Objetivo da norma

O objetivo desta IFRS é assegurar que as primeiras demonstrações contábeis de acordo com as IFRSs da entidade e seus relatórios financeiros intermediários para parte do período coberto por essas demonstrações contábeis contenham informações de alta qualidade que:

a) sejam transparentes para os usuários e comparáveis em todos os períodos apresentados;
b) forneçam um ponto de partida adequado para a contabilização de acordo com as Normas Internacionais de Relatório Financeiro (IFRSs); e
c) possam ser geradas a um custo que não exceda os benefícios.

2.3 Visão geral do assunto/desenvolvimento

Balanço patrimonial de abertura em IFRSs

Deve-se elaborar e apresentar o balanço patrimonial de abertura de acordo com as IFRSs na data de transição para elas.

Exceções definidas na norma: a entidade deve, em seu balanço patrimonial de abertura em IFRS:

a) reconhecer todos os ativos e passivos cujo reconhecimento seja exigido pelas IFRSs;

b) não reconhecer itens como ativos ou passivos quando as IFRSs não permitirem;

c) reclassificar itens reconhecidos de acordo com práticas contábeis anteriores como certo tipo de ativo, passivo ou componente de patrimônio líquido, os quais, de acordo com as IFRSs, se constituem em um tipo diferente de ativo, passivo ou componente de patrimônio líquido; e

d) aplicar as IFRSs na mensuração de todos os ativos e passivos reconhecidos.

É importante verificar que as políticas contábeis que a entidade utiliza em seu balanço patrimonial de abertura em IFRSs podem ser diferentes daquelas usadas para a mesma data pelas práticas contábeis anteriores. Os ajustes resultantes surgem de eventos e transações anteriores à data de transição para as IFRSs. Portanto, a entidade deve reconhecer esses ajustes diretamente em lucros ou prejuízos acumulados (ou, se apropriado, em outra conta de patrimônio líquido) na data da transição para as IFRSs.

Exceções ao princípio de que o balanço patrimonial de abertura da entidade em IFRSs deve estar em conformidade com todas elas.

i. os itens 14 a 17 e o Apêndice B proíbem a aplicação retrospectiva de determinados aspectos de outras IFRSs; e

ii. os Apêndices C e D isentam o cumprimento de determinadas exigências de outras IFRSs.

Informação comparativa

As primeiras demonstrações contábeis da entidade em IFRSs devem incluir ao menos:

a) três balanços patrimoniais;

b) duas demonstrações do resultado;

c) demonstrações dos fluxos de caixa;

d) duas demonstrações das mutações do patrimônio líquido;

e) duas demonstrações do resultado abrangente;

f) duas demonstrações do valor adicionado (demonstração exclusiva do Brasil requeridas pelo órgão regulador ou apresentadas espontaneamente); e

g) as respectivas notas explicativas, incluindo a informação comparativa.

2.4 Definições

Data de transição para as IFRSs: é o início do primeiro período para o qual a entidade apresenta informação comparativa completa por elas em suas primeiras demonstrações contábeis em IFRSs.

Custo atribuído: é o montante utilizado como substituto para o custo (ou o custo depreciado ou amortizado) em determinada data. Nas depreciações e amortizações subsequentes é admitida a presunção de que a entidade tenha inicialmente reconhecido o ativo ou o passivo em determinada data por um custo igual ao custo atribuído.

Valor justo: é o montante pelo qual um ativo poderia ser trocado ou uma obrigação liquidada entre partes independentes, conhecedoras do assunto, e dispostas a negociar com base na melhor informação disponível, em uma transação sem favorecimentos.

Primeiras demonstrações contábeis em IFRSs: são as primeiras demonstrações contábeis anuais nas quais a entidade adota as IFRSs por meio de declaração explícita e sem ressalvas de conformidade com elas.

Primeiro período de divulgação em IFRSs: é o último período coberto pelas primeiras demonstrações contábeis da entidade em IFRSs.

Adotante pela primeira vez: é a entidade que apresenta suas primeiras demonstrações contábeis em IFRSs.

Normas Internacionais de Contabilidade (IFRSs): são normas e interpretações adotadas pelo IASB – International Accounting Standards Board; elas compreendem as International Financial Reporting Standards – IFRSs, emitidas pelo IASB, as International Accounting Standards – IASs, emitidas pelo seu antecessor, o IASC – International Accounting Standards Committee, e as Interpretações desenvolvidas pelo IFRIC – International Financial Reporting Interpretations Committee – e pelo seu antecessor, o SIC – Standing Interpretations Committee.

Balanço patrimonial de abertura em IFRSs: é o balanço patrimonial da entidade na data da transição para as IFRSs.

Critérios contábeis anteriores: são a base contábil que uma adotante pela primeira vez utilizava imediatamente antes de adotar as IFRSs.

 Considerações finais

Este capítulo teve uma estrutura diferente dos próximos; o intuito foi dar uma visão geral da norma de adoção pela primeira vez do IFRS em uma entidade. Caso venha a se encontrar nessa situação, sugere-se a leitura detalhada da norma, além de se basear em modelos e nas disposições de cada norma individualmente.

3

IFRS 2
Pagamento Baseado em Ações – CPC 10 (R1)

3.1 Introdução

No ambiente corporativo, cada vez mais os Planos de Ações e de Opções de Ações vêm sendo adotados como parte da remuneração de diretores, executivos e outros empregados. Neste contexto se inserem ainda outras transações efetuadas com fornecedores e prestadores de serviço em geral, nas quais se pagam os honorários com ações. Esta norma, em um primeiro momento, é de leitura árida e difícil para os iniciantes. No entanto, vale a pena focar e ler, além do capítulo, a norma integralmente.

Uma dica para facilitar o entendimento deste capítulo é ler primeiro as definições e depois o material, revisitando constantemente as definições, com intuito de os termos e conceitos abordados tornarem-se parte do repertório do leitor.

3.2 Objetivo da norma

Esta norma objetiva estabelecer procedimentos para reconhecimento e divulgação dessas transações, envolvendo remuneração com base em ações, nas demonstrações contábeis. É importante enfatizar a exigência de que os efeitos das transações com pagamento baseado em ações sejam refletidos no resultado e no balanço patrimonial da entidade, inclusive considerando-se as despesas associadas com essas transações.

São estabelecidos princípios de mensuração e exigências específicas para três tipos de transações de pagamentos baseados em ações:

a) transações com pagamento baseado em ações liquidadas pela entrega de instrumentos patrimoniais;

b) transações com pagamento baseado em ações liquidadas em caixa; e

c) transações por meio das quais a entidade recebe ou adquire produtos e serviços e cujos termos do acordo conferem a ela ou ao fornecedor desses produtos ou serviços a liberdade de escolha da forma de liquidação da transação, a qual pode ser em caixa (ou outros ativos) ou mediante a emissão de instrumentos patrimoniais.

3.3 Visão geral do assunto

A seguir, serão abordados aspectos relacionados aos principais temas envolvidos em transações com pagamento em ações. É um tema de interesse, pois, conforme Anthony, Hawkins e Merchant (2003, p. 267), por exemplo, muitas empresas usam opções de compra de ações como forma de pagamento.

3.4 Definições

Para as IFRSs, diferentemente das IASs, as definições não ficam no corpo da norma, e sim destacadas no Apêndice A.

Transação com pagamento baseado em ações liquidadas em caixa: é a transação por meio da qual a entidade adquire produtos ou serviços incorrendo em passivo, para transferir caixa ou outros ativos ao fornecedor deles, por montante que é baseado no preço (ou no valor) dos instrumentos patrimoniais (incluindo ações ou opções de ações) da entidade ou de outra corporação do grupo. *Empregados e outros provedores de serviços similares* são indivíduos que prestam serviços personalizados à entidade e também: (a) são considerados empregados para fins legais ou tributários, ou (b) trabalham para a entidade sob sua direção, da mesma forma que os indivíduos que são considerados empregados para fins legais ou tributários; ou (c) cujos serviços prestados são similares àqueles prestados pelos empregados. Por exemplo, o termo abrange todo o pessoal da administração, isto é, aquelas pessoas que têm autoridade e responsabilidade para planejamento, direção e controle das atividades da entidade, incluindo diretores não executivos.

Instrumento patrimonial: é um contrato que evidencia um interesse residual nos ativos da entidade após a dedução de todos os seus **passivos**, como é o caso de ação ordinária. A Estrutura Conceitual – define um passivo como uma obrigação presente da corporação, derivada de eventos já ocorridos, cuja liquidação se espera que resulte em saída de recursos capazes de gerar benefícios econômicos (isto é, uma saída de caixa ou de outros ativos da entidade). *Instrumento patrimonial outorgado* é o direito (condicional ou incondicional) a um instrumento patrimonial da entidade, conferido por ela a outra parte, mediante acordo com pagamento baseado em ações. *Transação com pagamento baseado em ações liquidadas com instrumentos patrimoniais* é a transação com pagamento baseado em ações segundo a qual a entidade:

a) recebe produtos ou serviços em contrapartida a seus próprios instrumentos patrimoniais (incluindo ações e opções de ações); ou

b) recebe produtos ou serviços, mas não tem obrigação de liquidar a transação com o fornecedor.

Valor justo: é o valor pelo qual um ativo, um passivo liquidado ou um instrumento patrimonial outorgado poderia ser trocado, entre partes conhecedoras do assunto e interessadas, em uma transação sem favorecimentos.

Data da outorga: é a data na qual a entidade e a contraparte (incluindo empregado) firmam um acordo com pagamento baseado em ações, ou seja, quando ambas têm um entendimento compartilhado dos termos e condições do acordo. Na data da outorga, a entidade confere à contraparte o direito de receber caixa, outros ativos ou instrumentos patrimoniais daquela, desde que condições de aquisição de direito especificadas, casos existentes, sejam cumpridas. Se o acordo estiver sujeito a um processo de aprovação (por exemplo, pelos acionistas), a data da outorga será a data em que a aprovação for obtida.

Valor intrínseco: é a diferença entre o valor justo das ações que a contraparte tem o direito (condicional ou incondicional) de subscrever, ou de receber, e o preço (se houver) que a contraparte é (ou será) requerida a pagar por essas ações. Por exemplo, uma opção de ações com preço de exercício de $ 15, sobre uma ação cujo valor justo é de $ 20, tem valor intrínseco de $ 5.

Condição de mercado: é a condição sob a qual o preço de exercício, a aquisição de direito (*vesting*) ou a exercibilidade do instrumento patrimonial dependem, estando relacionada com o preço de mercado dos instrumentos patrimoniais da entidade, por exemplo, atingir um preço de ação, ou um montante especificado de valor intrínseco da opção de ação, ou alcançar a meta especificada que seja baseada no preço de mercado dos instrumentos patrimoniais da entidade em relação a algum índice de preços de mercado de instrumentos patrimoniais de outras instituições.

Data da mensuração: é a data na qual o valor justo dos instrumentos patrimoniais outorgados é mensurado para os propósitos deste Pronunciamento Técnico. Para transações com empregados e outros provedores de serviços similares, a data da mensuração é a da outorga. Para transações com outras partes que não sejam empregados (e com aqueles que prestam serviços similares), a data da mensuração é a em que a entidade obtém os produtos ou em que a contraparte presta o serviço.

Característica de concessão automática: proporciona a outorga automática de opções de ações adicionais, sempre que o detentor destas as exercer, previamente outorgadas, usando as ações da entidade em vez de caixa para pagar o preço de exercício.

Opção de concessão automática: é a nova opção de ações outorgada quando a ação for utilizada para pagar o preço de exercício da opção de ações anterior.

Acordo com pagamento baseado em ações: ocorre entre a entidade (ou outra entidade do grupo ou qualquer acionista de qualquer entidade do grupo) e a contraparte (incluindo empregado), que confere a este o direito de receber:

a) caixa ou outros ativos da entidade em montantes baseados no preço (ou no valor) dos instrumentos patrimoniais (incluindo ações e opções de ações) da entidade ou de outra instituição do **grupo**; ou

b) instrumentos patrimoniais (incluindo ações ou opções de ações) da entidade ou de outra corporação do grupo, desde que sejam atendidas condições de aquisição de direito especificadas.

Grupo: definido no item 4 do Pronunciamento Técnico CPC 36 – Demonstrações Consolidadas, como "a controladora e todas as suas controladas", partindo da perspectiva de que a entidade a reportar a informação final será a controladora.

Transação com pagamento baseado em ações é a transação segundo a qual a entidade:

a) recebe produtos ou serviços por meio de acordo com pagamento baseado em ações; ou

b) incorre em passivo para liquidar uma transação, por meio de acordo com pagamento baseado em ações, em função de outra entidade do grupo ter recebido os referidos produtos ou serviços.

Opção de ações é um contrato que confere ao seu detentor o direito, mas não a obrigação, de subscrever as ações da entidade a um preço fixo ou determinável, por um período especificado.

Aquisição de direito é passar a ter o direito. Conforme acordo com pagamento baseado em ações, o direito de a contraparte receber caixa, outros ativos ou instrumentos patrimoniais da entidade é adquirido quando o direito da contraparte não estiver mais condicionado ao cumprimento de quaisquer condições de aquisição de direito.

Condições de aquisição de direito determinam se a entidade recebe os serviços que habilitam a contraparte a receber caixa, outros ativos ou instrumentos patrimoniais da entidade, por força de acordo com pagamento baseado em ações. As condições de aquisição de direito são de serviço ou de desempenho. Condições de serviço exigem que a contraparte complete um período especificado na prestação dos serviços. Condições de desempenho exigem que a contraparte complete um período especificado na prestação dos serviços e alcance metas estipuladas de desempenho (por exemplo, um aumento especificado nos lucros da entidade ao longo de um período determinado).

Uma condição de desempenho pode incluir uma condição de mercado.

Período de aquisição é o período ao longo do qual todas as condições de aquisição de direito de um acordo com pagamento baseado em ações devem ser cumpridas

3.5 Desenvolvimento

3.5.1 Reconhecimento

O reconhecimento dos produtos ou os serviços recebidos ou adquiridos em transação com pagamento baseado em ações deve ser:

a) quando ela obtiver os produtos; ou

b) à medida que receber os serviços de acordo com o acontecimento do fato gerador.

Em contrapartida, a entidade deve reconhecer:

a) correspondente aumento do patrimônio líquido se os produtos ou serviços forem recebidos em transação com pagamento baseado em ações liquidada em instrumentos patrimoniais, ou

b) um passivo, se os produtos ou serviços forem adquiridos em transação com pagamento baseado em ações liquidada em caixa (ou com outros ativos).

Veremos a seguir o estudo de 4 grupos estabelecidos no pronunciamento para classificação, mensuração e reconhecimento dos pagamentos baseados em ações:

i. Transações com pagamento baseado em ações liquidadas com instrumentos patrimoniais;

ii. Transações com pagamento baseado em ações liquidadas em caixa;

iii. Transações com pagamento baseado em ações alternativas de liquidação com caixa e;

iv. Transações com pagamento baseado em ações entre entidades do mesmo grupo.

I. Transações com pagamento baseado em ações liquidadas com instrumentos patrimoniais

Para transações com pagamento baseado em ações liquidadas pela entrega de instrumentos patrimoniais, a entidade deve mensurar os produtos ou serviços recebidos, e o aumento correspondente no patrimônio líquido, de forma direta:

i. pelo valor justo dos produtos ou serviços recebidos;

ii. caso o valor justo não possa ser estimado com confiabilidade, ela deve mensurá-lo, e o correspondente aumento no patrimônio líquido, de forma indireta, tomando como base o valor justo dos instrumentos patrimoniais outorgados.

Assim, as transações com pagamento baseado em ações liquidadas com instrumentos patrimoniais podem assumir meios de mensuração que serão estudados a seguir:

- transação por meio da qual serviços são recebidos; e
- transação mensurada com base no valor justo do instrumento patrimonial outorgado.

Veja a seguir como contabilizar os dois meios.

3.5.1.1   Transação por meio da qual serviços são recebidos

Há duas condições de contabilização para transação por meio da qual os serviços são recebidos:

a) *Direito aos instrumentos patrimoniais outorgados imediatamente adquirido* (vest immediately): a contraparte não é exigida a completar um período específico de prestação de serviços antes de se tornar titular incondicional desses instrumentos patrimoniais. Na ausência de evidência em contrário, a entidade deve presumir que os serviços prestados pela contraparte são a contrapartida pelos instrumentos patrimoniais outorgados. Nesse caso, na data da outorga, a corporação deve reconhecer a totalidade dos serviços recebidos, com o correspondente aumento do patrimônio líquido.

Segue exemplo citado na norma, vale a pena despender tempo na compreensão deste, pois ajudará como apoio para a norma. Caso necessite, não hesite em consultar várias vezes as definições, porque se trata de um assunto árido.

É outorgado a um empregado opções de ações condicionadas ao cumprimento de três anos de serviços, então a entidade deve presumir que os serviços a serem prestados pelo empregado, em contrapartida às opções de ações, serão recebidos no futuro, ao longo dos três anos estabelecidos como período de aquisição de direito (*vesting period*).

b) *Direito aos instrumentos patrimoniais outorgados não adquirido* (do not vest) *até que a contraparte complete um período específico de prestação de serviços*: a entidade deve presumir que os serviços a serem prestados pela contraparte, em contrapartida aos instrumentos patrimoniais outorgados, serão recebidos no futuro, ao longo do período de aquisição de direito (*vesting period*). A instituição deve contabilizar os serviços prestados pela contraparte à medida que ocorrem, ao longo do período de aquisição de direito (*vesting period*), com o correspondente aumento do patrimônio líquido.

Segundo o exemplo citado na norma, as orientações dadas anteriormente para o primeiro exemplo são válidas para esse também.

Se a um empregado forem outorgadas opções de ações condicionadas ao alcance de metas de desempenho (*performance condition*) e à sua permanência nos quadros funcionais da entidade até que as metas de desempenho sejam alcançadas (*performance condition is satisfied*), e a duração do período de aquisição de direito (*vesting period*) variar dependendo de quando as metas de desempenho (*performance condition*) forem alcançadas, a entidade deve presumir que os serviços a serem prestados pelo empregado, em contrapartida às opções de ações outorgadas, serão recebidos no futuro, ao longo do período esperado de aquisição de direito (*vesting period*). A entidade deve, na data da outorga, estimar a duração do período de aquisição de direito (*vesting period*), com base no resultado mais provável da condição de desempenho. Se esta for uma condição de mercado, a estimativa da duração do período de aquisição de direito (*vesting period*) deve ser consistente com as premissas utilizadas na estimativa do valor justo das opções outorgadas, e não deve ser subsequentemente revisada. Se a condição de desempenho não for de mercado, a entidade, por exemplo, se necessário, deve revisar a estimativa da duração do período de aquisição de direito (*vesting period*), caso informações subsequentes indiquem que difere de estimativas anteriores.

3.5.1.2 Transação mensurada com base no valor justo do instrumento patrimonial outorgado

Para as transações de pagamentos baseados em ações liquidadas pela entrega de instrumentos patrimoniais da entidade, o Pronunciamento exige que ela mensure os produtos e serviços recebidos diretamente como visto anteriormente, ou seja, com base no valor justo deles, a menos que esse valor justo não possa ser mensurado com confiabilidade.

No caso da remuneração a administradores e empregados, este normalmente é o caso, a entidade deve mensurar os produtos e serviços recebidos com base no valor justo dos instrumentos de capital outorgados, mensurados na data da outorga.

Nas transações com empregados e outros provedores similares de serviços, em que não for possível mensuração do valor do serviço, a entidade deve avaliar o valor justo dos instrumentos de capital outorgados, normalmente na forma de opções de compra de ações, com base no valor justo dessas opções na data de outorga.

É importante saber que, nesses casos de pagamento baseado em ações com liquidação em instrumentos patrimoniais, a contrapartida do reconhecimento da despesa ou do custo do bem é sempre por conta do próprio patrimônio líquido.

A norma define que o valor justo dos instrumentos de capital outorgados seja correspondente ao respectivo preço de mercado, quando disponível, considerando os termos e condições em que os instrumentos foram outorgados. Cita que são raríssimos os casos de ausência de valor de mercado, porém na ausência de preços de mercado, o valor justo será estimado utilizando-se alguma técnica de avaliação para verificar que preço os respectivos instrumentos de capital poderiam ser trocados, na data da mensuração, em uma transação sem favorecimentos, entre partes conhecedoras do assunto e dispostas a negociar. Aconselha-se consultar a norma para mais detalhes quando se deparar com um caso destes.

Para os casos em que são modificados os termos e condições de uma opção de ações outorgada ou quando uma outorga é cancelada, recomprada ou substituída, vale a leitura dos detalhes de tratamento trazidos pela norma.

II. Transações com pagamento baseado em ações liquidadas em caixa

No caso das transações de pagamentos baseados em ações liquidadas em numerário, exige-se que uma entidade mensure os produtos e serviços adquiridos, e o correspondente passivo assumido, pelo valor justo da obrigação, na data em que o passivo foi assumido. Até que este seja liquidado, a instituição deve adequar o valor justo do passivo ao final de cada exercício social e na data de sua liquidação, sendo as alterações de valores reconhecidas no resultado do período.

III. Transação com pagamento baseado em ações com alternativa de liquidação em caixa

No caso de os termos contratuais facultarem à entidade ou à contraparte a opção de escolher se a liquidação será em caixa (ou outros ativos) ou por meio da emissão de instrumentos patrimoniais, a corporação deve contabilizar essas transações, ou seus componentes, como transação de duas maneiras:

- como transação de pagamento baseado em ações com liquidação em caixa, se, e na extensão em que, a entidade tiver incorrido em passivo para ser liquidado em caixa ou outros ativos;
- como transação com pagamento baseado em ações com liquidação em instrumentos patrimoniais, se, e na extensão em que, nenhum passivo tiver sido incorrido pela entidade.

IV. Transação com pagamento baseado em ações entre entidades do mesmo grupo

Para tratar deste assunto, foram inseridos parágrafos extras na norma, de 43A a 43D.

Essencialmente para transações com pagamento baseado em ações entre entidades do mesmo grupo, em suas demonstrações contábeis separadas ou individuais, a instituição beneficiária dos produtos ou serviços deve mensurar os recebidos como transação com pagamento baseado em ações liquidada em instrumentos patrimoniais ou em caixa.

Para tal, ela deve avaliar:

a) a natureza dos prêmios outorgados; e
b) seus direitos e obrigações.

Mensuração como transação com pagamento baseado em ações liquidada em instrumentos patrimoniais ocorrem quando:

a) os prêmios outorgados forem seus próprios instrumentos patrimoniais; ou
b) a entidade não tiver qualquer obrigação de liquidar a transação com pagamento baseado em ações.

Devem-se mensurar os produtos ou serviços recebidos como transação com pagamento baseado em ações liquidada em caixa em todas as demais circunstâncias.

3.6 Divulgação

A norma estabelece várias exigências de divulgação de informações para capacitar os usuários das demonstrações contábeis a entender:

I. a natureza e a extensão de acordos de pagamentos baseados em ações firmados durante o período, divulgando no mínimo:
   a) descrição de cada tipo de acordo com o pagamento baseado em ações que vigorou em algum momento do período, incluindo, para cada acordo, os

termos e condições gerais, tais como os requisitos de aquisição de direito, o prazo máximo das opções outorgadas e o método de liquidação (por exemplo, se for em caixa ou em instrumentos patrimoniais). A entidade com tipos substancialmente similares de acordos com pagamento baseado em ações pode agregar essa informação, a menos que a divulgação separada para cada acordo seja necessária para atender ao princípio contido no que foi especificado anteriormente;

b) a quantidade e o preço médio ponderado de exercício das opções de ações para cada um dos seguintes grupos de opções:
- em circulação no início do período;
- outorgadas durante o período;
- com direito prescrito durante o período;
- exercidas durante o período;
- expiradas durante o período;
- em circulação no final do período; e
- exercíveis no final do período.

c) para as opções de ações exercidas durante o período, o preço médio ponderado das ações na data do exercício. Se as opções forem exercidas em base regular durante todo o período, a entidade pode, em vez disso, divulgar o preço médio ponderado das ações durante o período;

d) para as opções de ações em circulação no final do período, a faixa de preços de exercício e a média ponderada da vida contratual remanescente. Se a faixa de preços de exercício for muito ampla, as opções em circulação devem ser divididas em faixas que possuam um significado para avaliar a quantidade; e

e) o prazo em que ações adicionais possam ser emitidas e o montante em caixa que possa ser recebido por ocasião do exercício dessas opções.

II. divulgar como foi determinado o valor justo dos produtos e serviços recebidos ou o valor justo dos instrumentos de capital outorgados durante o período. A entidade deve divulgar informações que permitam aos usuários das demonstrações contábeis entender os efeitos das transações com pagamento baseado em ações sobre os resultados do período da instituição e sobre sua posição patrimonial e financeira. Assim, deve divulgar no mínimo o que segue:

a) o total da despesa reconhecida no período decorrente de transações com pagamento baseado em ações por meio das quais os produtos ou os serviços recebidos não tenham sido qualificados para identificação como ativos e, por isso, foram reconhecidos imediatamente como despesa, incluindo a divulgação em separado de parte do total das despesas que decorre de transações contabilizadas como transações com pagamento baseado em ações liquidadas em instrumentos patrimoniais;

b) para os passivos decorrentes de transações com pagamento baseado em ações:
i. saldo contábil no fim do período; e

ii. valor intrínseco total no fim do período dos passivos para os quais os direitos da contraparte ao recebimento em caixa ou em outros ativos tenham sido adquiridos (*had vested*) ao fim da fase (por exemplo, os direitos sobre a valorização das ações concedidas que tenham sido adquiridos).

Considerações finais

Foram muitos termos novos introduzidos, portanto, deve o estudante se dedicar a entendê-los e fixá-los.

Pagamentos baseados em ações vêm sendo um instrumento utilizado nas organizações, o que traz a responsabilidade para que o contador entenda e saiba contabilizar essas transações.

Questões para fixação do aprendizado

1. Cite duas limitações de alcance da IFRS 2, pois se trata de objeto de outros pronunciamentos. Explique.
2. Obtenha uma demonstração contábil que tenha a nota explicativa de Pagamentos baseado em ações e:
   a) Verifique que tipo de pagamentos em ações essa entidade detém.
   b) Faça um *check-list* com base nos itens de divulgação obrigatória confrontado com os itens divulgados, Quais itens foram divulgados? As divulgações estão completas em sua opinião. Justifique a resposta.
3. Qual é a importância de se considerar o uso de ações como forma de pagamento de transações?
4. Discorra sobre a necessidade de se estipularem normas para divulgação deste tipo de transação.
5. Sobre quais aspectos da divulgação deste tipo de transação versam as normas?
6. Do ponto de vista do usuário, as informações divulgadas deveriam ter quais objetivos?
7. Quais são os princípios de mensuração e exigências específicas para três tipos de transações de pagamentos baseados em ações?
8. Quais são os três tipos de transações de pagamento envolvendo ações?
9. O que são transações com pagamento em ações liquidadas em caixa?

Referências

ANTHONY, R. N.; HAWKINS, D. F.; MERCHANT, K. A. *Accounting text & cases*. 11th ed. London: McGraw-Hill, 2003.

CPC 10 (R1) – PAGAMENTO BASEADO EM AÇÕES.

IFRS – CONSOLIDATED WITHOUT EARLY APPLICATION – Official pronouncements applicable on 1 January 2012. IFRS 2 – Share-Based Payment. IFRS Foundation.

MANUAL OF ACCOUNTING IFRS 2012. PricewaterhouseCoopers. Disponível em: <http://www.pwc.com/ifrs>. Acesso em: 22 jun. 2013.

4

IFRS 3
Combinação de Negócios – CPC 15 (R1)

4.1 Introdução

Conforme Glautier e Underdown (2001, p. 287), combinações de negócio são operações rotineiras nas notícias do assunto. Podem ocorrer pela busca de vantagens competitivas ou por acordos que envolvam a aquisição de uma empresa pela outra, surgindo, assim, duas práticas comuns para o registro das combinações de negócios em demonstrações contábeis consolidadas:

- aquisição; e
- combinação de negócios propriamente dita.

O foco da norma é nortear como a entidade adquirente traz para suas demonstrações a operação da adquirida, discorrendo sobre regras, mensuração e exceções aos reconhecimentos que não sejam a valor justo.

Esse pronunciamento foi revisado no Brasil, CPC 15 (R1), em 3 de junho de 2011, devido a um esclarecimento adicional para o parágrafo 19 relacionado à mensuração na data de aquisição dos componentes da participação de não controladores na adquirida.

4.2 Objetivo da norma

Essa norma é aplicável às operações ou a outros eventos que atendam à definição de combinação de negócios, informada no capítulo de definições abaixo, com foco na aquisição de negócios e não simplesmente compra de ativos ou passivos que não configurem um negócio, independentemente da forma legal que essas aquisições tenham.

Não se aplica:

- na formação de empreendimentos controlados em conjunto (*joint ventures*);
- na aquisição de ativo ou grupo de ativos que não constitua negócio nos termos da norma;
- em combinação de entidades ou negócios sob controle comum (os itens B1 a B4 contêm orientações adicionais).

A norma foca em informações relativas à combinação de negócios considerando a relevância, a confiabilidade e a comparabilidade.

4.3 Visão geral do assunto (principais temas)

Essa norma trouxe conceitos novos, principalmente para o ambiente contábil brasileiro.

São imperativas a leitura e compreensão das definições antes da leitura do restante do capítulo e da norma.

O Apêndice A discorre sobre os conceitos e etapas para reconhecimento e mensuração da combinação de negócios pela adquirente.

O Apêndice B da norma traz aplicações práticas e detalhamento dos conceitos trabalhados no Apêndice A. Usaremos o Apêndice B para formular as questões no final deste capítulo, proporcionando assim fixação de conceitos.

O Apêndice C traz exemplos de combinações de negócios, sugere-se a leitura dos conceitos e acompanhamento dos exemplos, pois, com isso, esse assunto que *a priori* parece complexo demais fica mais claro e compreensível.

4.4 Definições

Seguem as definições detalhadas da norma no Apêndice A:

Adquirida: é o negócio ou negócios cujo controle é obtido pelo adquirente por meio de combinação de negócios.

Adquirente: é a entidade que obtém o controle da adquirida.

Data da aquisição: é a data em que o adquirente obtém efetivamente o controle da adquirida.

Negócio: é um conjunto integrado de atividades e ativos capaz de ser conduzido e gerenciado para gerar retorno, na forma de dividendos, redução de custos ou outros benefícios econômicos, diretamente a seus investidores ou outros proprietários, membros ou participantes.

Combinação de negócios: é uma operação ou outro evento por meio do qual um adquirente obtém o controle de um ou mais negócios, independentemente da forma jurídica da operação. Neste Pronunciamento, o termo abrange também as fusões que ocorrem entre partes independentes (inclusive as conhecidas por *true mergers* ou *merger of equals*).

Contraprestação contingente: são obrigações contratuais, assumidas pelo adquirente na operação de combinação de negócios, de transferir ativos adicionais ou participações societárias adicionais aos ex-proprietários da adquirida, caso certos eventos futuros ocorram ou determinadas condições sejam satisfeitas. Contudo, uma contraprestação contingente também pode dar ao adquirente o direito de reaver parte da contraprestação previamente transferida ou paga, caso determinadas condições sejam satisfeitas.

Controle: é o poder para governar a política financeira e operacional da entidade, de forma a obter benefícios de suas atividades.

Participação societária: para os propósitos deste pronunciamento, essa expressão é utilizada de forma ampla, tanto no sentido da participação de um investidor no capital de suas investidas quanto em entidades de mútuo (associações, cooperativas etc.).

Valor justo: é o valor pelo qual um ativo pode ser negociado, ou um passivo liquidado, entre partes interessadas, conhecedoras do negócio e independentes entre si, com ausência de fatores que pressionem para a liquidação da transação ou que caracterizem uma transação compulsória.

Ágio por expectativa de rentabilidade futura (goodwill): é um ativo que representa benefícios econômicos futuros resultantes de outros ativos adquiridos em uma combinação de negócios, os quais não são individualmente identificados e separadamente reconhecidos.

Identificável: um ativo é identificável quando ele: (a) for separável, ou seja, capaz de ser separado ou dividido da entidade e vendido, transferido, licenciado, alugado ou trocado, individualmente ou em conjunto com outros ativos e passivos ou com contrato relacionado, independentemente da intenção da entidade em fazê-lo; ou (b) surge de um contrato ou de outro direito legal, independentemente de ser transferível ou separável da corporação e de outros direitos e obrigações.

Ativo intangível: é um não monetário identificável sem substância física.

Entidade de mútuo: é uma entidade, exceto aquela cuja propriedade integral é de um investidor, que gera distribuição de resultados, custos baixos ou outros benefícios econômicos diretamente para seus proprietários, membros ou participantes (tal como uma instituição de seguros mútuos, associação ou uma cooperativa).

Participação de não controladores: é a parte do patrimônio líquido de controlada não atribuível direta ou indiretamente à controladora (anteriormente denominados "minoritários").

Proprietário: para os propósitos deste pronunciamento, esse termo é utilizado, de forma ampla, para incluir tanto os detentores de participação societária em uma sociedade quanto os proprietários, membros ou participantes de entidade de mútuo (associação, cooperativa etc.).

4.5 Desenvolvimento

Após a identificação de que se trata de uma aquisição de negócios, o segundo passo é gerar a informação sobre o método de aquisição, que exige:

a) identificação do adquirente;
b) determinação da data de aquisição;
c) reconhecimento e mensuração dos ativos identificáveis adquiridos, dos passivos assumidos e das participações societárias de não controladores na adquirida.

O adquirente deve reconhecer, obrigatoriamente, os ativos obtidos e os passivos que passa a controlar pelos seus respectivos valores justos, mensurados na data de aquisição.
São estabelecidos os princípios para o reconhecimento e a mensuração dos:

- ativos identificáveis adquiridos;
- dos passivos assumidos; e
- da participação dos não controladores na adquirida.

As classificações e as designações feitas no reconhecimento dos itens anteriores devem estar de acordo com: (i) os termos contratuais; (ii) as condições econômicas; (iii) as políticas contábeis do adquirente; e (iv) outros fatores existentes à data de aquisição.

É importante ressaltar que embora um ativo e passivo não esteja reconhecido no balanço da adquirida, todos os ativos identificáveis e os passivos assumidos são mensurados pelos respectivos valores justos na data da aquisição, mesmo quando não estejam reconhecidos no balanço da adquirida.

Há previsão de poucas exceções aos princípios de reconhecimento e mensuração, podemos citar como exemplos: arrendamentos e contratos de seguros, passivos contingentes que puderem ser avaliados com confiabilidade, passivos e ativos que tiverem mensuração citada em outros pronunciamentos como Tributos, Benefícios a empregados, entre outros detalhados na norma.

d) reconhecimento e mensuração do ágio por expectativa de rentabilidade futura (*goodwill*) ou do ganho proveniente de compra vantajosa.

Após a etapa de reconhecimento e apreciação dos ativos identificáveis adquiridos, os passivos assumidos e a participação dos não controladores a adquirente devem identificar eventual diferença entre (a) e (b) citados a seguir:

a) a soma do valor justo dos seguintes itens:
  i. contraprestação transferida total;
  ii. participação dos não controladores na adquirida, se houver;
  iii. participação do adquirente na adquirida imediatamente antes da data da combinação, se houver (no caso de uma combinação alcançada em fases); e
b) o valor dos ativos líquidos identificáveis da adquirida medido conforme os itens anteriormente mencionados.

Após identificação e cálculo dos itens anteriores, são considerados os seguintes aspectos:

- diferença positiva como ágio por rentabilidade futura (*goodwill*);
- diferença negativa como ganho de compra rentável no resultado do período;
- o valor de contraprestação, os ativos, os passivos, o *goodwill* ou o ganho pela compra vantajosa poderão ser impactados por ajustes provisórios no decorrer dos primeiros doze meses após a data da combinação de negócios, tempo que deve ser considerado para mensuração das situações de incerteza. É importante lembrar que esse prazo não pode ultrapassar doze meses; após a data referida, os lançamentos só poderão ser efetuados contra as contas de resultado.

É importante verificar que os custos com a operação de aquisição devem ser contabilizados como despesa do exercício, e não no custo dos ativos líquidos adquiridos.

4.6 Divulgação

O adquirente deve divulgar informações que permitam aos usuários das demonstrações contábeis avaliarem a natureza e os efeitos financeiros de combinação de negócios que ocorra:

a) durante o período de reporte corrente; ou
b) após o final do período de reporte, mas antes de autorizada a emissão das demonstrações contábeis, tempo considerado como evento subsequente.

Os parágrafos B64 a B66 discorrem sobre as informações que devem ser divulgadas para cumprir os objetivos acima estabelecidos.

Devem-se difundir também os dados que permitam aos usuários das demonstrações contábeis avaliarem os efeitos financeiros dos ajustes reconhecidos no período de reporte corrente pertinente às combinações de negócios que ocorreram no período corrente ou em fases anteriores. Os detalhamentos dessas informações estarão no parágrafo B67 da norma.

É de responsabilidade do adquirente a propagação de toda e qualquer informação adicional necessária para que esses objetivos de divulgação sejam cumpridos.

 Considerações finais

Acreditamos que Combinações de negócios é um assunto complexo, do qual sem a dedicação do aluno para a compreensão e fixação dos conceitos, não haverá um aproveitamento mínimo sobre o tema.

Assim, espera-se que todos leiam o corpo da norma, além dos apêndices, depois da leitura do capítulo.

Questões para fixação do aprendizado

1. Dê exemplos de como a adquirente pode obter o controle da adquirida.
2. Cite formas diferentes de estruturas de combinação de negócios que se diferem por razões legais, fiscais ou outras.
3. Resuma definição de negócio segundo apêndice B.
4. Como identificar um adquirente?
5. O que são ativos intangíveis identificáveis?
6. O que é o critério de separabilidade?
7. A lista de clientes atende ao critério de separabildade? Como se deve contabilizá-la?
8. Obtenha uma demonstração contábil publicada e que contenha a nota de aquisição de negócios, e, com base nela, discorra sobre os elementos abordados do ponto de vista do IFRS 3.
9. Quais itens devem ser obrigatoriamente reconhecidos pelo adquirente numa aquisição de negócios?
10. Após a identificação de que se trata de uma aquisição de negócios, o segundo passo é gerar as informações sobre a aquisição. Concorda ou discorda? Quais seriam as informações básicas necessárias?

 **Referências**

CPC 15 (R1) – COMBINAÇÃO DE NEGÓCIOS.

IFRS – CONSOLIDATED WITHOUT EARLY APPLICATION – Official pronouncements applicable on 1 January 2012. IFRS 3 – Business Combinations. IFRS Foundation.

GLAUTIER, M. W. E.; UNDERDOWN, B. *Accounting theory and practice*. 7th ed. London: Financial Times/Prentice Hall, 2001.

MANUAL OF ACCOUNTING IFRS 2012. PricewaterhouseCoopers. Disponível em: <http://www.pwc.com/ifrs>. Acesso em: 27 jun. 2013.

5

IFRS 8
Informações por Segmento – CPC 22

5.1 Introdução

A melhor maneira de se entender esse capítulo é obter uma Demonstração Financeira Consolidada que contenha a nota sobre informações por segmento, assim o aluno terá a visão do que será descrito a seguir de uma maneira mais proveitosa e crítica.

O IFRS 8 tem como referente o CPC 22 no Brasil, o qual traz um guia de interpretação, chamado Apêndice A, mais extenso que o IFRS 8. Esse guia traz detalhamentos e exemplificações de aberturas para as informações por seguimento.

5.2 Objetivo da norma

Essa norma está voltada ao princípio básico de que a entidade deve divulgar informações que permitam aos usuários das demonstrações contábeis avaliarem a natureza e os efeitos financeiros das atividades de negócio nos quais está envolvida e os ambientes econômicos em que opera.

Ela aplica-se às demonstrações contábeis separadas, individuais ou consolidadas da entidade:

a) cujos instrumentos de dívida ou patrimonial sejam negociados em mercado de capitais (bolsa de valores nacional ou estrangeira ou mercado de balcão, incluindo mercados locais e regionais); ou

b) que tenha depositado, ou esteja em vias de depositar, suas demonstrações contábeis à Comissão de Valores Mobiliários ou a outra organização reguladora, com a finalidade de emitir qualquer categoria de instrumento em mercado de capitais.

A norma especifica como a entidade deve divulgar informações sobre seus segmentos operacionais nas demonstrações contábeis anuais, lembrando que a norma de Demonstração Intermediária exige que a corporação divulgue informações sobre seus segmentos operacionais em demonstrações intermediárias.

Caso a entidade não seja obrigada a publicar as informações por segmento, mas opte por fazer, para chamá-las dessa forma, deve seguir essa norma.

5.3 Visão geral do assunto

Essa norma trouxe uma novidade para o Brasil, que é o foco das demonstrações contábeis com a "visão" do administrador, o objetivo é divulgar a informação usada pela alta administração para tomada de decisão, dando ao usuário a possibilidade de entender as principais atividades da empresa, onde elas estão localizadas e seu desempenho.

É importante ressaltar que essa norma tem como escopo as companhias abertas ou em processo de abertura de capital e empresas que tenham instrumentos de dívida negociados em mercados de capital ou estejam em processo de emissão desses títulos

5.4 Definições

Segmento operacional

Um segmento operacional é um componente de entidade:

a) que desenvolve atividades de negócio das quais pode obter receitas e incorrer em despesas (incluindo receitas e despesas relacionadas com transações com outros componentes da mesma entidade);

b) cujos resultados operacionais são regularmente revistos pelo principal gestor das operações da entidade para a tomada de decisões sobre recursos a serem alocados ao segmento e para a avaliação do seu desempenho; e

c) para o qual haja informação financeira individualizada disponível.

Entre outros requisitos, determina-se que um segmento operacional é um componente para o qual haja informação financeira individualizada disponível, porém é importante ressaltar que informação disponível não significa necessariamente um balanço preparado para aquele segmento; entende-se que esse requisito pode ser atendido com informações de desempenho.

Expressão "principal gestor das operações" (do inglês CODM)
Identifica uma função, não necessariamente um gestor com título específico. Essa função é alocar recursos e avaliar o desempenho dos segmentos operacionais da entidade.

Verifica-se que o "principal gestor das operações" pode ser um grupo de pessoas. Em geral, em companhias abertas, trata-se de um grupo de indivíduos e não uma pessoa. Assim, cabe julgamento para determinação de quem é o CODM, já que a estrutura das empresas varia de uma para outra.

5.5 Desenvolvimento

Segmento divulgável

A entidade deve evidenciar separadamente informações sobre cada segmento operacional que:

a) tenha sido identificado de acordo com a definição de segmento operacional ou que resulte da agregação de dois ou mais desses segmentos de acordo a descrição desta, discutida a seguir.

b) supere os parâmetros quantitativos referidos adiante. Atenção para não se esquecer de considerar as situações especiais de divulgação que estão listadas no item "parâmetros mínimos quantitativos" descrito a seguir.

Veja na página seguinte o fluxograma retirado do parágrafo A7 do CPC 22, excelente para apoiar e direcionar na divulgação e agrupamento dos seguimentos segundo critérios definidos pela norma.

Verifique que na figura há número de itens destacados, os quais se referem ao parágrafo da norma que trata o assunto.

Critério de agregação

Segmentos operacionais podem ser agregados em um único segmento operacional se eles tiverem características econômicas semelhantes e se forem similares em relação a cada um dos aspectos citados na norma:

a) natureza dos produtos ou serviços;

b) natureza dos processos de produção;

c) tipo ou categoria de clientes dos seus produtos e serviços;

d) métodos usados para distribuir os seus produtos ou prestar os serviços; e

e) se aplicável, a natureza do ambiente regulatório, por exemplo, bancos, seguros ou serviços de utilidade pública.

Parâmetros mínimos quantitativos

Após identificação dos segmentos, a entidade deve decidir quais divulgar separadamente. A norma traz critérios para definição destes, apresentando os seguintes parâmetros:

a) sua receita reconhecida, incluindo tanto as vendas para clientes externos quanto as vendas ou transferências intersegmentos, é igual ou superior a 10% da receita combinada, interna e externa, de todos os segmentos operacionais;

b) o montante em termos absolutos do lucro ou prejuízo apurado é igual ou superior a 10% do maior, em termos absolutos, dos seguintes montantes:

    i. lucro apurado combinado de todos os segmentos operacionais que não apresentaram prejuízos; e

Figura 5.1   Fluxograma CPC 22

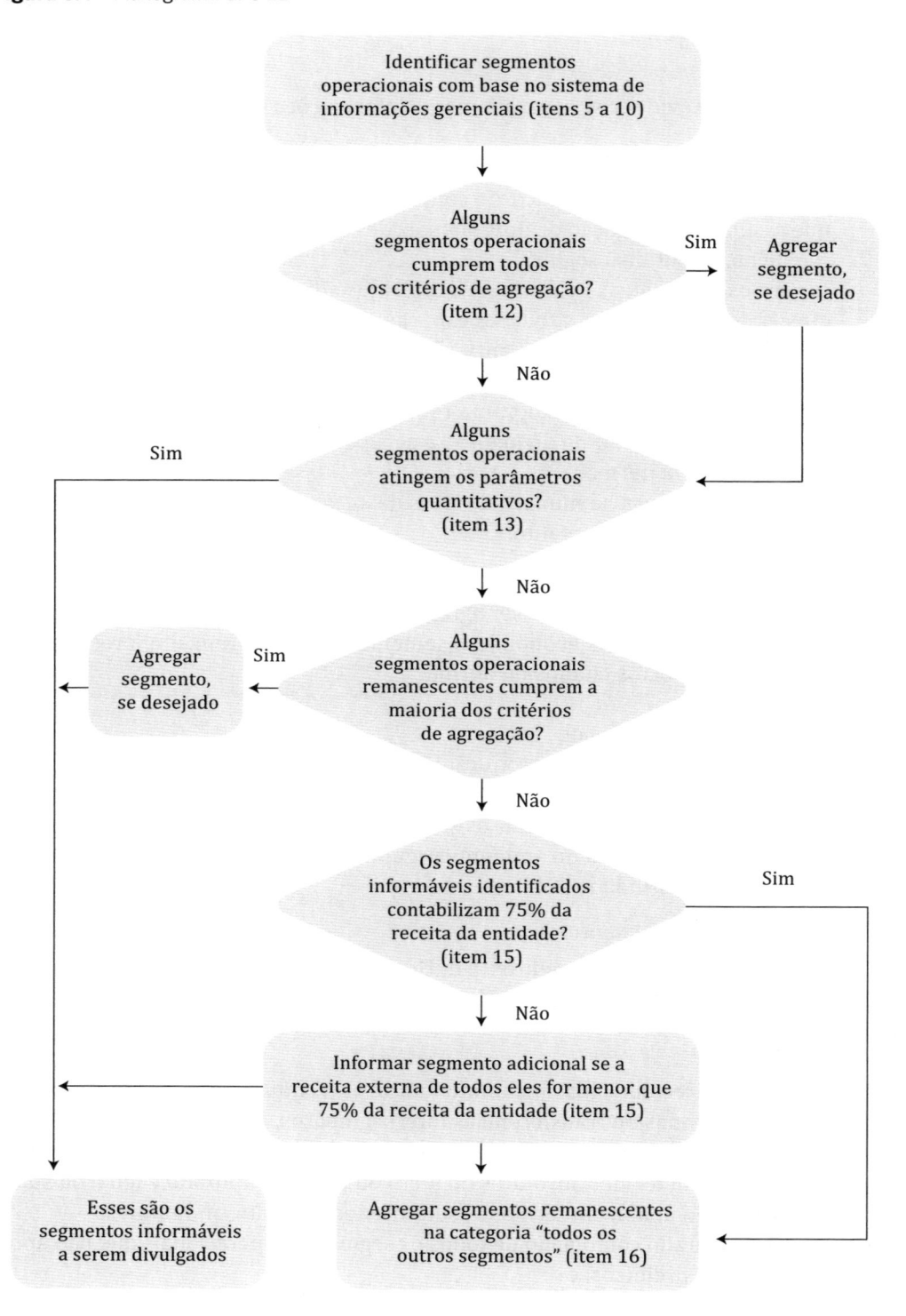

ii. prejuízo apurado combinado de todos os segmentos operacionais que apresentaram prejuízos;

c) seus ativos são iguais ou superiores a 10% dos ativos combinados de todos os segmentos operacionais.

É importante verificar que os segmentos operacionais que não atinjam quaisquer dos parâmetros mínimos quantitativos podem ser considerados divulgáveis e ser apresentados separadamente se a administração entender que essa informação sobre o segmento seria útil para os usuários das demonstrações contábeis.

Caso as receitas externas reconhecidas pelos segmentos operacionais representem menos de 75% da receita da entidade, segmentos operacionais adicionais devem ser identificados como divulgáveis.

Restam as informações sobre outras atividades de negócio e segmentos operacionais não divulgáveis, as quais devem ser combinadas e apresentadas numa categoria "outros segmentos", separadamente de outros itens para conciliação, veremos abaixo as exigências sobre a conciliação da composição de segmentos operacionais.

5.6 Divulgação

A divulgação dos segmentos deve permitir aos usuários das demonstrações contábeis avaliarem a natureza e os efeitos financeiros das atividades de negócio em que estão envolvidos e os ambientes econômicos em que operam, além de ser efetuadas conciliações dos valores do balanço patrimonial para segmentos divulgáveis com os valores do balanço da entidade para todas as datas em que seja apresentado o balanço patrimonial.

Divulgam-se as seguintes informações em relação a cada período para o qual seja apresentada demonstração do resultado abrangente:

a) informações gerais:
   i. fatores utilizados para identificar os segmentos divulgáveis da entidade, incluindo a base da organização (por exemplo, se a administração optou por ordenar a entidade em torno das diferenças entre produtos e serviços, áreas geográficas, ambiente regulatório, ou combinação de fatores, e se os segmentos operacionais foram agregados); e
   ii. tipos de produtos e serviços a partir dos quais cada segmento divulgável obtém suas receitas.
b) informações sobre:
   i. o lucro ou prejuízo reconhecido dos segmentos, incluindo as receitas e as despesas específicas que os compõem;
   ii. os respectivos ativos e os passivos (a entidade deve divulgar o valor do passivo para cada segmento divulgável se esse valor for apresentado regularmente ao principal gestor das operações) e
   iii. as bases de mensuração que são detalhadas na norma extensamente.

c) conciliações das receitas totais dos segmentos, do respectivo lucro ou prejuízo, dos seus ativos e passivos e outros itens materiais com os montantes correspondentes da entidade de acordo com os seguintes elementos:

   i. o total das receitas dos segmentos divulgáveis com as receitas da entidade;

   ii. o total dos valores de lucro ou prejuízo dos segmentos divulgáveis com o lucro ou o prejuízo da entidade antes das despesas (receitas) de imposto de renda e contribuição social e das operações descontinuadas;

   iii. o total dos ativos dos segmentos divulgáveis com os ativos da entidade;

   iv. o total dos passivos dos segmentos divulgáveis com os passivos da entidade, se esse valor for apresentado regularmente ao principal gestor das operações;

   v. o total dos montantes de quaisquer outros itens materiais das informações evidenciadas dos segmentos divulgáveis com os correspondentes montantes da entidade.

Considerações finais

Um dos pontos principais neste assunto é que se identifique corretamente o tomador de decisões, o entendimento de como ele avalia a entidade e seu desempenho. Feito isso corretamente, fica fácil identificar os segmentos; é só uma questão de separá-los e informar os mais relevantes de acordo com os critérios definidos pela norma.

Uma maneira de se familiarizar com esse tipo de informação é obter demonstrações de empresas abertas e ler atentamente a nota de segmentos analisando como foram efetuadas a abertura, explicações e a conciliação com as demonstrações consolidadas.

Questões para fixação do aprendizado

1. Obtenha uma demonstração financeira de uma das empesas de grande porte que obtiveram o prêmio Anefac no ano, com base na nota de segmentos operacionais, cite o número e nome da nota.

2. Com base nas DFs levantadas anteriormente, resuma quais critérios foram utilizados para a definição do segmento.

3. Com base nas DFs levantadas anteriormente, descreva quais as linhas foram utilizadas para conciliação dos segmentos. Você concorda? Está de acordo com os critérios para conciliação?

4. As informações sobre resultado e ativos e passivos dos segmentos devem ser apresentadas de acordo com as práticas contábeis utilizadas na elaboração das demonstrações contábeis, por exemplo, de acordo com as práticas contábeis adotadas no Brasil ou com o IFRS. Utilizar o item 25 da norma para justificar a resposta.

5. Caso um segmento deixe de satisfazer as condições de divulgação, mas tenha sido divulgado no período anterior, como a administração deve proceder na divulgação?

6. Se um segmento operacional for definido como segmento divulgável no período corrente de acordo com os parâmetros mínimos quantitativos, e, no ano anterior, não tenha sido divulgado, como se deve proceder para preparação das informações comparativas da nota.

7. A norma dá alguma orientação sobre o número de segmentos máximos a ser divulgado? Explique e cite o parágrafo.

8. Como se deve proceder nos casos em que a entidade alterar a estrutura da sua organização interna de maneira a alterar a composição dos seus segmentos divulgáveis, em relação às informações correspondentes de períodos anteriores, incluindo períodos intermediários. Cite o parágrafo da norma utilizado para fundamentar sua resposta.

 **Referências**

CPC 22 – INFORMAÇÕES POR SEGMENTO.

IFRS – CONSOLIDATED WITHOUT EARLY APPLICATION – Official pronouncements applicable on 1 January 2012. IFRS 8 – Operating Segments. IFRS Foundation.

MANUAL OF ACCOUNTING IFRS 2012. PricewaterhouseCoopers. Disponível em: <http://www.pwc.com/ifrs>. Acesso em: 27 jul. 2013.

6

IFRS 10
Demonstrações Consolidadas – CPC 36 (R3)

6.1 Introdução

Conforme Hendriksen,[1] quando uma entidade tem maior participação e controle em uma ou mais firmas subsidiárias, pode ser obtida informação de grande importância pela combinação e preparação de demonstrações contábeis consolidadas.

No processo de harmonização, tanto o IAS quanto o CPC introduzem a visão moderna de que basta a possibilidade de se caracterizar o controle de uma entidade, denominada controlada, por outra, denominada controladora, para que se designe a necessidade de demonstrações contábeis consolidadas.

OS CPCs estão harmonizados com essa norma, porém, para discutir o assunto, optou-se por publicar dois CPCs para abarcar o assunto do IFRS 10, o CPC 35, que aborda Demonstrações Separadas e o CPC 36 que trata Demonstrações Consolidadas.

Outra diferença a se notar é o fato de que a previsão da diferença entre as datas das demonstrações contábeis da controlada e das demonstrações consolidadas não pode ser superior a dois meses, mas o item correspondente nas IFRS estabelece que o prazo máximo dessa defasagem é de três meses. O CPC alega que o motivo da divergência é compatibilizar o requerimento, para fins de consolidação, à exigência contida na Legislação Societária (Lei nº 6.404) que estabelece que a defasagem permitida para se aplicar o método da equivalência patrimonial será de no máximo 60 dias. Como há também a previsão de que não haja diferenças entre o patrimônio e o resultado consolidado em relação ao das demonstrações individuais da controladora, o CPC entendeu que a compatibilização de datas se faz necessária.

---

[1] HENDRIKSEN, E. S. *Accounting theory*. 4th ed. Homewood: Irwin, 1982. p. 468.

A elaboração e apresentação das demonstrações financeiras consolidadas é direcionada para um grupo de entidades sob o controle de uma controladora. A norma trata como contabilizar as alterações no percentual de participação em subsidiárias, inclusive a perda de controle destas, além de discorrer como contabilizar os investimentos em subsidiárias, controladas em conjunto e coligadas em demonstrações financeiras separadas.

6.2 Objetivo da norma

Com foco na controladora, essa norma tem como objetivo aumentar a relevância, a comparabilidade e a confiabilidade das informações da controladora. A norma estabelece princípios para a apresentação e elaboração de demonstrações consolidadas quando a entidade controla uma ou mais instituições.

Para atingir o objetivo:

a) exige-se que a entidade (controladora) que controle uma ou mais corporações (controladas) apresente demonstrações consolidadas;

b) define-se o princípio de controle e se estabelece o controle como a base para a consolidação;

c) define-se como aplicar o princípio de controle para identificar se um investidor controla a investida e, portanto, deve consolidá-la; e

d) definem-se os requisitos contábeis para a elaboração de demonstrações consolidadas.

6.3 Visão geral do assunto

Controle é o poder de governar as políticas financeiras e operacionais da outra entidade com intuito de obter benefício de suas atividades.

Assim fica claro que podem ocorrer situações em que a controladora não detém a maioria das ações, cotas ou outros instrumentos patrimoniais com direito a voto. No entanto, pode ser titular, diretamente ou por meio de outras controladas, de direitos de sócio que lhe assegurem, de modo permanente, preponderância nas deliberações sociais e o poder de eleger a maioria dos administradores.

Esse pronunciamento aprofunda a questão de como avaliar os potenciais direitos de voto na relação e do poder para controlar, além de deixar claro como tratar esses direitos a voto.

As entidades elegíveis à consolidação devem ser todas consideradas investimento pela controladora. Todas as independentes, mesmo que de ramos econômicos diferentes do dela.

Toda entidade que possuir uma controlada deve apresentar as demonstrações de controladora. É importante frisar que isso se aplica às limitadas e organizações de capital de risco; não há exceções.

Outro fato importante a destacar é que as práticas contábeis para o grupo econômico devem ser uniformes. Caso haja diferença de práticas nas controladas, a controladora tem que ajustá-la antes da consolidação.

Há efeitos de eliminação que devem ser considerados quando houver transações entre as entidades consolidadas; essa eliminação é de operação linha a linha. É importante ressaltar que os resultados dessas transações devem ser considerados e suprimidos.

A participação dos não controladores deve ser registrada e apresentada no patrimônio liquido consolidado separadamente, tanto a parte do resultado atribuído aos não controladores como a do resultado abrangente.

Quando houver mudanças na relação de propriedade da controladora que não necessariamente impactem em perda de controle, elas devem ser contabilizadas diretamente no patrimônio liquido, sem passar pelo resultado.

Já na perda de controle, a controladora deixa de reconhecer os ativos, passivos, *goodwill* e componentes de patrimônio líquido da ex-controlada. As perdas e ganhos decorrentes devem ser reconhecidos no resultado do período. Na data de perda do controle, o investimento restante deve ser mensurado pelo valor justo.

É permitido que sejam utilizadas demonstrações da controlada e da controladora com até dois meses de defasagem entre as datas de seus encerramentos. É importante que sejam considerados os efeitos de transações relevantes ocorridas nesse período.

Quanto à divulgação, a empresa deve informar o leitor sobre as relações entre controladas e controladoras.

A divulgação e demonstrações separadas também são definidas neste pronunciamento.

6.4 Definições

Seguem algumas definições de interesse:

Demonstrações consolidadas: são as demonstrações contábeis de grupo econômico, em que os ativos, passivos, patrimônio líquido, receitas, despesas e fluxos de caixa da controladora e de suas controladas são apresentados como se fossem uma única entidade econômica.

Controle de investida: um investidor controla a investida quando está exposto a, ou tem direitos sobre, retornos variáveis decorrentes de seu envolvimento com a investida e tem a capacidade de afetar esses retornos por meio de seu poder sobre esta.

Tomador de decisões: entidade com direitos de tomada de decisões que seja principal ou agente de outras partes.

Grupo econômico: é a controladora e todas as suas controladas.

Participação de não controlador: é a parte do patrimônio líquido da controlada não atribuível, direta ou indiretamente, à controladora.

Controladora: é uma entidade que controla uma ou mais controladas.

Controlada: é a entidade controlada por outra entidade.

Poder: são direitos existentes que dão a capacidade atual de dirigir as atividades relevantes.

Atividades relevantes: para os fins deste pronunciamento, atividades relevantes são atividades da investida que afetam significativamente os retornos dela.

Direitos de proteção: são direitos destinados a proteger o interesse da parte que os detém, sem dar a ela poder sobre a entidade à qual esses direitos se referem.

Direitos de destituição: são direitos de privar o tomador de decisões de sua autoridade.

6.5   Desenvolvimento

6.5.1 Apresentação das demonstrações contábeis consolidadas

Qualquer companhia que tenha controladas, independentemente do porte da empresa, tem a obrigação de apresentar as demonstrações consolidadas no Brasil.

Segue exceção para apresentação das demonstrações consolidadas; lembre-se de que todos os itens devem acorrer concomitantemente para configurar exceção:

i. a controladora é ela própria uma controlada (integral ou parcial) de outra entidade, em conjunto com os demais proprietários, incluindo aqueles sem direito a voto, que foram consultados e não fizeram objeção quanto à não apresentação das demonstrações consolidadas pela controladora;

ii. seus instrumentos de dívida ou patrimoniais não são negociados publicamente (bolsa de valores nacional ou estrangeira ou mercado de balcão, incluindo mercados locais e regionais);

iii. ela não tiver arquivado nem estiver em processo de arquivamento de suas demonstrações contábeis junto a uma Comissão de Valores Mobiliários ou outro órgão regulador, visando à distribuição pública de qualquer tipo ou classe de instrumento no mercado de capitais; e

iv. a controladora final, ou qualquer controladora intermediária desta; disponibiliza ao público suas demonstrações consolidadas em conformidade com as normas.

A norma tampouco se aplica aos planos de benefícios pós-emprego ou outros de longo prazo a empregados aos quais seja adequável a norma de Benefícios a Empregados.

6.5.2 Abrangência das demonstrações contábeis consolidadas

De acordo com o IAS 1, "Apresentação das demonstrações contábeis", parágrafo 15, as demonstrações contábeis consolidadas devem apresentar adequadamente a posição patrimonial, financeira, os resultados das operações e os fluxos de caixa de um grupo econômico.

Para o IFRS 10 "Demonstrações consolidadas", o investidor, independentemente da natureza de seu envolvimento com a entidade (investida), deve determinar se é controlador, avaliando se controla a investida.

6.5.3 Controle

O controle ocorre na investida quando o investido está exposto a, ou tem direitos sobre, retornos variáveis decorrentes de seu envolvimento com esta. É importante verificar se o investidor tem a capacidade de afetar esses retornos por meio de seu poder sobre essa investida.

Para que o investidor venha controlar a investida, deve possuir todos os três atributos (poder, retornos e relação entre poder e retornos):

i. *poder sobre a investida*: quando tem direitos existentes que lhe dão a capacidade atual de dirigir as atividades relevantes, ou seja, que afetam significativamente os retornos da investida.

O poder decorre de direitos. Ele pode ser simplesmente obtido direta e exclusivamente dos direitos de voto concedidos por instrumentos patrimoniais, como ações, e pode ser avaliado considerando-se os direitos de voto decorrentes dessas participações acionárias. Já em outros casos, a avaliação pode ser mais complexa.

ii. *exposição a, ou direitos sobre, retornos variáveis decorrentes de seu envolvimento com a investida*: embora somente o investidor possa controlar a investida, mais de uma parte pode participar dos retornos dela.

iii. *a capacidade de utilizar seu poder sobre a investida para afetar o valor de seus retornos*: o investidor controla a investida se possuir não apenas poder sobre ela e exposição a, ou direitos sobre, retornos variáveis decorrentes de seu envolvimento com a investida, mas também a capacidade de usar seu poder para afetá-los.

Assim, o investidor com direitos de tomada de decisões deve determinar se é um principal ou um agente.[2]

Note que o investidor deve sempre considerar todos os fatos e as circunstâncias ao avaliar se controla a investida. Deve haver a reavaliação de tais fatos e circunstâncias que indiquem se há mudanças em um ou mais dos três elementos de controle relacionados no item acima.

Na questão do poder, anteriormente citada no item (i), deve-se atentar se há valores mobiliários conversíveis em ações que garantam potencial direito a voto. Por exemplo: opções de compra de ações e de ações não padronizadas (*warrants)*, bônus de subscrição de ações, debêntures conversíveis e outros direitos ou instrumentos patrimoniais ou de dívida conversíveis em ações. Isso porque esses tipos de títulos garantem o poder de voto, os quais, se exercidos ou convertidos, conferem à entidade poder de voto adicional ou reduzem o poder de voto de outras partes sobre as políticas financeiras e operacionais.

Esses potenciais direitos de voto, desde que prontamente exercíveis ou conversíveis, devem ser considerados para o cálculo do percentual de participação da sociedade na avaliação do poder de governar as políticas financeiras e operacionais de outra entidade, tão somente para consideração do poder de governar.

---

[2] De acordo com itens B58 a B72 da norma, o investidor que é agente não controla a investida quando exerce direitos de tomada de decisões a ele delegados.

Não devem ser excluídas da consolidação controladas de capital de risco, por exemplo: fundos de *private equity*, fundo mútuo, truste ou entidade similar, tampouco controlada com atividades de negócios diferentes da controladora ou do grupo econômico.

Assim podem ocorrer as seguintes configurações:

a) poder com a maioria dos direitos de voto;
b) maioria dos direitos de voto, mas sem nenhum poder/poder sem a maioria dos direitos de voto;
c) direitos decorridos de outros acordos contratuais.

Há direitos que dão ao investidor poder sobre a investida, que lhe garantam capacidade de dirigir:

a) direitos na forma de direitos de voto (ou direitos de voto potenciais) da investida;
b) direitos de nomear, realocar ou destituir membros do pessoal-chave da administração da investida que tenham a capacidade de dirigir as atividades relevantes;
c) direitos de nomear ou destituir outra entidade que dirija as atividades relevantes;
d) direitos de instruir a investida a realizar transações, ou vetar quaisquer mudanças a essas transações, em benefício do investidor; e
e) outros direitos (tais como direitos de tomada de decisões especificados em contrato de gestão) que deem ao titular a capacidade de dirigir as atividades relevantes.

6.5.4 Procedimentos de consolidação

Com o foco de apresentar o grupo econômico em uma demonstração financeira única, a consolidadora deve:

1. combinar linha a linha, somando itens de mesma natureza, as demonstrações de suas controladas. É importante ter em mente que as informações consolidadas devem conter os dados financeiros das demonstrações individuais, como ativos, passivos, patrimônio líquido, receitas, despesas e fluxos de caixa da controladora com os de suas controladas;
2. compensar (eliminar) o valor contábil do investimento da controladora em cada controlada e a parcela daquela no patrimônio líquido de cada controlada (atenção na contabilização de qualquer ágio correspondente);
3. uma das etapas da consolidação é a eliminação das transações intragrupo 100% e em todas as linhas em que as demonstrações individuas estejam afetadas por essas transações. Assim, na consolidação os saldos, transações, receitas e despesas devem ser eliminados. Deve-se atentar não somente para lucro e prejuízo intragrupo que já estão considerados no resultado, mas provento de transações que estejam represadas nos ativos, os chamados lucros/prejuízos não realizados. Exemplos dessas transações são compras/vendas de produtos intragrupo que estejam ainda nos estoques, ou mesmo compras/vendas de ativo imobilizado.

É importante notar que, inicialmente, quando se fala de eliminação de 100% das transações intragrupo onde haja participação de não controladores, a operação pode parecer um pouco fora do sentido lógico, mas o conceito de controlada é que a controladora, mesmo que não controle integralmente, traz para seu balanço 100% dos balanços individuais, devido ao conceito de controle. Assim, as eliminações devem seguir essa lógica. Quando estas apontarem para prejuízos não realizados nas transações, deve-se atentar para um forte indício de perda por redução no valor recuperável nos balanços individuais e analisar o impacto de impostos diferidos decorrentes de diferenças temporárias que surgem das eliminações de resultados não realizados intragrupo.

Antes de iniciar o processo de consolidação, faz-se necessário identificar as companhias individuais que serão consolidadas. Importante em relação à definição é que se deve sempre considerar os potenciais direitos a votos para definição de controle. No entanto, para cálculos de participação efetiva o que conta é o percentual de fato dos direitos a voto.

6.5.5 Data das demonstrações contábeis das controladas

Em relação à data das demonstrações financeiras que devem ser utilizadas para a consolidação considerar manifestações na mesma data da controladora, devem-se preparar demonstrações na mesma data-base para o processo de consolidação, caso isso seja impraticável (a norma não definiu o que é impraticável), há uma defasagem de até dois meses para CPC e três meses parar IFRS que é aceita, mas com a ressalva de que eventos e transações relevantes devem ser ajustados para serem considerados na consolidação.

É importante ressaltar que a quantidade de meses, duração do período, considerados nas demonstrações contábeis e as diferenças entre as datas de encerramento devem manter a consistência de um período para outro, garantindo a comparabilidade contábil.

Caso ocorra a utilização de datas diferentes, respeitando o prazo de dois meses, deve haver divulgação desse fato.

6.5.6 Políticas contábeis

Com vista a manter a uniformidade das informações, essa norma enfatiza que as políticas contábeis das demonstrações das controladas devem ser as mesmas da controladora em relação às transações e aos eventos de mesma natureza para circunstâncias similares.

Em consequência desta definição, nos casos em que as controladas apresentam demonstrações com políticas diferentes, deve-se providenciar as demonstrações nas políticas contábeis da controladora; para isso, independentemente de quem as prepare, devem ser em base recorrente.

O mais fácil para a controladora é que a controlada passe a efetuar suas demonstrações com referência em políticas contábeis iguais às suas, porém isso nem sempre é possível, por exemplo, leis societárias ou tributárias locais que não permitam. Assim, controles paralelos devem ser estabelecidos, e demonstrações com base nas políticas da controlada deve ser preparadas em paralelo às oficiais desta manifestações.

6.5.7 Primeiras demonstrações da consolidada

As demonstrações contábeis da data de aquisição devem ser consideradas para obtenção dos números de receitas e despesas das controladas, os quais devem estar de acordo com valores justos de aquisição, conforme IFR 3 ou CPC 15 de combinação de negócios, já discutidos em capítulo anterior.

6.5.8 Participação de não controladores

Quanto à participação dos não controladores, a norma destaca basicamente sobre a contabilização:

- a participação dos não controladores deve ser apresentada no balanço patrimonial consolidado dentro do patrimônio líquido, separadamente do patrimônio líquido dos proprietários da controladora;
- o resultado do período e cada componente dos outros resultados abrangentes (reconhecidos diretamente no patrimônio líquido) devem ser atribuídos aos proprietários da controladora e à participação dos não controladores. O resultado abrangente total deve ser concedido aos proprietários da controladora e à participação dos não controladores, independentemente de esses resultados tornarem negativa a participação dos não controladores.

6.5.9 Perda de controle

A controladora pode perder o controle sobre uma controlada. Como exemplo, pode ocorrer a perda como resultado de acordo contratual ou até mesmo quando a controlada se torna sujeita ao controle de governo ou órgão regulador.

Atenção para os contratos múltiplos (controladora pode perder o controle sobre uma controlada em dois ou mais acordos contratuais (transações)), algumas vezes, na essência, eles devem ser contabilizados como uma única transação. Assim, no intuito de verificar isso, a controladora deve considerar todos os termos e condições do contrato e seus efeitos econômicos.

A norma sugere itens que podem indicar que a controladora deve contabilizar um contrato múltiplo como uma única transação:

a) eles foram firmados ao mesmo tempo ou são complementares;
b) eles formam uma única transação, projetada para alcançar efeito comercial global;
c) a ocorrência do contrato é dependente da ocorrência de pelo menos outro acordo;
d) um acordo considerado isoladamente não se justifica economicamente, porém, quando considerado em conjunto com outros acordos, ele passa a se justificar.

Quando a controladora perde o controle da controlada, ela deve:

a) baixar:
   i. os ativos (incluindo qualquer ágio) e os passivos da controlada pelo seu valor contábil na data em que o controle for perdido; e
   ii. o valor contábil de quaisquer participações de não controladores na ex-controlada na data em que o controle for perdido (incluindo quaisquer componentes de outros resultados abrangentes atribuídos a elas);
b) reconhecer:
   i. o valor justo da contrapartida recebida, se houver, proveniente de transação, evento ou circunstâncias que resultaram na perda de controle;
   ii. essa distribuição, se a transação, o evento ou as circunstâncias que resultaram na perda de controle envolverem a distribuição de ações da controlada aos proprietários em sua condição de proprietários; e
   iii. qualquer investimento retido na ex-controlada, pelo seu valor justo na data em que o controle é perdido;
c) reclassificar para o resultado do período ou transferir diretamente para lucros acumulados, se exigido por outras normas, valores reconhecidos em outros resultados abrangentes em relação à controlada;
d) reconhecer qualquer diferença resultante como perda ou ganho no resultado do período, atribuíveis à controladora.

6.6 Divulgação

O tema de divulgação para (i) controladas; (ii) negócios em conjunto e coligadas; e (iii) entidades estruturadas que não são controladas pela entidade (entidades estruturadas não consolidadas) foi compactado em uma única norma com vigência para o ano de 2013 – Norma de Divulgação de Participações em Outras Entidades IFRS 12/CPC 45, com o seguinte objetivo:

a) divulgar julgamentos usados e as premissas significativas consideradas para determinar a natureza de sua participação em outra entidade ou acordo e o tipo de negócio em conjunto no qual tem participação; e
b) as informações sobre suas participações em:
   i. controladas;
   ii. negócios em conjunto e coligadas; e
   iii. entidades estruturadas que não são controladas pela entidade (entidades estruturadas não consolidadas).

Assim, deve-se consultar o capítulo referente à IFRS 12 desta obra para obtenção de instruções acerca de divulgações.

Considerações finais

O foco nesta norma é deixar claro que controle é o poder de governar as políticas financeiras e operacionais da entidade de forma a obter benefício das suas atividades.

Cabe relembrar e ressaltar, portanto, que percentual de participação por si só não define a situação de controle; é necessária sempre análise em detalhes.

Além disso, destaca-se que todo o ato de consolidar deve ser um procedimento com controles sistematizados para a área, desde rotinas para obtenção das demonstrações consolidadas, checagem de informações como: datas dos balanços, princípios contábeis que os norteiam e moedas de apresentação, cronogramas para consolidação e formalização do processo.

Questões para fixação do aprendizado

1. Qual é o objetivo da consolidação?
2. Quais elementos caracterizariam o controle?
3. Caracterize controladora e controlada.
4. Em que casos deve ser feita a consolidação?
5. Como devem ser tratadas as participações minoritárias no patrimônio líquido da controlada quando da consolidação nas demonstrações contábeis da controladora?
6. Qual é a defasagem máxima permitida na preparação das demonstrações contábeis consolidadas entre o encerramento das demonstrações contábeis da controladora e da controlada?
7. O que são eliminações?
8. Que transações são objeto de eliminação?
9. O que deve ser evidenciado em relação à participação dos não controladores?
10. Quais procedimentos devem ser adotados em termos da evidenciação contábil pela controladora quando esta perde o controle sobre uma controlada?

Referências

A Practical Guide to New IFRSs for 2013.

CPC 36 (R3) – DEMONSTRAÇÕES CONSOLIDADAS.

Guide published by PwC in March 2013 covering new standards and interpretations, including IFRS 10 with transition guidance and information on amendments on the exception from consolidation for investment entities.

HENDRIKSEN, E. S. *Accounting theory*. 4th ed. Homewood: Irwin, 1982.

IFRS 10 – CONSOLIDATION FOR FUND MANAGERS (PDF 1.93mb/32 pages). Disponível em: <https://inform.pwc.com/inform2/show?action=informContent&id=1330154203178072>. Acesso em: 5 jul. 2013.

IFRS 10 – CONSOLIDATED FINANCIAL STATEMENTS.

PRACTICAL GUIDE TO IFRS 10 – Investment entities: Exception to consolidation Guidance published by PwC in December 2012 with examples and a disclosure checklist. Disponível em: <https://inform.pwc.com/inform2/show?action=informContent&id=1218143212180154>. Acesso em: 5 jul. 2013.

IFRS 11
Negócios em Conjunto – CPC 19 (R2)

7.1 Introdução

A IFRS 11 foi adotada 100% no Brasil como CPC 19 (R2), com aplicação para o ano de 2013, e substituiu a IAS 31 e SIC-27 – CPC 19 (R1).

Para as novas regras adotadas em 2013, não houve impacto no conceito de *controle conjunto*, a maior mudança ficou por conta dos pré-requisitos para a caracterização das atividades relevantes.

A IAS 31 – CPC 19 (R1) citava três tipos diferentes de controle conjunto, já a IFRS 11 – CPC 19 (R2) classifica apenas dois tipos:

- operações em conjunto; ou
- entidade controlada em conjunto.

Assim, para o ano de 2013: (i) empreendimentos controlados em conjunto (*joint venture*) passam de consolidação proporcional para o método da equivalência patrimonial; e (ii) operações em conjunto (*joint operations*) vão do método da equivalência patrimonial para a contabilização de ativos e passivos.

7.2 Objetivo da norma

Esta norma estabelece o tratamento contábil para entidades que tenham interesses em negócios controlados em conjunto (*joint venture*), definindo-o independentemente da estrutura ou da forma jurídica das atividades do empreendimento controlado. Ela exige que a entidade seja parte integrante desse negócio, determinando seus detalhes e princípios para o reporte. A entidade deve definir o tipo de negócio em conjunto com o qual está envolvida por meio da avaliação de seus direitos e obrigações, que devem ser contabilizados conforme esse tipo de negócio em conjunto.

7.3 Visão geral do assunto

Para os negócios administrados em conjunto, o primeiro passo é, de fato, garantir que se trata de um negócio em conjunto, o que muitas vezes passa por julgamentos que devem ser bem embasados.

Depois de se ter definido que se trata de realmente de um negócio administrado em conjunto, deve-se verificar qual o tipo de negócio. Para IFRS 11, há dois, como veremos a seguir.

Só com as duas definições anteriores ocorrerá a contabilização do negócio em conjunto de maneira correta.

7.4 Definições

Seguem termos citados na norma, mas que estão contidos em outras normas estudadas anteriormente:

Controle: é o poder de governar as políticas financeiras e operacionais da entidade de forma a obter benefício das suas atividades.

Consolidação proporcional: é o método de contabilização pelo qual a parte do empreendedor em cada um dos ativos, passivos, receitas e despesas da entidade controlada em conjunto são combinadas linha a linha com itens similares nas demonstrações contábeis do empreendedor, ou em linhas separadas nessas demonstrações contábeis.

Controle conjunto: é o compartilhamento do controle, contratualmente estabelecido, sobre uma atividade econômica e que existe somente quando as decisões estratégicas, financeiras e operacionais relativas à atividade exigirem o consentimento unânime das partes que compartilham o controle (os empreendedores).

Demonstrações separadas: são apresentadas por uma controladora, um investidor em coligada ou um empreendedor em uma entidade controlada em conjunto, nas quais os investimentos são contabilizados com base no valor do interesse direto no patrimônio (*direct equity interest*), em vez de nos resultados divulgados e nos valores contábeis dos ativos líquidos das investidas. Não se confundem com as demonstrações contábeis individuais.

Influência significativa: é o poder de participar nas decisões financeiras e operacionais da entidade, sem controlar, de forma individual ou conjunta, essas políticas.

Método de equivalência patrimonial: é o método de contabilização por meio do qual o investimento é inicialmente reconhecido pelo custo e posteriormente ajustado pelo reconhecimento da participação atribuída ao investidor nas alterações dos ativos líquidos da investida. O resultado do período do investidor deve incluir a parte que lhe cabe nos resultados gerados por esta.

Seguem definições contidas em destaque na própria norma:

Negócio em conjunto: acordo segundo o qual duas ou mais partes têm o controle conjunto.

Controle conjunto: compartilhamento, contratualmente convencionado, do controle de negócio, que existe somente quando decisões sobre as atividades relevantes exigem o consentimento unânime das partes que dividem o controle.

Operação em conjunto (joint operation): negócio em conjunto segundo o qual as partes que detêm o controle conjunto do negócio têm direitos sobre os ativos e obrigações pelos passivos relacionados ao negócio.

Operador em conjunto (joint operator): parte integrante de operação em conjunto que detém o controle conjunto desta.

Empreendimento controlado em conjunto (joint venture): negócio em conjunto segundo o qual as partes que detêm o controle conjunto do negócio têm direitos sobre os ativos líquidos deste.

Empreendedor em conjunto (joint venturer): parte integrante de *joint venture* que detém o controle conjunto desse empreendimento.

Parte integrante de negócio em conjunto: entidade que participa de negócio em conjunto, independentemente de deter o controle conjunto dele.

Veículo separado: estrutura financeira separadamente identificável, incluindo pessoas jurídicas separadas ou entidades reconhecidas por estatuto independentemente de essas entidades terem personalidade jurídica.

7.5 Desenvolvimento

A principal característica de uma *joint venture* é o acordo contratual de compartilhamento de controle, que deve dar a todas as partes integrantes, ou a um grupo de partes integrantes, o controle do negócio coletivamente. Esse controle ocorre quando as partes agem em conjunto para dirigir as atividades que afetam significativamente os retornos do negócio.

Os acordos contratuais podem ter as seguintes características:

- frequentemente, mas nem sempre, celebrado por escrito;
- normalmente têm forma de contrato ou de discussões documentadas entre as partes;
- mecanismos legais ou estatutários também podem criar acordos, cujo cumprimento possa ser requerido de modo coercitivo, seja por si só ou em conjunto com contratos celebrados entre as partes.

Quando negócios em conjunto são estruturados por meio de veículo separado (ver definição anterior), o acordo contratual ou alguns aspectos dele serão, em certos casos, incorporados ao contrato social, aos atos constitutivos ou ao estatuto social do veículo separado.

Figura 7.1 Árvore de decisão para avaliação de controle em conjunto

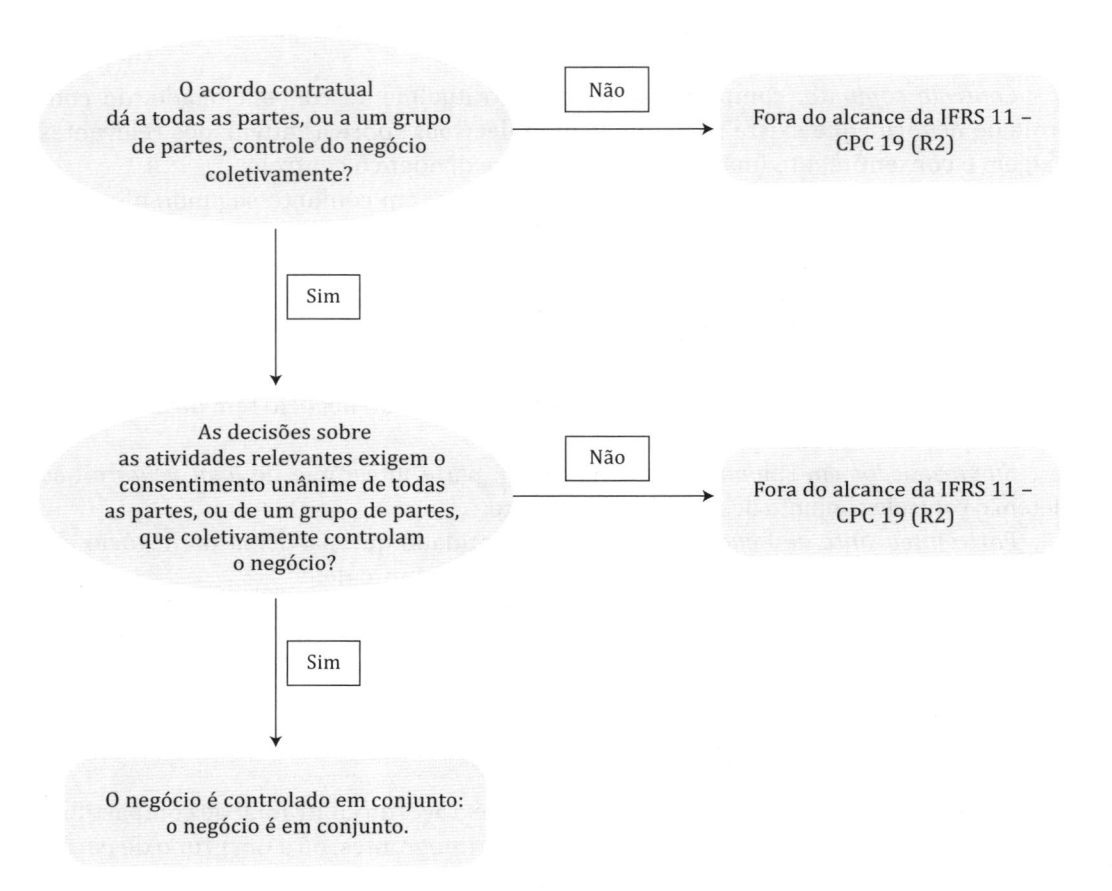

Na definição de controle conjunto, verifica-se que este existe quando decisões sobre as atividades relevantes exigem o consentimento unânime das partes que controlam coletivamente o negócio. Por si só essa definição traz uma necessidade de avaliação imbuída de julgamento que deve ser aplicado ao se criticar se todas as partes, ou um grupo de partes integrantes, têm o controle conjunto de negócio. A entidade deve fazer essa avaliação considerando todos os fatos e circunstâncias.

Joint ventures podem ser classificadas como: (i) operações; ou (ii) ativos ou sociedades controladas em conjunto.

É importante notar que há princípios de reconhecimento diferentes para cada tipo de *joint venture*.

Quadro 7.1   Principais características das duas classificações

Aspectos de interesse na diferenciação entre *joint venture* e *joint operation*	Operação em conjunto (*joint operation*)	Empreendimento controlado em conjunto (*joint venture*)
Definição	É um negócio em conjunto, segundo o qual as partes integrantes que detêm o controle conjunto do negócio têm direitos sobre os ativos e possuem obrigações pelos passivos relacionados a ele. Essas partes são denominadas de operadores em conjunto.	É um negócio em conjunto, segundo o qual as partes que detêm o controle conjunto do negócio têm direitos sobre os ativos líquidos deste. Essas partes são denominadas empreendedores em conjunto.
Reconhecimento/ Contabilização	Operador em conjunto deve reconhecer, com relação aos seus interesses em *joint operation*: a) seus ativos, incluindo sua parcela sobre quaisquer ativos detidos em conjunto; b) seus passivos, incluindo sua parcela sobre quaisquer passivos assumidos em conjunto; c) sua receita de venda da sua parcela sobre a produção advinda da *joint operation*; d) sua parcela sobre a receita de venda da produção da *joint operation*; e e) suas despesas, incluindo sua parcela sobre quaisquer despesas incorridas em conjunto.	Utilizar o método de equivalência patrimonial.

Com base no acordo contratual, obtêm-se informações para a classificação do negócio administrado em conjunto. Lembrar-se de que:

Veículo separado: estrutura financeira separadamente identificável, incluindo pessoas jurídicas separadas ou entidades reconhecidas por estatuto independentemente de essas entidades terem personalidade jurídica.

Na sequência, para melhor entendimento, apresenta-se o Quadro 7.2 com algumas diferenças entre *joint operation* e *joint venture*, no tocante a: termos do negócio contratual; direitos sobre os ativos; obrigações sobre os passivos; receitas; despesas; lucros e prejuízos; e garantias.

Figura 7.2   Definição quanto operação ou negócio em conjunto

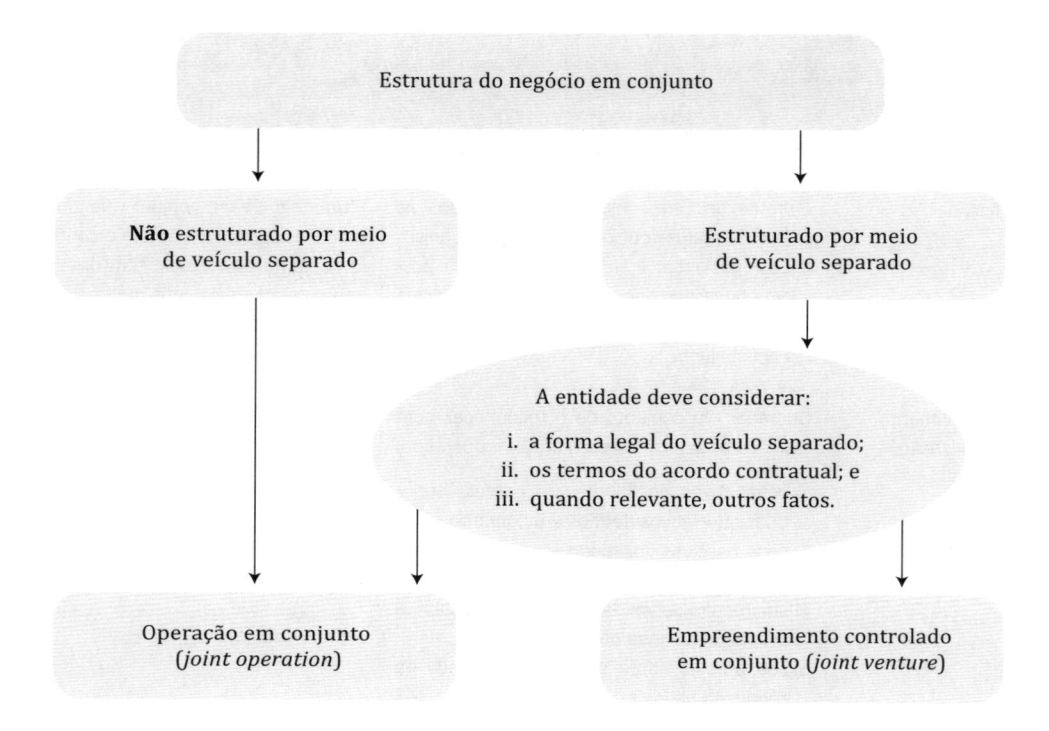

Quadro 7.2   Diferenças entre operações em conjunto (*joint operation*) e empreendimento controlado em conjunto (*joint venture*)

Aspectos de Interesse na diferenciação entre *joint operation* e *joint venture*	Operação em conjunto (*joint operation*)	Empreendimento controlado em conjunto (*joint venture*)
Termos do negócio contratual	O negócio contratual dá às partes do negócio em conjunto os direitos sobre os ativos e obrigações pelos passivos relacionados a ele.	O negócio contratual dá às partes do negócio conjunto os direitos sobre os ativos líquidos dele (ou seja, é o veículo separado, e não as partes, que tem direitos sobre os ativos e obrigações pelos passivos relacionados ao negócio).
Direitos sobre os ativos	O negócio contratual estabelece que as partes do negócio em conjunto compartilham todos os interesses (por exemplo, direitos, titularidade ou propriedade) sobre os ativos relacionados ao negócio na proporção especificada (por exemplo, proporcionalmente à participação das partes no negócio ou à atividade realizada por meio dele, que seja diretamente atribuída às partes).	O negócio contratual estabelece que os ativos incorporados a ele ou posteriormente adquiridos por ele em conjunto são os ativos do negócio. As partes não têm qualquer interesse (ou seja, não têm qualquer direito, titularidade ou propriedade) sobre os ativos do negócio.

continua

Quadro 7.2   Diferenças entre operações em conjunto (*joint operation*) e empreendimento controlado em conjunto (*joint venture*) *(continuação)*

Aspectos de Interesse na diferenciação entre *joint operation* e *joint venture*	Operação em conjunto (*joint operation*)	Empreendimento controlado em conjunto (*joint venture*)
Obrigações por passivos	a) O negócio contratual estabelece que as partes do negócio em conjunto compartilham todos os passivos, obrigações, custos e despesas na proporção especificada (por exemplo, proporcionalmente à participação das partes no negócio ou à atividade realizada por meio dele, que seja diretamente atribuída às partes). b) O negócio contratual estabelece que as partes do negócio em conjunto são responsáveis por quaisquer pretensões de terceiros.	a) O negócio contratual estabelece que o negócio em conjunto é responsável pelas dívidas e obrigações. b) O negócio estabelece que as partes do negócio em conjunto são responsáveis pelo negócio somente na medida de seus respectivos investimentos nele ou de suas respectivas obrigações de aportar qualquer capital não integralizado ou adicional ao negócio, ou ambos. c) O negócio contratual declara que os credores do negócio em conjunto não têm direitos de regresso contra qualquer parte em relação a dívidas ou obrigações dele.
Receitas, despesas, lucros e prejuízos	O negócio contratual estabelece a alocação de receitas e despesas com base no desempenho relativo de cada parte do negócio em conjunto. Por exemplo, o negócio contratual pode estabelecer que receitas e despesas sejam alocadas com base na capacidade que cada parte utiliza na fábrica operada em conjunto, que pode diferir de seu interesse no negócio em conjunto. Em outros casos, as partes podem ter concordado compartilhar os lucros e prejuízos relacionados ao negócio com base na proporção especificada, como o interesse das partes nele. Isso não impediria que o negócio fosse uma operação conjunta, se as partes tivessem direitos sobre os ativos e obrigações pelos passivos relacionados a ele.	O negócio contratual estabelece a parcela de cada parte sobre os lucros e prejuízos relacionados às atividades dele.
Garantias	Exige-se com frequência que as partes de negócios em conjunto prestem garantias a terceiros que, por exemplo, recebem um serviço do negócio em conjunto ou fornecem financiamento a ele. A prestação dessas garantias ou o compromisso das partes de fornecê-las não determina por si só que o negócio em conjunto é uma *joint operation*. A característica que determina se o negócio em conjunto é uma *joint operation* ou um empreendimento controlado em conjunto (*joint venture*) é se as partes têm obrigações pelos passivos relacionados ao negócio (para alguns dos quais as partes podem ou não ter prestado garantia).	

Desse pronunciamento são elaborados alguns apêndices, dentre os quais se destacam o Apêndice A, que trata as definições; o Apêndice B, que apresenta detalhamentos de assuntos importantes e que merecem aprofundamento teórico; e o Apêndice C, que traz as disposições transitórias para:

- *joint venture* – transição da consolidação proporcional para o método da equivalência patrimonial;
- *joint operations* – transição do método da equivalência patrimonial para a contabilização de ativos e passivos;
- disposições de transição nas demonstrações separadas da entidade.

A IFRS dedica quase metade de suas páginas para os parágrafos E com intuito de ilustrar o assunto com os seguintes exemplos:

1. serviços de construção;
2. shopping center operado em conjunto;
3. produção e distribuição em conjunto de produto;
4. banco operado em conjunto;
5. atividades de exploração, desenvolvimento e produção de óleo e gás;
6. acordos contratuais com gás natural liquefeito.

 Considerações finais

Neste capítulo, foi abordada a norma IFRS 11 – Negócios conjuntos, que corresponde ao CPC 19 (R2). Foi apresentado o objetivo da norma como o de normatizar o tratamento a ser dado aos negócios mantidos em conjunto. Falou-se sobre controle conjunto e apresentaram-se formas pelas quais ocorre o controle contratual que caracteriza o negócio conjunto. Apresentou-se um esquema básico de diferenciação, inclusive quanto ao tratamento contábil a ser dado para negócios conjuntos e operações conjuntas. Nesse sentido, também foram mostradas diferenças referentes à responsabilidade pelos passivos, direitos sobre os ativos e resultado.

É necessário lembrar-se de que esse assunto exige cuidado em relação à classificação, devido à necessidade de julgamento envolvida. No entanto, efetuada a definição que se trata de negócio em conjunto e a classificação dele, o trabalho é manual e de acompanhamento dos números.

Deve-se atentar para que as informações recebidas para contabilização do negócio em conjunto estejam de acordo com as normas contábeis da empresa que as recebe, e que a moeda tratada está na mesma base, cuidados necessários para que não se traga para o balanço números incorretos, invalidando todo o processo.

É importante desenvolver controles internos com foco na regularidade do recebimento de informações, análise de acuracidades e contabilização destas.

Questões para fixação do aprendizado

1. O acordo contratual define os termos segundo os quais as partes integrantes participam da atividade objeto do negócio. Cite questões que devam ser tratadas pelo acordo contratual, segundo citado nos parágrafos "B" da norma.
2. Defina operação conjunta.
3. Defina negócio conjunto.
4. Qual é a principal característica de uma *joint venture*?
5. Como pode ser formalizado o acordo contratual?
6. Conceitue influência significativa.
7. Conceitue controle conjunto.
8. Discorra sobre a necessidade de julgamento na aplicação desta norma. Exemplifique situações em que esta necessidade pode surgir.
9. Em relação aos termos do negócio contratual, quais são as diferenças entre o tratamento dado a esses termos nos casos de operações conjuntas e de negócios conjuntos?
10. Em relação aos ativos, passivos e resultados, quais são as diferenças entre o tratamento dado a esses termos nos casos de operações conjuntas e de negócios conjuntos?

Referências

CPC 19 (R2) – NEGÓCIOS EM CONJUNTO.

IFRS 11 – JOINT VENTURE.

MANUAL OF ACCOUNTING IFRS 2012. PricewaterhouseCoopers. Disponível em: <http://www.pwc.com/ifrs>. Acesso em: 30 jun. 2013.

IFRS 12
Divulgação de Participações em Outras Entidades – CPC 45

8.1 Introdução

Norma a ser aplicada a partir de 2013. Foca essencialmente na divulgação para entidades que participam em outras entidades.

Instrui sobre a divulgação em relação aos IFRS 10 e 11 que tratam de consolidação e negócios em conjunto.

A preparação desta norma teve como foco a qualidade das demonstrações contábeis, por meio das notas explicativas. Exige divulgações que tragam informações úteis aos usuários das demonstrações de maneira clara e que apresente a essência das participações em outras entidades, inclusive atestando ao usuário os julgamentos efetuados pelos tomadores de decisão para as classificações e contabilizações.

8.2 Objetivo da norma

A norma tem como objetivo exigir que a entidade divulgue informações que permitam aos usuários de suas demonstrações contábeis avaliar:

a) a natureza de suas participações em outras entidades e os riscos associados a tais participações; e
b) os efeitos dessas participações sobre a sua posição financeira, seu desempenho financeiro e seus fluxos de caixa.

Para chegar ao objetivo, o preparador das demonstrações contábeis deve ter o foco em julgamentos usados e as premissas significativas consideradas para determinar a natureza de sua participação em outra entidade ou acordo e para determinar o tipo de negócio em conjunto no qual tem participação:

- as informações sobre suas participações em controladas, negócios em conjunto e coligadas e entidades estruturadas que não são controladas pela entidade (entidades estruturadas não consolidadas);
- quaisquer informações adicionais necessárias para atingir o objetivo, divulgações exigidas pela norma, juntamente com as divulgações exigidas por outras normas, interpretações e orientações;
- a entidade deve considerar o nível de detalhe necessário para atingir o objetivo de divulgação e a ênfase que deve ser dada a cada uma das exigências;
- agregar ou desagregar divulgações de modo que informações úteis não sejam obscurecidas, seja pela inclusão de grande quantidade de detalhes insignificantes ou pela agregação de itens que possuem características diferentes.

8.3 Visão geral do assunto

A norma passa por tópicos de divulgação e detalhamento do que se espera para, controladas, negócios em conjunto e coligadas, bem como entidades estruturadas que não são controladas pela entidade.

Tem também dois apêndices: Apêndice A – Definição de termos; e Apêndice B – Guia de aplicação.

Para entendimento dessa norma, sugere-se a leitura dos modelos de publicações encontrados na internet, geralmente disponibilizados pelas empresas de auditorias.

8.4 Definições

Seguem definições e termos utilizados para esse pronunciamento.

Resultado de entidade estruturada: para os fins deste pronunciamento, inclui, entre outros, taxas recorrentes e não recorrentes, juros, dividendos, distribuições de lucros, ganhos ou perdas sobre a remensuração ou *desreconhecimento* de participações em entidades estruturadas e ganhos ou perdas decorrentes da transferência de ativos e passivos à entidade estruturada.

Participação em outra entidade: para os fins deste pronunciamento, refere-se ao envolvimento contratual e não contratual que exponha a entidade à variabilidade dos retornos oriundos do desempenho da outra entidade. Participação em outra entidade pode ser comprovada pela, mas não está limitada à, detenção de instrumentos de patrimônio ou de dívida, bem como outras formas de envolvimento, por exemplo, o fornecimento de recursos como fonte de financiamento (*funding*), suporte de liquidez, melhoria de crédito e garantias. Isso inclui os meios pelos quais a corporação tem o controle ou controle conjunto de outra entidade ou influência significativa sobre ela. A entidade não tem necessariamente participação em outra entidade unicamente devido, à relação típica cliente/fornecedor.

Entidade estruturada: A entidade que tenha sido designada de modo que os direitos de voto ou similares não sejam o fator dominante ao decidir quem a controla, por exemplo, quando quaisquer direitos de voto se referem somente a tarefas administrativas e as atividades relevantes são dirigidas por meio de acordos contratuais.

8.5 Desenvolvimento/Divulgação

Seguem os itens que devem ser divulgados nos caso de entidade que tenha participação em quaisquer das situações:

a) controladas;
b) negócios em conjunto (ou seja, operações em conjunto ou empreendimentos controlados em conjunto (*joint ventures*);
c) coligadas;
d) entidades estruturadas não consolidadas.

A norma trata sobre o detalhe de julgamento para cada um dos tópicos descritos a seguir:

Participação em controladas
Participação de não controladores nas atividades e nos fluxos de caixa do grupo econômico.
Natureza e extensão de restrições significativas.
Natureza dos riscos associados às participações de entidade em entidades estruturadas consolidadas.
Mudança na participação societária de controladora em controlada que não resulta na perda de controle.
Perda de controle de controlada durante o período de reporte.

Participação em negócios em conjunto e em coligadas
Natureza, extensão e efeitos financeiros das participações de entidade em negócios em conjunto e em coligadas.
Riscos associados às participações da entidade em *joint ventures* e em coligadas

Participação em entidades estruturadas não consolidadas
Natureza das participações.
Natureza dos riscos.

 Considerações finais

Essa norma trata, acima de tudo, do cuidado que o preparador deve ter ao escolher as informações a serem disponibilizadas aos usuários das demonstrações. Como esse é um tema cercado de julgamento tanto na contabilização como dos assuntos que constaram das Notas explicativas, com profundidade, é importante o cuidado com o foco na qualidade da informação. Além disso, é fundamental que, em toda demonstração, as informações sejam atualizadas efetivamente, pois há muitos dados não numéricos, mas que muitas vezes são de igual ou superior importância para o usuário.

Questões para fixação do aprendizado

1. Do que trata o IFRS 12? Qual é a sua aplicabilidade?
2. Que tipos de avaliações o IFRS 12 espera propiciar aos usuários das demonstrações contábeis de uma entidade que tenha participações em outras?
3. Defina: participação em outra entidade; entidade estruturada; e resultado de entidade estruturada.
4. O que deve ser divulgado por uma entidade que tenha participações em controladas?
5. O que deve ser divulgado no caso de participações em coligadas?
6. Qual deve ser foco na preparação da informação contábil na empresa que detenha a participação?
7. O que deveria ser divulgado no caso de participações em entidades estruturadas não consolidadas?
8. Os usuários da informação contábil de uma empresa que detenha participações em outras deveriam poder fazer que tipo de inferências?
9. Quanto à natureza de suas participações em outras entidades e aos riscos associados a tais participações, a empresa não necessita realizar *disclosure*. Concorda? Justifique.
10. Quanto aos efeitos dessas participações sobre a sua posição financeira, seu desempenho financeiro e seus fluxos de caixa, a empresa não necessita fazer *disclosure*. Concorda? Justifique.

Referências

A practical guide to IFRSs 10 and 12: Questions and answers Guide from PwC illustrating some common issues in implementing the two standards. Published in October 2012. Disponível em: <https://inform.pwc.com/inform2/show?action=informContent&id=1238152810173849>. Acesso em: 27 jul. 2013.

A practical guide to new IFRSs for 2013 Guide published by PwC in March 2013 covering new standards and interpretations, including transition guidance for IFRS 12 and information on the exception from consolidation for investment entities. Disponível em: <https://inform.pwc.com/inform2/show?action=informContent&id=1330154203178072>. Acesso em: 27 jul. 2013.

CPC 45 – DIVULGAÇÃO DE PARTICIPAÇÕES EM OUTRAS ENTIDADES.

IFRS 12 – DISCLOSURE OF INTERESTS IN OTHER ENTITIES.

IFRS 12: Example disclosures for interests in unconsolidated structured entities Guide from Ernst & Young, published in March 2013, with illustrative examples. Disponível em: <http://www.ey.com/Publication/vwLUAssets/IFRS_12_Disclosures_of_Interests_in_Other_Entities/%24File/Applying_PD_March%202013.pdf>.

IAS 1
Apresentação das Demonstrações
Financeiras – CPC 26 (R1)

9.1 Introdução

É de interesse a leitura desta IAS/CPC em conjunto com o Pronunciamento Conceitual Básico: Estrutura Conceitual para Elaboração e Divulgação do Relatório Contábil-Financeiro. Muitos conceitos e embasamento vêm dessa estrutura conceitual. Esta norma, como as demais, quando emitida, define uma data de aplicação, a partir da qual deverá ser seguida pelas entidades. No Brasil, a data de aprovação – CPC 26 (R1) (Revisão 1) é fixada dia 2 de dezembro de 2011 para aplicação a partir do exercício de 2011. Este CPC 26 é a tradução do IAS 1, no sentido da harmonização das práticas contábeis, salvaguardadas pequenas adaptações permitidas pelo IASB, que não descaracterizam a essência da norma. A data de início da aplicação IAS 1, em nosso país, foi 1º de janeiro de 2011. Essas pequenas diferenças entre o CPC 26 e o IAS 1 serão tratadas no decorrer do capítulo.

Uma das distinções é que, no Brasil, conforme o CPC 09, como parte do conjunto de Demonstrações, entre outros quadros, consta a demonstração do *Valor Adicionado* quando esta for exigida legalmente ou por algum órgão regulador. Deixa em aberto também a opção de ser apresentada voluntariamente.

Outra diferença a se destacar é que o resultado abrangente (que corresponde a toda mutação do patrimônio líquido), durante um período, decorre de transações e outros eventos que não sejam derivados destas com os sócios na sua qualidade de proprietários. Para o Brasil, a apresentação é obrigatória, separada da demonstração do resultado. Para o IAS, há duas possibilidades de apresentação. Uma forma é desenvolvê-la e mostrá-la a partir da *demonstração de resultado*, conforme o IAS 1, e, outra, em separado, de acordo com a definição do CPC.

De forma alternativa, o CPC 26, diferentemente do IAS 1, permite apresentar esta informação na Demonstração de Mutação do Patrimônio Líquido.

9.2 Objetivo da norma

Foco na garantia da comparabilidade entre entidades e as demonstrações contábeis de períodos diferentes da mesma entidade. Mostrando a definição da base para a apresentação das demonstrações contábeis (separadas e consolidadas).

9.3 Visão geral do assunto

Esta norma apresenta as demonstrações contábeis exigidas e suas principais características conceituais e de apresentação. Também define informações que devem constar de cada demonstração.

9.4 Definições

Demonstrações contábeis de propósito geral (referidas simplesmente como demonstrações contábeis): são aquelas cujo propósito reside no atendimento das necessidades informacionais de usuários externos que não se encontram em condições de requerer relatórios especificamente planejados para atender às suas necessidades peculiares.

Ainda na norma, no parágrafo 9 define-se a finalidade das demonstrações contábeis:

As demonstrações contábeis são uma representação estruturada da posição patrimonial e financeira e do desempenho da entidade, cujo objetivo é o de proporcionar informação acerca da posição patrimonial e financeira, do desempenho e dos fluxos de caixa da entidade que seja útil a um grande número de usuários em suas avaliações e tomada de decisões econômicas. As demonstrações contábeis também objetivam apresentar os resultados da atuação da administração, em face de seus deveres e responsabilidades na gestão diligente dos recursos que lhe foram confiados. Para satisfazer a esse objetivo, as demonstrações contábeis proporcionam informação da entidade acerca do seguinte:

a) ativos;
b) passivos;
c) patrimônio líquido;
d) receitas e despesas, incluindo ganhos e perdas;
e) alterações no capital próprio mediante integralizações dos proprietários e distribuições a eles; e
f) fluxos de caixa.

Essas informações, juntamente com outras constantes das notas explicativas, ajudam os usuários das demonstrações contábeis a prever os futuros fluxos de caixa da entidade e, em particular, a época e o grau de certeza de sua geração.

Aplicação impraticável: quando a entidade não pode aplicá-lo depois de ter feito todos os esforços razoáveis nesse sentido.

Práticas contábeis brasileiras: compreendem a legislação societária brasileira, os pronunciamentos, as interpretações e as orientações emitidos pelo CPC, homologados pelos órgãos reguladores, e práticas adotadas pelas entidades em assuntos não regulados, desde que atendam ao Pronunciamento Conceitual.

Estrutura Conceitual Básica para Elaboração e Divulgação de Relatório Contábil-Financeiro emitido pelo CPC e, por conseguinte, em consonância com as normas contábeis internacionais.

Omissão material ou divulgação distorcida material: se puderem, individual ou coletivamente, influenciar as decisões econômicas que os usuários das demonstrações contábeis tomam com base nelas. A materialidade depende do tamanho e da natureza da omissão ou da divulgação distorcida, julgada à luz das circunstâncias que a rodeiam. O tamanho ou a natureza do item, ou a combinação de ambos, podem ser o fator determinante para a definição da materialidade. Avaliar se a omissão ou a divulgação distorcida podem influenciar a decisão econômica do usuário das demonstrações contábeis, e nesse caso, se são materiais, requer que sejam levadas em consideração as características desses usuários. A Estrutura Conceitual para Elaboração e Divulgação de Relatório Contábil-Financeiro, contida no Pronunciamento Conceitual Básico do Comitê de Pronunciamentos Contábeis, assim se manifesta no item QC 32: "Relatórios contábil-financeiros são elaborados para usuários que têm conhecimento razoável de negócios e de atividades econômicas e que revisem e analisem a informação diligentemente". Dessa forma, a avaliação deve levar em conta como se espera que os usuários, com seus respectivos atributos, sejam influenciados na tomada de decisão econômica.

Notas explicativas: contêm informação adicional em relação à apresentada nas demonstrações contábeis. As notas explicativas oferecem descrições narrativas ou segregações e aberturas de itens divulgados nessas demonstrações e informação acerca de itens que não se enquadram nos critérios de reconhecimento nas demonstrações contábeis.

Outros resultados abrangentes compreendem itens de receita e despesa (incluindo ajustes de reclassificação) que não são reconhecidos na demonstração do resultado como requerido ou permitido pelos pronunciamentos, interpretações e orientações emitidos pelo CPC. Os componentes dos outros resultados abrangentes incluem:

a) variações na reserva de reavaliação, quando permitidas legalmente (ver Pronunciamentos Técnicos IAS 16/CPC 27 – Ativo Imobilizado e IAS 38/CPC 04 – Ativo Intangível);

b) ganhos e perdas atuariais em planos de pensão com benefício definido reconhecidos conforme item 93A do Pronunciamento Técnico IAS 19/CPC 33 – Benefícios a Empregados;

c) ganhos e perdas derivados de conversão de demonstrações contábeis de operações no exterior (ver Pronunciamento Técnico CPC 02 – Efeitos das Mudanças nas Taxas de Câmbio e Conversão de Demonstrações Contábeis);

d) ganhos e perdas na remensuração de ativos financeiros disponíveis para venda (ver Pronunciamento Técnico CPC 38 – Instrumentos Financeiros: Reconhecimento e Mensuração);

e) parcela efetiva de ganhos ou perdas advindos de instrumentos de *hedge* em operação de *hedge* de fluxo de caixa (ver Pronunciamento Técnico CPC 38).

Proprietário: é o detentor de instrumentos classificados como patrimoniais (de capital próprio, no patrimônio líquido).

Resultado do período: é o total das receitas deduzido das despesas, exceto os itens reconhecidos como outros resultados abrangentes no patrimônio líquido.

Ajuste de reclassificação: é o valor reclassificado para o resultado no período corrente que foi inicialmente reconhecido como outros derivados abrangentes no período corrente ou em período anterior.

Resultado abrangente: é a mutação que ocorre no patrimônio líquido durante um período que resulta de transações e outros eventos que não sejam derivados de transações com os sócios na sua qualidade de proprietários. Compreende todos os componentes da "demonstração do resultado" e da "demonstração dos outros resultados abrangentes".

Embora o pronunciamento use os termos "outros resultados abrangentes", "resultado" e "resultado abrangente", a entidade pode usar outros termos para descrever os totais desde que o sentido seja claro. Por exemplo, a entidade pode usar o termo "lucro líquido" para descrever "resultado". Sugere-se, todavia, por facilidade de comunicação a maior aderência possível aos termos utilizados neste pronunciamento Técnico CPC 39.

Instrumentos Financeiros: são usados neste pronunciamento com os significados lá empregados:

a) instrumento financeiro com opção de venda por parte de seu detentor, classificado como instrumento patrimonial (descrito nos itens 16A e 16B do Pronunciamento Técnico CPC 39);

b) instrumento que impõe à entidade a obrigação de entregar à contraparte um valor *pro rata* dos seus ativos líquidos (patrimônio líquido) somente no caso da liquidação da entidade e é classificado como instrumento patrimonial (descrito nos itens 16C e 16D do Pronunciamento Técnico CPC 39).

9.5   Desenvolvimento

Este CPC apresenta um conjunto de demonstrações contábeis que denomina *Demonstrações Financeiras*:

Conjunto de Demonstrações Financeiras:
a) o balanço patrimonial;
b) a demonstração do resultado;
c) a demonstração do resultado abrangente;

d) a demonstração das mutações do patrimônio líquido;

e) a demonstração dos fluxos de caixa;

f) as notas explicativas, compreendendo um resumo das políticas contábeis significativas e outras informações explanatórias; e

g) a demonstração do valor adicionado exigida legalmente no caso do Brasil, no CPC 26 (R1).

O título das demonstrações contábeis pode ser dado diferentemente dos sugeridos pelo IAS/CPC, porém estas devem ser claramente identificadas e destacadas em relação às outras demonstrações e informações contidas no "pacote".

Destaca-se que os relatórios como os da administração, social e ambiental, entre outros apresentados fora das demonstrações contábeis, não estão contidos no escopo desse IAS/CPC.

9.5.1 Apresentação apropriada e conformidade com as práticas contábeis brasileiras

A posição financeira e patrimonial da entidade deve ser apresentada apropriadamente, de acordo com o desempenho e os fluxos de caixa dela. Deste ponto de vista, nesta representação se busca apresentar a realidade econômica (riqueza/patrimônio) e de liquidez.

Assim, a representação fidedigna dos efeitos das transações se faz necessária. Para tal, os conceitos da Estrutura Conceitual para Elaboração e Divulgação de Relatório Contábil devem ser seguidos.

Entende-se por apresentação apropriada a que está em conformidade com os pronunciamentos técnicos, declarando, de forma explícita, em suas notas e comentários tal conformidade.

9.5.2 Continuidade

A entidade deve ser avaliada pela administração sobre sua capacidade de continuidade das operações em futuro previsível; isso é o pressuposto da continuidade (*going concern*).

Caso este não tenha sido a base para a preparação das demonstrações, a divulgação do fato é necessária e em conjunto com as informações de que bases foram utilizadas para a preparação destas, tal como a base de liquidação.

9.5.3 Regime de competência

As demonstrações contábeis devem ser preparadas de acordo como regime de competência, claro que com exceção dos fluxos de caixa.

O regime de competência deve ser utilizado para registro dos elementos das demonstrações contábeis (ativos, passivos, patrimônio líquido, receitas e despesas) contidos na Estrutura Conceitual para Elaboração e Divulgação de Relatório Contábil-Financeiro.

9.5.4 Materialidade e agregação

O conceito de materialidade na Ciência Contábil assemelha-se ao de relevância. Conforme Hendriksen (1982, p. 72), o conceito de relevância implica apresentar toda a informação que possa ajudar na definição da informação necessária no processo decisório ou que possa contribuir diretamente na decisão. A materialidade é usada para determinar o que deve ser evidenciado para usuários gerais, não determinados, ou seja, a informação deve ser considerada material se seu conhecimento for importante para esses usuários dos relatórios contábeis. A importância definida pela capacidade de alterar suas decisões.

Conforme a Estrutura Conceitual Básica,

> A informação é material se a sua omissão ou divulgação distorcida (*misstating*) puder influenciar decisões que os usuários tomam com base na informação contábil-financeira acerca de entidade específica que reporta a informação. Em outras palavras, a materialidade é um aspecto de relevância específico da entidade, com base na natureza ou na magnitude, ou em ambos, dos itens para os quais a informação está relacionada no contexto do relatório contábil-financeiro de uma entidade em particular. Consequentemente, não se pode especificar um limite quantitativo uniforme para materialidade ou predeterminar o que seria julgado material para uma situação particular.

Tendo como base o conceito anterior, e que as demonstrações contábeis são fruto de agregação de grande número de transações, entende-se que um item pode não ser individualmente significativo, material, para ser apresentado separadamente, mas pode ser considerado material para apresentação individual em notas explicativas.

A menos que sejam imateriais, os itens de natureza ou funções distintas devem ser apresentados separadamente.

Fica claro que, se o item não for material, a entidade não precisa divulgar uma informação específica, requerida por um pronunciamento técnico.

9.5.4.1 Compensação de valores

A menos que a compensação seja exigida ou permitida por um Pronunciamento específico, não se deve compensar ativos e passivos ou receitas e despesas.

O pronunciamento de receitas tem várias orientações quanto ao corte na Receita e quanto à apresentação destas. É importante atentar para as orientações, pois se trata de assunto no qual as entidades costumam incorrer em erros que prejudicam as Demonstrações em sua fidedignidade.

9.5.4.2 Frequência de apresentação das demonstrações contábeis

É a frequência exigida pela IAS, pelo menos anualmente, e com as informações comparativas. Deve-se apresentar apropriadamente a posição patrimonial e financeira, o desempenho financeiro e os fluxos de caixa da entidade.

No caso de apresentações em períodos que fogem da regra citada anteriormente, deve-se divulgar, além do período abrangido pelas demonstrações contábeis:

a) a razão para usar um período mais longo ou mais curto; e
b) o fato de que não são inteiramente comparáveis os montantes comparativos apresentados nessas demonstrações.

Para IAS, o parágrafo 37 permite que se tenha períodos diferentes de doze meses, que compreendam, por exemplo, 52 semanas, como em algumas empresas britânicas. Para efeito de CPC, isso não é permitido e o parágrafo 37 é "eliminado".

9.5.4.3 Informação comparativa

Busca-se a uniformidade de procedimentos contábeis entre as firmas, ou, nos vários períodos para uma mesma firma, com o objetivo da comparabilidade, o qual, conforme Hendriksen,[1] seria o de facilitar a realização de previsões e decisões financeiras por investidores, credores e outros usuários das demonstrações contábeis. A entidade deve divulgar informação comparativa com respeito ao período anterior para:

a) todos os montantes apresentados nas demonstrações contábeis do período corrente.
b) informação narrativa e descritiva que seja apresentada quando for relevante para a compreensão do conjunto das demonstrações do período corrente.

Apresentam-se, como mínimo, 3 (três) balanços quando a política contábil for aplicada retrospectivamente ou no caso de divulgação retrospectiva de itens de demonstrações contábeis, ou ainda, quando houver reclassificação destes; nesse caso, devem ser os relativos:

a) ao término do período corrente;
b) ao término do período anterior (que corresponde ao início do período corrente); e
c) ao início do mais antigo período comparativo apresentado.

A comparabilidade de informação entre períodos ajuda os usuários a tomar decisões econômicas, sobretudo porque lhes permite avaliar as tendências na informação financeira para finalidades de previsão.

9.5.4.4 Consistência de apresentação

Consistência é a garantia de que a apresentação e a classificação de itens nas demonstrações contábeis devem ser mantidas, ao longo dos vários períodos:

---

[1] HENDRIKSEN, E. S. *Accounting theory*. 4th ed. Homewood: Irewin, 1982. p. 120.

A IAS/CPC cita duas exceções:

a) se for evidente, após uma alteração significativa na natureza das operações da entidade ou uma revisão das respectivas demonstrações contábeis, que outra apresentação ou classificação seja mais apropriada, tendo em vista os critérios para a seleção e aplicação de políticas contábeis contidos no Pronunciamento Técnico IAS 8/CPC 23; ou

b) outro pronunciamento técnico, interpretação ou orientação do IAS/CPC requerer alteração na apresentação.

O IAS discute especificamente o que se deve fazer no caso de mudanças no ano anterior, que impactariam a consistência.

9.5.5 Estrutura e conteúdo

É descrito no pronunciamento determinadas divulgações para:

a) o balanço patrimonial;
b) demonstração do resultado abrangente;
c) a demonstração do resultado;
d) a demonstração das mutações do patrimônio líquido;
e) além de divulgação de outros nas demonstrações contábeis ou nas notas explicativas.

Para a Demonstração dos Fluxos de Caixa, o pronunciamento específico estabelece os requisitos para apresentação.

9.5.5.1 Identificação das demonstrações contábeis

A identificação das demonstrações contábeis deve estar claramente distinguida de qualquer outra informação que possa estar contida no mesmo documento.

O IAS cita as seguintes informações que devem ser divulgadas de forma destacada, e repetidas, quando necessário, para a devida compreensão da informação apresentada:

a) o nome da entidade às quais as demonstrações contábeis dizem respeito ou outro meio que permita sua identificação, bem como qualquer alteração que possa ter ocorrido nessa identificação desde o término do período anterior;
b) se as demonstrações contábeis se referem a uma entidade individual ou a um grupo de entidades;
c) a data de encerramento do período de reporte ou o período coberto pelo conjunto de demonstrações contábeis ou notas explicativas;
d) a moeda de apresentação, tal como definido no Pronunciamento Técnico IAS 21/CPC 02 – Efeitos das Mudanças nas Taxas de Câmbio e Conversão de Demonstrações Contábeis; e
e) o nível de arredondamento.

9.5.5.2   Balanço patrimonial

O pronunciamento define como contas mínimas a serem consideradas no balanço patrimonial; é importante verificar que mantivemos como ordem das contas o citado no CPC, que se encontra em ordem decrescente de liquidez, a apresentação mais comum no Brasil.

Os pronunciamentos IAS 1 e CPC 26 (R1) não definem uma ordem fixa de apresentação por liquidez, pede-se somente a observância das normas específicas e locais.

a) caixa e equivalentes de caixa;

b) clientes e outros recebíveis;

c) estoques;

d) ativos financeiros (exceto os mencionados nas alíneas "a", "b" e "g");

e) total de ativos classificados como disponíveis para venda (Pronunciamento Técnico IAS 39/CPC 38 – Instrumentos Financeiros: Reconhecimento e Mensuração) e ativos à disposição para venda de acordo com o Pronunciamento Técnico IFRS 5/CPC 31 – Ativo Não Circulante Mantido para Venda e Operação Descontinuada;

f) ativos biológicos;

g) investimentos avaliados pelo método da equivalência patrimonial;

h) propriedades para investimento;

i) imobilizado;

j) intangível;

k) contas a pagar comerciais e outras;

l) provisões;

m) obrigações financeiras (exceto as referidas nas alíneas "k" e "l");

n) obrigações e ativos relativos à tributação corrente, conforme definido no Pronunciamento Técnico IAS 12/CPC 32 – Tributos sobre o Lucro;

o) impostos diferidos ativos e passivos, como definido no Pronunciamento Técnico IAS 12/CPC 32;

p) obrigações associadas a ativos à disposição para venda de acordo com o Pronunciamento Técnico IFRS 5/CPC 31;

q) participação de não controladores apresentada de forma destacada dentro do patrimônio líquido; e

r) capital integralizado e reservas e outras contas atribuíveis aos proprietários da entidade.

Devem-se apresentar os ativos e os passivos segregados em circulantes e não circulantes, exceto quando uma demonstração com base na liquidez proporcionar informação confiável e mais relevante, como é o caso de certas instituições financeiras.

Os tributos diferidos ativos e passivos não devem ser classificados entre os valores circulantes.

Ativo circulante é aquele a ser realizado no decurso normal do ciclo operacional da entidade, ou estiver mantido essencialmente para negociação ou ser realizado até doze meses da data do balanço ou se for caixa ou equivalente de caixa.

Para o Brasil, há inserção do parágrafo 67A, definindo que *O ativo não circulante deve ser subdividido em realizável a longo prazo, investimentos, imobilizado e intangível,* uma abertura não exigida pelo IAS 1 2.010.

9.5.5.3   Demonstração do resultado e demonstração do resultado abrangente

São duas as demonstrações a serem apresentadas:

a) demonstração do resultado do período; e
b) demonstração do resultado abrangente do período; o qual começa com o resultado líquido e inclui os outros resultados abrangentes.

É importante ressaltar que é vedada a utilização de "itens não operacionais" e de "itens extraordinários" nas demonstrações do resultado. A única segregação permitida é a relativa ao resultado das operações descontinuadas.

Qual é a diferença entre demonstração do resultado e resultado abrangente?

O quadro da demonstração do resultado abrangente no Brasil deve ser apresentado obrigatoriamente separado da demonstração do resultado, pois, para o IAS 1, há duas opções de apresentação. A primeira é mostrar separadamente tal como para o Brasil, e a segunda é ser contemplada como continuação da demonstração do resultado a partir do lucro/prejuízo líquido. Para o CPC, o parágrafo 82 (que trata as rubricas minimamente obrigatórias para uma demonstração de resultado) é diferente da IAS 1. Para fins locais, separou-se as duas demonstrações e criou-se o parágrafo 82A, que define as rubricas obrigatórias para a demonstração dos resultados abrangente em separado.

Conforme Apêndice A no CPC 26 (R1),

> Resultado abrangente é a mutação que ocorre no patrimônio líquido durante um período que resulta de transações e outros eventos que não derivados de transações com os sócios na sua qualidade de proprietários.

Demonstração de resultado abrangente é uma alteração no patrimônio líquido de uma sociedade durante um período, decorrente de transações e outros eventos e circunstâncias não originadas dos sócios. Isso inclui todas as mudanças no patrimônio durante o período, exceto aquelas resultantes de investimentos dos sócios e distribuições a estes.

Essa demonstração é utilizada para análise gerencial, pois atualiza o capital próprio dos sócios, por meio do registro no patrimônio líquido (e não no resultado) das receitas e despesas incorridas, porém de realização financeira "incerta", uma vez que decorrem de investimentos de longo prazo, sem data prevista de resgate ou outra forma de alienação. É uma medida mais confiável para a avaliação da realidade econômica de uma entidade, embora ainda apresente os efeitos da competência.

De maneira resumida, o lucro abrangente representa a variação no patrimônio dos acionistas por meio dos efeitos de novas injeções de capital e pagamentos de dividendos, registrando ganhos e perdas economicamente incorridos, mas de possível reversão futura. Com essas contabilizações, que não são registradas no resultado do período, evitam-se confusões com caixa, impedindo possíveis retiradas de valores que se podem converter em perdas futuras.

Exemplos de ganhos e perdas abrangentes:

a) ajustes a mercado de títulos e valores mobiliários de longo prazo;

b) ajustes de conversão para moeda estrangeira de patrimônio líquido de subsidiárias.

9.5.5.4 Demonstração das mutações do patrimônio líquido

O apêndice A do pronunciamento requer que a participação dos não controladores seja apresentada como parte do patrimônio líquido e não como uma linha intermediária entre o passivo e o patrimônio liquido consolidado.

Demonstração dos fluxos de caixa

Essa demonstração é tratada em pronunciamento específico tanto para IAS como para o CPC.

9.5.5.5 Notas explicativas

As notas explicativas fazem parte das demonstrações contábeis, e tem como foco informar aos usuários as demonstrações contábeis sobre assuntos considerados importantes e que não estão detalhados suficientemente nas outras peças contábeis.

Em relação à estrutura das notas explicativas, define que elas devem:

a) apresentar informação acerca da base para a elaboração das demonstrações contábeis e das políticas contábeis específicas utilizadas;

b) divulgar a informação requerida pelos pronunciamentos técnicos, orientações e interpretações do CPC que não tenha sido apresentada nas demonstrações contábeis; e

c) prover informação adicional que não tenha sido apresentada nas demonstrações contábeis, mas que seja relevante para sua compreensão.

As notas explicativas devem manter uma estrutura formal e ser preparadas com referências cruzadas com as outras peças contábeis, além de requerer maior grau de sistematização possível entre as notas e os períodos diferentes

O pronunciamento pede uma divulgação de políticas contábeis, com foco nas políticas específicas em relação à mensuração. Por exemplo, custo histórico, custo corrente, valor realizável líquido, justo ou recuperável.

As notas explicativas devem conter dados sobre a natureza e valor contábil ao término do período de reporte com foco nas informações acerca dos pressupostos relativos ao futuro e outras fontes principais de incerteza nas estimativas que possuam risco significativo de provocar ajuste material nos valores contábeis de ativos e passivos ao longo do próximo exercício social.

9.6 Divulgação

As demonstrações contábeis estabelecidas devem ser divulgadas segundo as normas definidas neste pronunciamento.

 Considerações finais

O IAS 1, representado no Brasil pelo CPC 26, apresenta as demonstrações contábeis obrigatórias e suas definições tanto práticas quanto conceituais e de características qualitativas e quantitativas da informação, buscando garantir aspectos como utilidade, relevância e oportunidade da informação, com a preocupação com a correta evidenciação da realidade econômica e de liquidez de uma entidade.

Define as bases para a apresentação das demonstrações contábeis, para a comparabilidade em termo longitudinais – ao longo do tempo, envolvendo uma única entidade, e transversais, envolvendo a comparação entre várias entidades.

 Questões para fixação do aprendizado

1. Do que trata o IAS 1?
2. Qual é sua relação com os CPC?
3. Fale dois conceitos contemplados no IAS 1, constantes da estrutura conceitual básica.
4. Podem existir diferenças entre o IAS e sua expressão nacional ocorrida nos CPC.
5. Qual é a diferença entre os objetivos de retratar desempenho e fluxo de caixa?
6. O que significa consistência de apresentação das demonstrações contábeis?
7. Considerando a questão anterior, busque o conceito de consistência de acordo com a Teoria da Contabilidade. Verifique a aderência do pronunciamento à definição teórica.
8. Existe alguma demonstração contábil extra definida no CPC? Caso exista, cite o CPC e descreva os objetivos desta demonstração.
9. Conceitue consistência.
10. O que significa demonstrações contábeis de propósito geral?
11. Compare os parágrafos 81, 82 e 82A do IAS 1 e CPC 26 (R1) e demonstre as principais diferenças.

 Referências

CPC 26 (R1) – APRESENTAÇÃO DAS DEMONSTRAÇÕES CONTÁBEIS.

HENDRIKSEN, E. S. *Accounting theory*. 4th ed. Homewood: Irewin, 1982.

IFRS – CONSOLIDATED WITHOUT EARLY APPLICATION – Official pronouncements applicable on 1 January 2012. IAS 1 – Presentation of Financial Statements.

MANUAL OF ACCOUNTING IFRS 2012. PricewaterhouseCoopers. Disponível em: <http://www.pwc.com/ifrs>. Acesso em: 1º jul. 2013.

10

IAS 2
Estoques – CPC 16 (R1)

10.1 Introdução

Estoques são de grande relevância na realidade econômica das empresas, tanto comerciais quando industriais. Surge, então, a questão da sua avaliação.

Este IAS se refere à avaliação contábil dos estoques. Orienta na determinação dos métodos, critérios na atribuição de custos para estoques, no reconhecimento das despesas no resultado além de reduções a valor recuperável.

Não trata dos assuntos do IAS 32/CPC 39 – Ativo Biológico e Produto Agrícola, das *commodities* avaliadas por comerciantes em certas circunstâncias a seu valor justo menos custos de venda, dos ativos incluídos no Pronunciamento Técnico IAS 11/CPC 17 – Contratos de Construção e dos instrumentos financeiros.

10.2 Objetivo da norma

O objetivo é determinar a forma de avaliação dos estoques adquiridos para:

a) revenda;
b) consumo ou utilização industrial ou na prestação de serviços;
c) processamento; e
d) manutenção de produtos acabados prontos para a venda.

10.3 Visão geral do assunto

Conforme Hendriksen,[1] a classificação e mensuração dos estoques é de importância pela relevância deste item na informação do lucro de muitas entidades.

A conta estoques pode abranger mercadorias destinadas à venda durante o curso normal do negócio, como também materiais e componentes usados no processo produtivo.

10.4 Definições

Estoques são ativos:

a) mantidos para venda no curso normal dos negócios;
b) em processo de produção para venda; ou
c) na forma de materiais ou suprimentos a serem consumidos ou transformados no processo de produção ou na prestação de serviços.

Valor realizável líquido: é o preço de venda estimado no curso normal dos negócios, deduzido dos custos estimados para sua conclusão e dos gastos estimados necessários para se concretizar a venda.

Valor justo: é aquele pelo qual um ativo pode ser trocado ou um passivo liquidado entre partes interessadas, conhecedoras do negócio e independentes entre si, com ausência de fatores que pressionem para a liquidação da transação ou que caracterizem uma transação compulsória.

Valor realizável líquido: refere-se à quantia líquida que a entidade espera realizar com a venda do estoque no curso normal dos negócios. O valor justo reflete a quantia pela qual o mesmo estoque pode ser trocado entre compradores e vendedores conhecedores e dispostos a isso. O primeiro é um valor específico para a entidade, ao passo que o segundo já não é. Por isso, o valor realizável líquido dos estoques pode não ser equivalente ao valor justo deduzido dos gastos necessários para a respectiva venda.

Estoques: compreendem bens adquiridos e destinados à venda, incluindo, por exemplo, mercadorias compradas por um varejista para revenda ou terrenos e outros imóveis para revenda. Os estoques também compreendem produtos acabados e em processo de produção pela entidade e incluem matérias-primas e materiais aguardando utilização no processo de produção, tais como componentes, embalagens e material de consumo. No caso de prestador de serviços, os estoques devem incluir os custos, assim como descrito no item 19, para o qual a entidade ainda não tenha reconhecido a respectiva receita (ver o Pronunciamento Técnico IAS 18/CPC 30 – Receita).

---

[1] HENDRIKSEN, E. S. *Accounting theory*. 4th ed. Homewood: Irwin, 1982. p. 298.

10.5 Desenvolvimento

10.5.1 Mensuração

O IAS 2/CPC 16 exige que os estoques sejam mensurados pelo valor de custo ou pelo valor realizável líquido, dos dois o menor.

10.5.2 Custos de aquisição

Devem-se incluir todos os custos de aquisição, de transformação e outros incorridos para trazer os estoques à sua condição e localização atuais.

Para tal, incluem-se o preço de compra, os impostos de importação e outros tributos (para o CPC 16, destaca-se que os impostos não são aqueles posteriormente recuperáveis pela empresa, como o ICMS ou IPI), custos de transporte, seguro, manuseio e outros diretamente atribuíveis à aquisição de produtos acabados, materiais e serviços.

É necessário deduzir dos custos de aquisição os descontos comerciais, abatimentos e outros itens semelhantes.

10.5.3 Custos de transformação

Em relação aos custos de transformação de estoques, englobam-se os custos diretamente relacionados com as unidades produzidas ou com as linhas de produção, como pode ser o caso da mão de obra direta.

Os custos de transformação também abrangem a alocação sistemática de custos indiretos de produção, fixos e variáveis, que sejam incorridos para transformar os materiais em produtos acabados.

Pode-se encontrar a definição para custos indiretos, fixos e variáveis nos livros acadêmicos de custos, embora o IAS 2/CPC 16 abra em seu texto a definição como:

> Os custos fixos são aqueles que permanecem relativamente constantes independentemente do volume de produção, tais como a depreciação e a manutenção de edifícios e instalações fabris, máquinas e equipamentos e os custos de administração da fábrica.
>
> Os custos variáveis são aqueles que variam diretamente, ou quase diretamente, com o volume de produção, tais como materiais indiretos e certos tipos de mão-de-obra indireta.

Deve-se levar em consideração a **capacidade normal** de produção para efetuar a alocação de custos fixos indiretos de fabricação às unidades produzidas. Entenda-se capacidade normal como: "a produção média que se espera atingir ao longo de vários períodos em circunstâncias normais"; assim, não se deve esquecer de considerar capacidade total não utilizada, como (a) parada para manutenção preventiva e (b) parada por conta de férias coletivas e outras paradas semelhantes e comuns para a entidade.

Os custos fixos relativos à capacidade não utilizada em função de volume de produção inferior ao normal devem ser registrados como despesas no período em que são incorridos, não podendo ser alocados aos estoques, o que traz o problema de mensuração destes itens no contexto do custeio por absorção. A ideia parece ser a de se estipular um volume normal de produção (ênfase na palavra normal); calcular-se o total de custos fixos absorvidos neste volume normal; e compará-lo com os custos fixos a serem absorvidos em períodos de volumes inferiores. A diferença seria despesa do período e não custo. Apesar de interessante do ponto de vista de não permitir que custos fixos incorridos além de determinado patamar sejam estocados, deixa margem para alguns questionamentos. A situação simétrica de o que fazer quando o volume é superior ao normal não é tratada. Com uma análise lógica, entende-se que o custo fixo alocado a cada unidade em períodos de maior volume de produção diminuirá. A ideia de *aumentar a produção para diminuir o custo* não é verdadeira de um ponto de vista econômico. A análise econômica com base na margem de contribuição mostra que os custos fixos permanecem constantes em determinado patamar de produção e, nele, os produtos deveriam gerar margem de contribuição suficiente para gerar o lucro. O aumento de volume não diminui o custo fixo. Se o produto gerar margem de contribuição positiva, ela pode ser suficiente para cobri-lo. Quanto maior o número de unidades vendidas, menor a margem necessária de cada para pagar os custos fixos e gerar o lucro. Esta seria a essência da análise.

Os custos indiretos de produção variáveis devem utilizar a capacidade real utilizada para ser alocados a cada unidade produzida.

Na fabricação de produtos conjuntos ou quando há um produto principal e um subproduto, os custos de transformação que não são identificáveis separadamente devem ser atribuídos aos produtos em uma base racional e consistente. Um critério utilizado com frequência é o valor relativo da receita de venda de cada produto.

No caso de subprodutos de custos irrelevantes, gerados a partir do principal, devem ser mensurados pelo valor realizável líquido, o qual é deduzido do custo do produto principal.

10.5.4 Outros custos

O IAS 2/CPC 16 cita quatro tipos de custos que não devem ser considerados nos de estoque:

a) valor anormal de desperdício de materiais, mão de obra ou outros insumos de produção;

b) gastos com armazenamento, a menos que sejam necessários ao processo produtivo entre uma e outra fase de produção;

c) despesas administrativas que não contribuem para trazer o estoque ao seu local e condição atuais; e

d) despesas de comercialização, incluindo a venda e a entrega dos bens e serviços aos clientes.

Na compra de produtos para estoques com pagamento a prazo, a diferença entre o preço de aquisição em condição normal de pagamento e o efetivamente pago deve ser reconhecida como despesa de juros durante o período do financiamento.

Em relação a outros custos, o custo-padrão pode ser utilizado para a avaliação de estoques. Mas é necessária atenção, pois ele deve ser reconhecido com base em níveis normais de eficiência e de volume de produção. Porém, é requerido que:

a) haja revisão periódica do custo-padrão;
b) revisão no caso de mudança das condições de produção; e
c) os valores reflitam de maneira aproximada o custo real.

O custo dos estoques, desde que não sejam os tratados intercambiáveis, deve ser pelo uso do critério Primeiro a Entrar, Primeiro a Sair (Peps) ou pelo critério do custo médio ponderado.

Ressalta-se que o mesmo critério de custeio deve ser utilizado para todos os estoques que tenham natureza e uso semelhantes para a entidade. Assim, entende-se que, para os estoques que tenham outra natureza ou uso, podem justificar-se diferentes critérios de valoração.

10.5.5 Valor realizável líquido

Alguns motivos como:

- danificação de estoque;
- obsolescência;
- redução no preço de venda;
- incremento no custo estimado de acabamento;
- outros.

Esses motivos podem levar o custo dos estoques a não ser recuperável. Caso isso ocorra, o valor de custo precisa ser substituído pelo valor realizável líquido, o qual deve ser obtido a partir do preço de venda estimado deduzido dos custos aferidos de conclusão, dos gastos aproximados necessários para se concretizar sua venda e dos tributos incidentes sobre esta.

A redução deve ser de feita a cada item. Para que a avaliação item a item não ocorra, os itens devem estar (i) relacionados com a mesma linha de produtos; (ii) tenham finalidades ou usos finais semelhantes; (iii) sejam produzidos e comercializados na mesma área geográfica; e (iv) não possam ser avaliados separadamente de outros itens dessa linha de produtos, ou circunstâncias semelhantes.

É importante verificar que a reversão das reduções ao valor realizável líquido deve ser efetuada caso as circunstâncias que a obrigaram cessarem.

Quanto às matérias-primas e aos materiais de consumo, não há redução ao valor realizável, quando se prevê que os produtos acabados a serem utilizados serão vendidos pelo custo ou acima dele.

Os estoques são baixados ao resultado como despesa quando reconhecida a receita a que se vinculam, conforme definido pelo princípio da confrontação.

Eles não devem estar vinculados à produção de bens ou à prestação de serviços para a geração de receita futura.

10.6 Divulgação

De acordo com o IAS 2, devem ser divulgados, em relação aos estoques:

a) as políticas contábeis adotadas na mensuração dos estoques, incluindo formas e critérios de valoração utilizados;

b) o valor total escriturado em estoques e o valor registrado em outras contas apropriadas para a entidade;

c) o valor de estoques escriturados pelo valor justo menos os custos de venda;

d) o valor de estoques reconhecido como despesa durante o período;

e) o valor de qualquer redução de estoques reconhecida no resultado do período de acordo com o item 34;

f) o valor de toda reversão de qualquer redução do valor dos estoques reconhecida no resultado do período de acordo com o item 34;

g) as circunstâncias ou os acontecimentos que conduziram à reversão de redução de estoques de acordo com o item 34; e

h) o montante escriturado de estoques dados como penhor de garantia a passivos;

i) valores contábeis registrados nas diferentes classificações de estoques e a proporção de alterações classificados como:
- mercadorias bens de consumo de produção;
- materiais;
- produto em elaboração;
- produtos acabados; e
- estoque em elaboração.

j) o custo dos produtos, das mercadorias ou dos serviços vendidos que consiste nos custos que estavam incluídos na mensuração do estoque que agora é vendido;

k) existem situações em que entidades adotam o formato para a demonstração de resultados que originam a divulgação de valores dos custos reconhecidos item a item, por natureza: matérias-primas e outros materiais, evidenciando o valor das compras e da alteração líquida nos estoques iniciais e finais do período; mão de obra; outros custos de transformação etc., apresentando o valor do custo.

 Considerações finais

As informações sobre os estoques são itens importantes na definição do patrimônio e do resultado de muitas entidades. O IAS 2 aponta parâmetros para descrição do seu custo e de seu reconhecimento para a formação do resultado.

Considerando-se esta relevância, o IAS 2 estabeleceu parâmetros para avaliação de estoques, considerando-se aspectos de avaliação para: revenda; os estoques mantidos para consumo ou utilização industrial ou na prestação de serviços; estoques em processamento; estoques de produtos acabados prontos para a venda.

Questões para fixação do aprendizado

1. Conceitue estoques.
2. Fale das exceções não cobertas pelo IAS 2.
3. Descreva três critérios para avaliação de estoques.
4. Considerando-se que o IAS 2 proíbe o uso do UEPS como forma de avaliação de estoques, em sua opinião, quais as consequências da adoção do UEPS nesta avaliação e mensuração do resultado do período?
5. Quais as implicações do princípio da confrontação no contexto do IAS 2 na tratativa do custo de venda dos estoques?
6. De acordo com o IAS 18 – Receitas, quais são as condições que devem ser preenchidas para o reconhecimento da venda e efetivação do princípio da confrontação (parágrafo 14 do IAS 18)?
7. Pesquise e traga duas notas de divulgação de estoques e suas respectivas notas explicativas e quadros para as demonstrações do ano. Confronte-as, analise-as e explique-as.
8. Discuta *impairment* no contexto dos estoques.
9. Que situações trariam a suspeita de que o valor de custo não corresponda ao valor realizável dos estoques? Como ficaria a contabilização?
10. Quando os estoques são baixados para resultado como despesa?
11. Aplicando-se aos estoques, o que são valor realizável líquido e valor justo?

Referências

CPC 16 (R1) – ESTOQUES.

HENDRIKSEN, E. S. *Accounting theory*. 4th ed. Homewood: Irwin, 1982.

IFRS – CONSOLIDATED WITHOUT EARLY APPLICATION – Official pronouncements applicable on 1 January 2012. IAS 2 – Inventories.

MANUAL OF ACCOUNTING IFRS 2012. PricewaterhouseCoopers. Disponível em: <http://www.pwc.com/ifrs>. Acesso em: 28 jun. 2013.

IAS 7
Demonstração do Fluxo de Caixa – CPC 03 (R2)

11.1 Introdução

A Demonstração do Fluxo de Caixa é uma excelente base para avaliar a capacidade de a entidade gerar caixa e equivalentes de caixa e as necessidades delas para utilizar esses recursos, sendo informações muito úteis aos usuários das demonstrações, considerando que eles têm interesse direto em conhecer a fonte e aplicação dos recursos e equivalentes de caixa.

De um ponto de vista básico, o fluxo de caixa é o elemento de interesse fundamental para a informação contábil. Muitos dos usuários de relatórios contábeis os usam buscando realizar predições sobre a capacidade de a entidade gerar caixa. Um modelo de análise de investimento muito utilizado tem como base o valor presente líquido dos fluxos de caixa.

Conforme Hendriksen,[1] caixa tem importância por representar um poder de compra genérico que pode ser imediatamente transferido, numa economia de mercado, para indivíduos ou organizações, que a utilizaria em suas necessidades específicas de aquisição de serviços ou bens. Além disso, muito da mensuração contábil baseia-se em fluxos de caixa presentes, passados, ou, esperados para o futuro.

11.2 Objetivo da norma

Esse IAS objetiva que o fornecimento de informação acerca das alterações históricas de caixa e equivalentes de caixa classificando as movimentações durante os períodos como (i) atividades operacionais; (ii) de investimento; e de (iv) financiamento.

---

[1] HENDRIKSEN, E. S. *Accounting theory*. 4th ed. Homewood: Irwin, 1982.

11.3 Visão geral do assunto

A demonstração dos fluxos de caixa é útil para a comparação do desempenho operacional de diferentes entidades, pois reduz os efeitos decorrentes do uso de diversos critérios contábeis para as mesmas transações e eventos.

As informações sobre os fluxos de caixa são importantes para avaliar a capacidade de a entidade gerar caixa e equivalentes, possibilitando o desenvolvimento de modelos para avaliação e comparação entre o valor presente dos fluxos de caixa futuros de diferentes entidades.

Essa demonstração, quando usada em conjunto com as demais demonstrações contábeis, proporciona informações que permitem que os usuários avaliem as mudanças nos ativos líquidos da entidade, sua estrutura financeira (inclusive sua liquidez e solvência) e sua capacidade para mudar os montantes e a época de ocorrência dos fluxos de caixa, a fim de adaptá-los às mudanças nas circunstâncias e oportunidades.

Conforme Glautier e Underdow[2], caixa é vital para a entidade econômica. Um fluxo de caixa positivo (medido na forma de entradas menos saídas de caixa) é fundamental para a capacidade de uma organização sobreviver e prosperar. Assim, poderia ser enganosa a análise apenas da informação com base no regime de competência, como a demonstração de resultado. Negócios com uma boa posição patrimonial e de rentabilidade podem apresentar problemas de liquidez. Assim, a análise econômica de uma organização produtiva deve ser acompanhada da financeira de seu fluxo de caixa. O objetivo dessa análise seria o de mostrar como ocorre a geração e o uso do caixa na entidade, melhorando a capacidade preditiva do usuário sobre esta.

Do ponto de vista das atividades operacionais, estas geram fluxos de caixa na forma de entradas e saídas, frutos das transações de compra e venda relacionadas às atividades fins da organização.

Além de tudo, são úteis para averiguar a acuracidade das estimativas dos fluxos de caixa futuros, assim como para examinar a relação entre lucratividade e fluxos de caixa líquidos e o impacto das mudanças de preços.

11.4 Definições

Caixa compreende numerário em espécie e depósitos bancários disponíveis.

Equivalentes de caixa: são aplicações financeiras de curto prazo, de alta liquidez, que são prontamente conversíveis em montante conhecido de caixa e que estão sujeitas a um insignificante risco de mudança de valor.

Fluxos de caixa: são as entradas e as saídas e equivalentes de caixa.

Atividades operacionais: são as principais atividades geradoras de receita da entidade e outras atividades que não são de investimento e tampouco de financiamento.

Atividades de investimento: são as referentes à aquisição e à venda de ativos de longo prazo e de outros investimentos não incluídos nos equivalentes de caixa.

---

[2] GLAUTIER, M. W. E.; UNDERDOWN, B. *Accounting theory and practice*. 7th ed. London: Financial Times/Prentice Hall, 2001. p. 33.

Atividades de financiamento: resultam em mudanças no tamanho e na composição do capital próprio e no de terceiros da entidade.

11.5 Desenvolvimento

Com foco na demonstração das transações que envolvam caixa, categorizando-as entre operacional, investimento e financiamento, essa demonstração traz informações de extrema importância para o usuário das demonstrações contábeis.

11.5.1 Transações que não envolvem caixa ou equivalentes de caixa

Antes de começarmos a estudar essa demonstração importante, deve-se verificar que as transações de investimento e financiamento que não envolvem o uso ou equivalentes de caixa não devem ser consideradas na demonstração dos fluxos de caixa, devem ser divulgadas em outra parte das demonstrações contábeis.

A entidade deve divulgar os componentes e equivalentes de caixa e apresentar uma conciliação dos valores em sua demonstração dos fluxos de caixa com os respectivos itens contabilizados no balanço patrimonial.

11.5.2 Atividades operacionais

Correspondem às atividades operacionais os fluxos referentes basicamente às atividades geradoras de receitas, como:

> Recebimentos em numerário pela venda de (i) produtos; (ii) serviços prestados; (iii) honorários; (iv) etc.
> Pagamento em numerário por (i) compra de mercadorias; (ii) mão de obra; (iii) serviços; (iv) mão de obra; (v) etc.

Os fluxos de caixa provenientes das atividades operacionais são indicadores importantes para entendimento da fonte de geração de recursos, os quais indicam se a entidade tem gerado suficientes fluxos de caixa para amortizar empréstimos, manter a capacidade operacional da entidade, pagar dividendos (ou juros sobre o capital próprio, que no Brasil se assemelham a dividendos) e fazer novos investimentos com a geração de recurso próprio sem recorrer a fontes externas de financiamento.

Uma das utilidades das informações sobre os componentes específicos dos fluxos de caixa operacionais históricos é montar a projeção de fluxos operacionais. Essa informação em conjunto com outras é uma ferramenta forte na análise das empresas.

Há duas maneiras de divulgação do fluxo de caixa das atividades operacionais:

a) o método direto, segundo o qual as principais classes de recebimentos brutos e desembolsos brutos são apresentadas. Na opção pelo método direto, a conciliação entre lucro líquido e fluxo de caixa líquido é obrigatória;

b) o método indireto, segundo o qual o lucro líquido ou prejuízo é ajustado pelos efeitos de (i) mudanças ocorridas no período nos estoques e nas contas operacionais a receber e a pagar; (ii) itens que não afetam o caixa; e (iii) todos os outros itens cujos efeitos sobre o caixa sejam fluxos de caixa decorrentes das atividades de investimento ou de financiamento. Isso significa itens e ajuste de itens que não impactem caixa, diferimentos e contabilizações por competência.

Os fluxos de caixa referentes ao imposto de renda e contribuição social sobre o lucro líquido devem ser apresentados separadamente como fluxos de caixa das atividades operacionais, a menos que possam ser especificamente relacionados com atividades de financiamento e de investimento.

11.5.3 Atividades de investimento

Representam a extensão em que dispêndios de recursos são feitos pela entidade com a finalidade de gerar receitas e fluxos de caixa no futuro.

Seguem exemplos de atividades de investimento:

- aquisição de controlada;
- compras de imobilizado;
- valor recebido pela venda de imobilizado;
- compras de ativos intangíveis;
- compras de ativos financeiros disponíveis para venda;
- empréstimos concedidos a coligadas;
- recebimento de empréstimo a coligadas;
- empréstimos concedidos a controladas;
- liquidação de empréstimos de controladas;
- juros recebidos;
- entre outras.

Algumas transações, como a venda de um ativo imobilizado, podem resultar em ganho ou perda, que são incluídos na apuração do lucro líquido ou prejuízo, entretanto, os fluxos de caixa relativos a tais transações são provenientes de atividades de investimento.

11.5.4 Atividades de financiamento

Os fluxos de caixa decorrentes das atividades de financiamento têm importância pelos dados que possibilitam a previsão da necessidade de futuros fluxos de caixa pelos fornecedores de capital à entidade.

Exemplos:

- valor recebido pela emissão de ações ordinárias;
- compra de ações em tesouraria;
- valor recebido pela emissão de títulos conversíveis;
- valor recebido pela emissão de debêntures perpétuas;
- obtenção de empréstimos;
- pagamento de empréstimos;

- obtenção de empréstimos de controladas;
- dividendos pagos aos acionistas da companhia;
- dividendos pagos aos detentores das debêntures perpétuas;
- dividendos pagos aos acionistas não controladores.

11.6 Divulgação

A entidade deve divulgar:

i. saldos significativos e equivalentes de caixa mantidos pela entidade que não estejam disponíveis para uso pelo grupo, acompanhados de comentário da administração. Exemplo: os saldos de caixa e equivalentes de caixa mantidos por controlada que opere em país no qual se apliquem controles cambiais ou outras restrições legais que impeçam o uso generalizado dos saldos pela controladora ou por outras controladas;

ii. informações adicionais podem ser relevantes para que os usuários entendam a posição financeira e a liquidez da entidade. A divulgação de tais informações, acompanhada de comentário da administração, é encorajada e pode incluir:

a) o montante de linhas de crédito obtidas, mas não utilizadas, que podem estar disponíveis para futuras atividades operacionais e para satisfazer compromissos de capital, indicando restrições, se houver, sobre o uso de tais linhas de crédito;

b) o montante agregado dos fluxos de caixa de cada uma das atividades operacionais, de investimento e de financiamento, referentes às participações societárias em empreendimentos controlados em conjunto apresentados mediante o uso da consolidação proporcional;

c) o montante agregado dos fluxos de caixa que representam aumentos na capacidade operacional, separadamente dos que são necessários apenas para manter a capacidade operacional;

d) o montante dos fluxos de caixa advindos das atividades operacionais, de investimento e de financiamento de cada segmento de negócios passível de reporte;

e) os montantes totais dos juros e dividendos e sobre o capital próprio, pagos e recebidos, separadamente, bem como o montante total do imposto de renda e da contribuição social sobre o lucro líquido pago, nesse caso, destacando os montantes relativos à tributação da entidade, ponto detalhado especificamente no CPC.

iii. a divulgação separada dos fluxos de caixa que representam aumentos na capacidade operacional e dos que são necessários para manter a capacidade operacional é útil ao permitir ao usuário determinar se a entidade está investindo adequadamente na manutenção daquela. A corporação que não investe adequadamente na manutenção de sua capacidade operacional pode estar prejudicando a futura lucratividade em favor da liquidez corrente e da distribuição de lucros aos proprietários;

iv. a divulgação dos fluxos de caixa por segmento de negócios permite aos usuários obter melhor entendimento da relação entre os fluxos de caixa do negócio como um todo e os de suas partes componentes, e a disponibilidade e variabilidade dos fluxos de caixa por segmento de negócios.

Considerações finais

A Demonstração de Fluxo de Caixa, traz informações de extrema importância para os administradores e *stackholders*, pois é uma peça viva, com foco em movimento monetário.

Nossa contabilidade ganhou muito com a exigência do fluxo de caixa como demonstração contábil.

Questões para fixação do aprendizado

1. Discorra sobre tipos de decisões de negócios amparados pela informação de fluxo de caixa.
2. Dê exemplos de contas *equivalentes caixa*.
3. Quais tipos de empresas são obrigados a apresentar demonstração de fluxo de caixa?
4. O que é um fluxo de caixa?
5. Existe na teoria contábil a definição de um relatório denominado Doar – Demonstração de Origens e Aplicações de Recursos. Compare essa demonstração com a do fluxo de caixa. (Esta questão pode exigir pesquisas em biblioteca e nos sites profissionais e acadêmicos na Internet.)
6. Como deveria estar estruturada a informação de fluxo de caixa em termos das macroatividades de um negócio?
7. Conceitue as macroatividades.
8. O que deve ser divulgado na informação de fluxo de caixa?
9. Escolha em uma publicação de jornal uma demonstração de fluxo de caixa, tendo como base o negócio da empresa, faça uma análise de investimento nesta empresa (coloque-se no papel de um investidor interessado e defenda seu ponto de vista).
10. Escolha em uma empresa com demonstrações disponíveis publicamente, leia a nota de contexto operacional, o relatório da administração e pesquise o site dela.
11. Para a empresa escolhida na questão anterior, com base na demonstração de fluxo de caixa, faça uma análise de suas atividades de investimento.
12. Para a empresa escolhida na questão anterior, com base na demonstração de fluxo de caixa, faça uma análise de suas atividades operacional.
13. Para a empresa escolhida na questão anterior, com base na demonstração de fluxo de caixa, faça uma análise de suas atividades de financiamento.
14. Com base nas análises anteriores, conclua sobre o desempenho da empresa e faça predições. Responda, por exemplo: você investiria nesta empresa? Emprestaria capital? Venderia? Trabalharia para ela? Justifique suas respostas.

Referências

CPC 03 (R2) – DEMONSTRAÇÃO DOS FLUXOS DE CAIXA.

GLAUTIER, M. W. E.; UNDERDOWN, B. *Accounting theory and practice*. 7th ed. London: Finacial Times/Prentice Hall, 2001.

HENDRIKSEN, E. S. *Accounting theory*. 4th ed. Homewood: Irwin, 1982.

IFRS – CONSOLIDATED WITHOUT EARLY APPLICATION – Official pronouncements applicable on 1 January 2012. IAS 7 – Statement of Cash Flows.

MANUAL OF ACCOUNTING IFRS 2012. PricewaterhouseCoopers. Disponível em: <http://www.pwc.com/ifrs>. Acesso em: 2 jul. 2013.

12

IAS 8
Políticas Contábeis, Mudanças nas Estimativas
Contábeis e Erros – CPC 23

12.1 Introdução

Os critérios aprovados no CPC 23 – Políticas Contábeis, Mudança de Estimativa e Retificação de Erro, emitido em 2009 para aplicação em 2010, estavam em linha com um pronunciamento anteriormente já existente no Brasil, a NPC 12 emitida pelo Ibracon; portanto, o CPC 23, além de ser uma Norma harmonizada 100% com IAS 8, não trouxe modificações.

12.2 Objetivo da norma

Esta norma tem como objetivo a definição de critérios para seleção, mudança, tratamento e divulgação de (i) políticas contábeis; (ii) mudança nas estimativas contábeis; e (iii) retificação de erro.

O foco é na relevância e na confiabilidade das demonstrações contábeis da entidade, além de permitir sua comparabilidade ao longo do tempo com as demonstrações contábeis de outras corporações.

12.3 Visão geral do assunto

As regras ligadas às políticas contábeis, mudanças de estimativa e retificação de erros são muito importantes para garantir ao usuário das demonstrações contábeis que se algo identificado em demonstrações passadas estava errado e, ao mesmo tempo, a informação mereça ser divulgada, deve ser objeto de republicação de acordo com regras de republicação e informação. Aumentando assim a confiabilidade e garantindo a comparabilidade.

Conforme Glautier e Underdown[1], a informação contábil permite aos investidores, por exemplo, tomarem decisões sobre a alocação de recursos dentre as várias oportunidades oferecidas pelas diferentes firmas, investindo naquelas que julguem mais eficientes. Teoricamente, esse processo levaria a uma alocação ótima dos recursos, aquela distribuição que maximizaria os benefícios para a sociedade. Básico para isto é que a informação contábil seja livre e comparável dentre as organizações, independente de vieses.

A comparabilidade tem aspectos de políticas contábeis usadas para mensuração e evidenciação dentre os vários períodos; firmas num segmento econômico; e segmentos econômicos.

Nesse contexto, mudanças de políticas, de estimativas, erros ou omissões podem levar à necessidade de republicação das demonstrações contábeis, que é sempre um tema árduo, mas não é por essa razão que não deva ser considerada e tratada formal e seriamente. Grandes empresas republicam seus balanços e, nem por isso, perdem a confiabilidade dos usuários.

12.4 Definições

Políticas contábeis: são os princípios, as bases, as convenções, as regras e as práticas específicas aplicados pela entidade na elaboração e na apresentação de demonstrações contábeis.

Mudança na estimativa contábil: é um ajuste nos saldos contábeis de ativo ou de passivo, ou nos montantes relativos ao consumo periódico de ativo, que decorre da avaliação da situação atual e das obrigações e dos benefícios futuros esperados associados aos ativos e passivos. As alterações nas estimativas contábeis decorrem de nova informação ou inovações e, portanto, não são retificações de erros.

Omissão material ou incorreção material: é a omissão ou a informação incorreta que puder, individual ou coletivamente, influenciar as decisões econômicas que os usuários das demonstrações contábeis tomam com base nestas. A materialidade depende da dimensão e da natureza da omissão ou da informação incorreta julgada à luz das circunstâncias às quais está sujeita. A dimensão ou a natureza do item, ou a combinação de ambas, pode ser o fator determinante.

Erros de períodos anteriores: são omissões e incorreções nas demonstrações contábeis da entidade de um ou mais períodos anteriores decorrentes da falta de uso, ou uso incorreto, de informação confiável que:

a) estava disponível quando da autorização para divulgação das demonstrações contábeis desses períodos; e

b) pudesse ter sido razoavelmente obtida e levada em consideração na elaboração e na apresentação dessas demonstrações contábeis.

---

[1] GLAUTIER, M. W. E.; UNDERDOWN, B. *Accounting theory and practice*. 7th ed. London: Financial Times/Prentice Hall, 2001. p. 54.

Tais erros incluem os efeitos de equívocos matemáticos, na aplicação de políticas contábeis, descuidos ou interpretações incorretas de fatos e fraudes.

Aplicação retrospectiva: é a aplicação de nova política contábil a transações, a outros eventos e a condições, como se essa política tivesse sido sempre aplicada.

Reapresentação retrospectiva: é a correção do reconhecimento, da mensuração e da divulgação de valores de elementos das demonstrações contábeis, como se um erro de períodos anteriores nunca tivesse ocorrido.

Aplicação impraticável: de requisito ocorre quando a entidade não pode aplicá-lo depois de ter feito todos os esforços razoáveis nesse sentido. Para um período anterior em particular, é impraticável aplicar retrospectivamente a mudança em política contábil ou fazer a reapresentação retrospectiva para corrigir um erro se:

a) os efeitos da aplicação ou da reapresentação retrospectiva não puderem ser determinados;

b) a aplicação ou a reapresentação retrospectiva exigir premissas baseadas no que teria sido a intenção da administração naquele momento passado; ou

c) a aplicação ou a reapresentação retrospectiva exigir estimativas significativas de valores e se for impossível identificar objetivamente a informação sobre essas estimativas que:

    i. proporciona evidências das circunstâncias que existiam à data em que esses valores deviam ser reconhecidos, mensurados ou divulgados; e

    ii. estaria disponível quando as demonstrações contábeis desse período anterior tiveram autorização para divulgação.

Aplicação prospectiva: de mudança em política contábil e de reconhecimento do efeito de mudança em estimativa contábil representa, respectivamente:

a) a aplicação da nova política contábil a transações, a outros eventos e a condições que ocorram após a data em que a política é alterada; e

b) o reconhecimento do efeito da mudança na estimativa contábil nos períodos corrente e futuro afetados pela mudança.

12.5 Desenvolvimento

As *políticas contábeis* são referentes aos princípios, às bases, as convenções, às regras e às práticas específicas aplicados pela entidade na preparação e na apresentação de demonstrações contábeis; é o arcabouço regulamentar que balizam a formação das demonstrações contábeis

A política contábil é afetada quando um pronunciamento, uma interpretação ou uma orientação se aplicarem especificamente a uma transação, evento ou situação em que aquela entidade esteja exposta.

Na ausência de um pronunciamento, uma interpretação ou uma orientação que se aplique especificamente a uma transação, evento ou condição, a administração deve exercer julgamento no desenvolvimento e aplicação de uma política contábil que resulte em informação que seja relevante e confiável. Para tal, os conhecimentos de Teoria da Contabilidade e a base do IFRS 1/CPC 26 – Apresentação das Demonstrações Contábeis são essenciais para que não se invente uma nova contabilidade baseada em interesses, ou princípios que não estão atrelados à Ciência Contábil.

Hierarquia de fontes de informação para seleção e adoção de políticas contábeis deverá ser utilizada no exercício do julgamento referido:

1º) os requisitos e a orientação dos pronunciamentos, interpretações e orientações que tratem de assuntos semelhantes e relacionados;

2º) as definições, os critérios de reconhecimento e os conceitos de mensuração para ativos, passivos, receitas e despesas contidos no Pronunciamento Conceitual Básico e Estrutura Conceitual para a Elaboração e Apresentação de Demonstrações Contábeis emitido pelo CPC;

3º) adicionalmente, podem também ser consideradas as mais recentes posições técnicas assumidas por outros órgãos normatizadores contábeis que usem uma estrutura conceitual semelhante à do CPC para desenvolver pronunciamentos de contabilidade ou, ainda, outra literatura contábil e práticas geralmente aceitas do setor, até o ponto em que estas não entrem em conflito com as fontes enunciadas nos itens anteriores.

Deve-se alterar uma política contábil, caso a alteração:

a) seja exigida por um pronunciamento, uma interpretação ou uma orientação; ou
b) permita que as demonstrações contábeis proporcionem informação confiável e mais relevante sobre os efeitos das transações, outros eventos ou condições na posição patrimonial e financeira, no desempenho financeiro ou nos fluxos de caixa da entidade.

Caso haja alteração na política contábil devido à adoção inicial de um pronunciamento, de uma interpretação ou de uma orientação, deve ser contabilizada conforme as disposições de transição especificamente descritas na própria regra.

No entanto, ocorrem casos em que não são incluídas disposições de transição específicas que se apliquem a essa alteração. Para esses casos e/ou quando for alterada uma política contábil voluntariamente, a modificação deverá ser aplicada retrospectivamente, ou seja, com a reapresentação das demonstrações contábeis, como se as novas políticas viessem sendo aplicadas desde a data mais antiga apresentada.

A exceção ocorre se for impraticável determinar os efeitos específicos de um período ou o efeito cumulativo da alteração.

12.5.1 Mudança de estimativa contábil

A preparação de qualquer demonstração contábil envolve estimativas. Muitos desconhecedores de estimativas e de contabilidade diriam que sua subjetividade reduz a confiabilidade das demonstrações contábeis, porém, sabe-se que a subjetividade faz parte destas, e não diminui sua confiabilidade.

Claro que lançamentos de alteração nessas estimativas acarretam diretamente ajustes no valor de um ativo, passivo ou do consumo periódico de um ativo. Esse impacto resulta da avaliação atual das obrigações e benefícios futuros esperados associados a esses ativos e passivos.

Alterações nas estimativas contábeis são resultantes de nova informação ou maior experiência e que, portanto, não se caracterizem como correções de erros.

São exemplos: mudança na expectativa de vida útil econômica de um ativo imobilizado; mudança na classificação de perda esperada de uma obrigação de provável para possível ou remota; mudança no valor da parte não recuperável de um ativo (*impairment*) etc.

O efeito de uma alteração numa estimativa contábil deve ser reconhecido prospectivamente e reconhecido no resultado:

a) do período da alteração, se esta afetar apenas esse período; ou
b) do período da alteração e futuros períodos, se esta afetar a todos.

Erros de períodos anteriores são:
a) omissões; e/ou
b) incorreções nas demonstrações contábeis.

Referentes a:
a) um ou mais períodos anteriores.

Pelos motivos de:
a) falta de uso;
b) uso incorreto de informação confiável.

Fontes de informação:
a) estavam disponíveis quando as demonstrações contábeis desses períodos foram autorizadas para divulgação; e
b) poderiam ter sido razoavelmente obtidas e levadas em consideração na preparação e apresentação dessas demonstrações contábeis.

Como exemplos de erros, podemos citar os efeitos de erros matemáticos, na aplicação de políticas contábeis, interpretações incorretas etc.

A entidade deve corrigir os equívocos materiais de períodos anteriores retrospectivamente no primeiro conjunto de demonstrações contábeis divulgadas após a sua descoberta.

Essa divulgação deve ser efetuada por meio de:

■ republicação comparativa para o(s) período(s) anterior(es) apresentado(s) em que tenha ocorrido o erro; ou

- se o erro ocorreu antes do período anterior mais antigo apresentado, houve ajuste dos saldos de abertura dos ativos, passivos e patrimônio líquido para o período anterior mais antigo apresentado.

A importância da materialidade em relação às omissões ou às declarações incorretas de itens é definida caso possam, individual ou coletivamente, influenciar as decisões econômicas dos usuários tomadas com base nas demonstrações contábeis.

12.6 Divulgação

Devem ser divulgados:

- a natureza da política contábil que sofrer mudança, as razões e os efeitos desta e outras informações pertinentes;
- a natureza e o montante de mudança na estimativa contábil que tenham efeito no período corrente ou se espera que tenham efeito em períodos subsequentes;
- a natureza do erro sendo retificado, o valor dessa retificação e outras informações também pertinentes;
- no caso de impossibilidade de mensuração de quaisquer desses efeitos, as razões que levam a essa situação devem também ser divulgadas.

Conforme Hendriksen[2], a evidenciação nos relatórios contábeis é a apresentação da informação necessária para a otimização das operações num contexto de um mercado de capitais eficiente. Definição também presente em Glautier e Underdown[3], conforme citação anterior. Este objetivo implica fornecer informação que permitam previsões quanto a futuros fluxos de dividendo e da variação destes fluxos no mercado.

A informação contábil básica para estas decisões é gerada com base em políticas contábeis e estimativas que devem ser também objetos de evidenciação, assim como suas mudanças ao longo dos diferentes períodos, como o mesmo objetivo de levar a decisões ótimas de alocação de capital, erros e omissões devem ser evidenciados. Essas necessidades de informação podem levar à republicação das demonstrações contábeis.

 Considerações finais

A informação contábil tem importância para a alocação ótima dos recursos dentre as diferentes alternativas de investimento existentes, num contexto de mercado eficiente de capitais. Também é de interesse para decisões de credores, fornecedores, clientes e governo, dentre outros usuários possíveis.

No contexto de permitir melhores modelos preditivos e decisões de alocações de recursos, as políticas contábeis usadas e, principalmente, julgamentos da administração utilizados para a

---

[2] HENDRIKSEN, E. S. *Accounting theory*. 4th ed. Homewood: Irwin, 1982. p. 504.
[3] GLAUTIER, M. W. E.; UNDERDOWN. B. 2001, p. 54.

formação dessas estimativas contábeis devem ser evidenciados. Erros e omissões devem ser informados assim que constatados, com o mesmo intuito. Para tal, as empresas têm de republicar seus relatórios.

As reapresentações trazem um desconforto natural aos administradores, pois são a admissão pública de um erro, podem ter impactos na variação do preço das ações, porque, à primeira vista, poderão demonstrar falta de credibilidade nas demonstrações contábeis.

Este é um assunto delicado, e sempre deve ser tratado com seriedade, visto que as consequências podem ser danosas, tanto para o corpo administrativo como para a entidade como um todo.

 Questões para fixação do aprendizado

1. Defina alterações em políticas contábeis.
2. O que é uma retificação de erro.
3. Como deve ocorrer essa retificação
4. Procure uma empresa que republicou balanço e analise a nota de republicação.
   i. Qual foi o assunto que levou à republicação?
   ii. Quais demonstrações foram afetadas?
   iii. Qual sua opinião sobre a justificativa da administração? Foi clara? Você como usuário se sentiria confortável com a nota?
5. Faça um quadro com os três temas tratados no capítulo em três colunas. Na primeira coluna, trate o tema; na segunda, resuma cada assunto; e na terceira, resuma como cada um deve ser considerado: (i) forma prospectiva; ou (ii) retroativa.
6. Explique a frase: "Entidades devem aplicar suas políticas contábeis com consistência".
7. Como ficaria o conceito de consistência entre classes diferentes de ativos, por exemplo?
8. Cite um exemplo de mudança de política contábil, e diga como deve ser tratada a mudança citada.
9. Cite um exemplo de mudança de estimativa, e diga como deve ser tratada a mudança citada.
10. Para se entender melhor um erro nas demonstrações, copie a definição de material, de acordo com o IAS 8, além de descrever o que se entende por períodos anteriores.

 Referências

CPC 23 – POLÍTICAS CONTÁBEIS, MUDANÇA DE ESTIMATIVA E RETIFICAÇÃO DE ERRO.

GLAUTIER, M. W. E.; UNDERDOWN, B. *Accounting theory and practice*. 7th ed. London: Financial Times/Prentice Hall, 2001.

HENDRIKSEN, E. S. *Accounting theory*. 4th ed. Homewood: Irwin, 1982.

IFRS – CONSOLIDATED WITHOUT EARLY APPLICATION – Official pronouncements applicable on 1 January 2012. IAS 8 – Accouting Policies, changes in accounting estimates and errors.

MANUAL OF ACCOUNTING IFRS 2012. PricewaterhouseCoopers. Disponível em: <http://www.pwc.com/ifrs>. Acesso em: 3 jul. 2013.

13

IAS 10
Eventos após Período das Demonstrações – CPC 24

13.1 Introdução

Norma adotada na íntegra pelo CPC.

Esta norma não trouxe grandes novidades para o ambiente contábil brasileiro, pois sua substância já era tratada em normas locais. O único destaque fica para a proposição de dividendos, que, inclusive, é tratada em detalhes no ICPC 8, com foco para a contabilização no Brasil.

13.2 Objetivo da norma

A norma determina quando se trata de evento subsequente e como divulgar e como divulgar:

a) quando a entidade deve ajustar suas demonstrações contábeis com respeito a eventos subsequentes ao período contábil a que estas se referem; e
b) as informações que a entidade deve divulgar sobre a data em que é concedida a autorização para emissão das demonstrações contábeis e sobre os eventos subsequentes ao período contábil a que estas se referem.

13.3 Visão geral do assunto

A demonstração de resultados informa o impacto patrimonial de determinados eventos econômicos ocorridos durante um período específico de tempo. Existe uma defasagem entre o período dos relatórios e a data de publicação, então há incerteza não só no ambiente de negócios, mas também quanto aos seus impactos no número contábil em si. Conforme Hendriksen[1], com a passagem do tempo, muito dessa incerteza se resolve. Vários eventos ocorridos após a divulgação das demonstrações contábeis podem afetá-las e decisões tomadas com base na informação que incorporam. Às vezes, modificam-nas substancialmente.

Assim, surge a necessidade de se comunicar tais eventos até a publicação das demonstrações, evidenciando aspectos de materialidade para o usuário da informação.

Sempre com o cuidado de que eventos que afetam as demonstrações no período referente à publicação ou que venham afetar a continuidade da entidade.

É importante lembrar-se de que não necessariamente estão ligados apenas às incertezas estatísticas, mas também a eventos propriamente ditos, como perda de parte significativa da fábrica por desastres naturais, como enchentes, furacões etc. Eventos novos para períodos novos devem ser refletidos nas demonstrações a que se referem, isso significa que embora configurem na nota explicativa de eventos subsequentes, o fato gerador do evento novo está no período posterior ao demonstrado e anterior à publicação, os números devem ser afetados apenas nas próximas demonstrações.

13.4 Definições

Os termos a seguir apoiam a compreensão da norma:

Evento subsequente ao período a que se referem as demonstrações contábeis: é aquele, favorável ou desfavorável, que ocorre entre a data final do período a que se referem as demonstrações contábeis e a data na qual é autorizada a emissão dessas demonstrações.

Dois tipos de eventos podem ser identificados:

a) os que evidenciam condições que já existiam na data final do período a que se referem as demonstrações contábeis (evento subsequente ao período contábil a que se referem as demonstrações que originam ajustes);

b) os que são indicadores de condições que surgiram subsequentemente ao período contábil a que se referem as demonstrações contábeis (evento subsequente ao período contábil a que se referem as demonstrações que não originam ajustes).

Continuidade (Conforme Estrutura Conceitual para Elaboração e Divulgação de Relatório Contábil-Financeiro): As demonstrações contábeis normalmente são elaboradas tendo como premissa que a entidade está em atividade (*going concern assumption*) e vai manter-se em operação por um futuro previsível. Desse modo, parte-se do pressuposto que a entidade não tem a intenção, tampouco a necessidade, de entrar em processo de liquidação ou de reduzir materialmente a escala de suas operações.

---

[1] HENDRIKSEN, E. S. *Accounting theory*. 4th ed. Homewood: Irwin, 1982. p. 510.

Por outro lado, se essa intenção ou necessidade existir, as demonstrações contábeis podem ser elaboradas em bases diferentes e, nesse caso, a base de elaboração utilizada deve ser divulgada.

É importante notar nestas definições que:

i. o processo envolvido na autorização da emissão das demonstrações contábeis varia dependendo da estrutura da administração, das exigências legais e estatutárias, bem como dos procedimentos seguidos na preparação e na finalização dessas demonstrações;

ii. em algumas circunstâncias, as entidades devem submeter suas demonstrações contábeis à aprovação de seus acionistas após a sua emissão. Em tais casos, consideram-se as demonstrações contábeis autorizadas para emissão na data desta e não na data em que os acionistas aprovam as demonstrações.

13.5 Desenvolvimento

Estabelece-se que o pressuposto da continuidade não deve ser considerado para preparação das demonstrações contábeis se os eventos subsequentes ao período contábil a que estas se referem indicarem que o pressuposto da continuidade não é apropriado.

Evento subsequente ao período contábil a que se referem as demonstrações contábeis que originam ajustes

Nessa categoria se enquadram eventos que evidenciam **condições já existentes** na data final do período contábil das demonstrações em questão. Nesses casos, os ajustes devem ser efetuados com retroação.

Veja alguns exemplos da norma:

- decisão ou pagamento em processo judicial após o final do período contábil a que se referem as demonstrações contábeis, confirmando que a entidade já tinha a obrigação presente ao final daquele período contábil. A entidade deve ajustar qualquer provisão relacionada ao processo anteriormente reconhecido de acordo com o Pronunciamento Técnico CPC 25 – Provisões, Passivos Contingentes e Ativos Contingentes ou registrar nova provisão. A entidade não divulga meramente um passivo contingente, porque a decisão proporciona provas adicionais que seriam consideradas de acordo com o item 16 do Pronunciamento Técnico CPC 25.

  Nesse caso, só se constatou que já se devia o processo, que inclusive estava provisionado;

- obtenção de informação após o período contábil a que se referem as demonstrações contábeis, indicando que um ativo estava desvalorizado ao final daquele período contábil ou que o montante da perda por desvalorização previamente reconhecido em relação àquele ativo precisava ser ajustado. Por exemplo:

  i. falência de cliente ocorrida após o período contábil a que se referem as demonstrações contábeis normalmente confirma que já existia um prejuízo na conta a receber ao final daquele período, e que a entidade precisa ajustar o valor contábil da conta a receber; e

ii. venda de estoque após o período contábil a que se referem as demonstrações contábeis pode proporcionar evidência sobre o valor de realização líquido desses estoques ao final daquele período;

Os exemplos anteriores mostram informações obtidas em período subsequente. Isso pode significar que, antes da data de autorização da emissão das demonstrações, havia evidências de que as mensurações de desvalorização não estavam coerentes. Assim, em relação à preparação das demonstrações contábeis, com os dados obtidos subsequentemente, fica claro para a administração não só a necessidade do ajuste, mas também como adequar os valores na própria demonstração.

Alguns possíveis eventos de interesse:

- determinação, após o período contábil a que se referem as demonstrações contábeis, do custo de ativos comprados ou do valor dos recebidos em troca de ativos vendidos antes do final daquele período.

  Para a obtenção do valor real de custo, ativos trocados que tenham o valor estimado deve-se ajustar às demonstração contábil, pois, a informação obtida nesse período subsequente é mais fidedigna e apurada;

- determinação, após o período contábil a que se referem as demonstrações contábeis, do valor relacionado ao pagamento de participação nos lucros ou às gratificações, no caso de a entidade ter, ao fim do período a que se referem as demonstrações, uma obrigação presente legal ou construtiva de fazer tais pagamentos em decorrência de eventos ocorridos antes daquela data (ver Pronunciamento Técnico CPC 33 – Benefícios a Empregados).

  Veja que o foco nesse exemplo é que a entidade tenha a obrigação presente para a data a que se referem as demonstrações contábeis. Assim, trata-se de um ajuste de valor do estimado para o conhecido em evento subsequente, antes da emissão das demonstrações contábeis;

- descoberta de fraude ou erros que mostram que as demonstrações contábeis estavam incorretas.

  Este é um exemplo claro de ajuste, pois até mesmo erros descobertos depois das publicações, como visto no capítulo anterior, levam à republicação; portanto, se descobertos antes, é óbvio que devem ser ajustados.

Reforçando o conceito para os casos de eventos subsequentes que evidenciam condições *que já existiam na data final* do período contábil a que se referem as demonstrações contábeis, a entidade deverá retroagir e ajustar os valores reconhecidos em suas demonstrações para que reflitam tais eventos.

Evento subsequente ao período contábil a que se referem as demonstrações contábeis não originam ajustes.

É importante salientar que, embora isso ocorra, essa entidade deve divulgar o evento e a estimativa do efeito financeiro, caso possa ser efetuada, ou a declaração de que não é possível estimá-lo, pois a não divulgação pode influenciar as decisões econômicas a serem tomadas pelos usuários com base nessas demonstrações contábeis

A norma cita alguns exemplos de eventos subsequentes que não geram ajustes, mas trazem a obrigação de divulgação:

- combinação de negócios importantes após o período contábil a que se referem as demonstrações contábeis (o Pronunciamento Técnico CPC 15 – Combinação de Negócios exige divulgação específica em tais casos) ou a alienação de uma subsidiária importante;
- anúncio de plano para descontinuar uma operação;
- compras importantes e classificação de ativos como mantidos para venda, de acordo com o Pronunciamento Técnico CPC 31 – Ativo Não Circulante Mantido para Venda e Operação Descontinuada, outras alienações ou desapropriações de ativos importantes pelo governo;
- destruição por incêndio de instalação de produção importante após o período contábil a que se referem as demonstrações contábeis;
- anúncio ou início da implementação de reestruturação importante (ver Pronunciamento Técnico CPC 25 – Provisões, Passivos Contingentes e Ativos Contingentes);
- transações importantes, efetivas e potenciais, envolvendo ações ordinárias subsequentes ao período contábil a que se referem as demonstrações contábeis;
- alterações extraordinariamente grandes nos preços dos ativos ou nas taxas de câmbio após o período contábil a que se referem as demonstrações contábeis;
- alterações nas alíquotas de impostos ou na legislação tributária, promulgadas ou anunciadas após o período contábil a que se referem as demonstrações contábeis que tenham efeito significativo sobre os ativos e passivos fiscais correntes e diferidos (ver Pronunciamento Técnico CPC 32 – Tributos sobre o Lucro);
- assunção de compromissos ou de contingência passiva significativa, por exemplo, por meio da concessão de garantias significativas;
- início de litígio importante, proveniente exclusivamente de eventos que aconteceram após o período contábil a que se referem as demonstrações contábeis.

Veja que todos os exemplos anteriores não impactam as peças contábeis, com exceção de que as notas explicativas devem conter a nota de evento subsequente com seus impactos, se possível, com estimativa do valor.

Quanto aos dividendos, caso a entidade os declare após o período a que são referentes as demonstrações contábeis, elas não deve reconhecê-los como passivo ao final daquele período, devendo apenas difundir o fato, pois se entende que o fato gerador é a divulgação destes; portanto, o exercício seguinte.

13.6 Divulgação

Deve-se divulgar:

- a data em que foi concedida a autorização para emissão das demonstrações contábeis;
- quem forneceu tal autorização para a emissão;
- se os sócios da entidade ou outros tiverem o poder de alterar as demonstrações contábeis após sua emissão;
- atualização da divulgação sobre condições existentes ao fim do período a que se referem as demonstrações contábeis;
- se a entidade, após o período a que se referem as demonstrações contábeis, receber informações sobre condições que existiam até aquela data, deve atualizar a divulgação que se relaciona a essas condições, à luz das novas informações;
- em alguns casos, a entidade precisa atualizar a divulgação de suas demonstrações contábeis de modo que reflitam as informações recebidas após o período contábil a que se referem, mesmo quando os dados não afetam os valores reconhecidos nessas demonstrações, como já citado anteriormente;
- se os eventos subsequentes ao período contábil a que se referem as demonstrações contábeis são significativos, mas não originam ajustes, sua não divulgação pode influenciar as decisões econômicas a serem tomadas pelos usuários com base nessas demonstrações. Consequentemente, a entidade deve divulgar as seguintes informações para cada categoria significativa de eventos subsequentes ao período contábil a que se referem as demonstrações contábeis que não originam ajustes: (i) a natureza do evento; (ii) a estimativa de seu efeito financeiro ou uma declaração de que tal estimativa não pode ser feita.

O foco é saber que não pode haver um vácuo de informações para o leitor das demonstrações contábeis entre a data final do período a que se referem as demonstrações contábeis e a data na qual é autorizada a emissão destas. Portanto, é de responsabilidade da administração divulgar esses fatos de acordo com o estabelecido pela norma tratada anteriormente.

Questões para fixação do aprendizado

1. Defina evento subsequente.
2. Com base em uma demonstração contábil publicada, verifique os dados e monte uma linha do tempo contendo as seguintes datas:
   - fim do período a que se referem as demonstrações;
   - de autorização das demonstrações;
   - de emissão das demonstrações;
   - da assinatura dos auditores independentes;
   - da publicação em mídia impressa.

Evidencie, na linha do tempo, o que se pode chamar de eventos subsequentes para a administração.

3. Quais são os dois tipos de consequências de eventos subsequentes?

4. Diferencie os dois tipos.

5. Cite dois exemplos de eventos subsequentes que geram ajustes e que não estejam citados na norma.

6. Cite dois exemplos de eventos subsequentes que não geram ajustes e que não estejam exemplificados na norma.

7. Obtenha demonstrações contábeis publicadas que tenham nota de eventos subsequentes. Comente os eventos e qualifique-os nos dois tipos de eventos possíveis.

8. Quando a continuidade se torna um foco para a nota de eventos subsequente? Monte um exemplo com datas, deixando claro por que se trata de um evento subsequente em seu exemplo.

9. Leia o ICPC 08, que discorre sobre o dividendo mínimo obrigatório segundo legislação brasileira, e responda os itens a seguir:
   - Qual lei e parágrafo determinam a distribuição deste dividendo?
   - Uma vez que existe o dividendo mínimo obrigatório definido pela lei e este corresponde a uma obrigação presente na data das demonstrações contábeis, e considerando-se que a assembleia dos sócios ainda deliberará sobre ele posteriormente à data do balanço, quando deveria ser sua contabilização? Responda e justifique.

10. As normas de auditoria também tratam de eventos subsequentes. Pesquise a NBCTA 560, eventos subsequentes, e verifique no item "definições" o que é considerado evento subsequente no foco da auditoria. Qual é a grande diferença entre o evento subsequente para a auditoria e o evento subsequente em termos das normas contábeis?

11. Reescreva a linha do tempo desenhada na pergunta 2 e destaque o que seria o evento subsequente para a auditoria.

 ## Referências

CPC 24 – EVENTO SUBSEQUENTE.

HENDRIKSEN, E. S. *Accounting theory*. 4th ed. Homewood: Irwin, 1982.

IFRS – CONSOLIDATED WITHOUT EARLY APPLICATION – Official pronouncements applicable on 1 January 2012. IAS 10 – Events after the Reporting Period.

MANUAL OF ACCOUNTING IFRS 2012. PricewaterhouseCoopers. Disponível em: <http://www.pwc.com/ifrs>. Acesso em: 4 jul. 2013.

IAS 16
Propriedades, Plantas e Equipamentos
(Ativo Imobilizado – CPC 27)

14.1 Introdução

Esta norma busca estabelecer os princípios para o reconhecimento, inicial e de tratamento após aquisição, para a contabilização do ativo imobilizado, cujos itens devem ser registrados como ativos sempre que: (i) for provável que os benefícios econômicos futuros a eles associados serão auferidos pela entidade; e (ii) o seu custo puder ser avaliado com segurança. Dois itens que garantem a caracterização do item como ativo imobilizado.

O reconhecimento inicial é feito ao custo, que inclui todos os custos necessários para preparar o ativo para o seu uso pretendido. Se o pagamento for diferido além das condições normais de crédito, a despesa com juros é reconhecida, a menos que estes possam ser capitalizados.

14.2 Objetivo da norma

Estabelecer o tratamento contábil para ativos imobilizados, de forma que os usuários das demonstrações contábeis possam discernir a informação sobre o investimento da entidade em seus ativos imobilizados, bem como suas mutações.

Os principais pontos a serem considerados na contabilização do ativo imobilizado são o reconhecimento deste, a determinação dos seus valores contábeis e de depreciação e perdas por desvalorização a serem reconhecidas em relação a estes.

14.3 Visão geral do assunto

Os ativos imobilizados tratados aqui são aqueles usados no negócio, sem que haja intenção de revenda; os quais, à exceção de terrenos, são objeto de depreciação.

Conforme Hendriksen,[1] em vários aspectos, a mensuração de ativos imobilizados deveria ser semelhante à de outros. De fato, ambos agregam valor à entidade. No entanto, algumas diferenças, como o tempo durante o qual esse valor econômico agregado será desfrutado, impõem um estudo mais detalhado desse grupo de ativos.

14.4 Definições

Os seguintes termos são usados neste pronunciamento, com os significados especificados:

Valor contábil: é o valor pelo qual um ativo é reconhecido após a dedução da depreciação e da perda por redução ao valor recuperável acumulada.

Custo: é o montante ou equivalente de caixa pago ou o valor justo de qualquer outro recurso dado para adquirir um ativo na data da sua aquisição ou construção ou, se for o caso, o valor atribuído ao ativo quando inicialmente reconhecido de acordo com as disposições específicas de outros pronunciamentos, como o Pronunciamento Técnico CPC 10 – Pagamento Baseado em Ações.

Valor depreciável: é o custo de um ativo ou outro valor que substitua o custo, menos o seu valor residual.

Depreciação: é a alocação sistemática do valor depreciável de um ativo ao longo da sua vida útil.

Valor específico para a entidade (valor em uso): é o valor presente dos fluxos de caixa que a entidade espera (i) obter com o uso contínuo de um ativo e com a alienação ao final da sua vida útil; ou (ii) incorrer para a liquidação de um passivo.

Valor justo: é o valor pelo qual um ativo pode ser negociado entre partes interessadas, conhecedoras do negócio e independentes entre si, com ausência de fatores que pressionem para a liquidação da transação ou que caracterizem uma transação compulsória.

Perda por redução ao valor recuperável: é o valor pelo qual o preço contábil de um ativo ou de uma unidade geradora de caixa excede seu valor recuperável.

Ativo imobilizado: é o item tangível que:

a) é mantido para uso na produção ou fornecimento de mercadorias ou serviços, para aluguel a outros, ou para fins administrativos; e
b) se espera utilizar por mais de um período.

---

[1] HENDRIKSEN, E. S. *Accounting theory.* 4th ed. Homewood: Irwin, 1982. p. 339

Correspondem aos direitos que tenham por objeto bens corpóreos destinados à manutenção das atividades da entidade ou exercidos com essa finalidade, inclusive os decorrentes de operações que transfiram a ela os benefícios, os riscos e o controle desses bens.

Valor recuperável: é o maior valor entre o justo menos os custos de venda de um ativo e seu valor em uso.

Valor residual de um ativo: é o valor estimado que a entidade obteria com a venda do ativo, após deduzir as despesas estimadas de venda, caso ele já tivesse a idade e a condição esperadas para o fim de sua vida útil.

Vida útil é:

a) o período durante o qual a entidade espera utilizar o ativo; ou
b) o número de unidades de produção ou de unidades semelhantes que a entidade espera obter pela utilização do ativo.

14.5 Desenvolvimento

14.5.1 Reconhecimento

O custo de um item de ativo imobilizado deve ser reconhecido como ativo se, e apenas se:

a) for provável que futuros benefícios econômicos associados ao item fluirão para a entidade; e
b) o custo do item puder ser mensurado confiavelmente.

Para o reconhecimento dos custos, relacionado aos ativos imobilizados, devem ser considerados tantos os custos iniciais como alguns subsequentes a data de aquisição. Veja exemplos:

- custos iniciais como os de aquisição e/ou construção de um item do ativo imobilizado;
- custos subsequentes como de renovação, substituição de suas partes, ou de manutenção.

14.5.2 Mensuração

O ativo imobilizado deve ser mensurado inicialmente pelo seu custo, o qual é equivalente ao preço à vista na data do reconhecimento. Caso o pagamento for diferido além das condições normais de crédito, a despesa com juros é reconhecida, a menos que tais juros possam ser capitalizados.

14.5.3 Elementos do custo

O custo de um item do ativo imobilizado deve ser composto por:

- preço de aquisição, acrescido de impostos de importação e não recuperáveis sobre a compra, depois de deduzidos os descontos comerciais e abatimentos;
- quaisquer custos diretamente atribuíveis para colocar o ativo no local e condições necessárias para este ser capaz de funcionar da forma pretendida pela administração;
- a estimativa inicial dos custos de desmontagem e remoção do item e de restauração do local (sítio) no qual este está localizado. Tais custos representam a obrigação em que a entidade incorre quando o item é adquirido ou como consequência de usá-lo durante determinado período para finalidades diferentes da produção de estoque durante esse período.

Custos diretamente atribuíveis são:

- custos de benefícios aos empregados decorrentes diretamente da construção ou aquisição de item do ativo imobilizado;
- custos de preparação do local;
- custos de frete e de manuseio (para recebimento e instalação);
- custos de instalação e montagem;
- custos com testes para verificar se o ativo está funcionando corretamente, após dedução das receitas líquidas provenientes da venda de qualquer item produzido enquanto se coloca o ativo nesse local e condição (tais como amostras produzidas quando se testa o equipamento); e
- honorários profissionais.

No caso de permuta, custo é o valor justo do ativo adquirido, a não ser que essa mensuração seja impossível, quando prevalece o valor contábil do ativo cedido.

Subvenção governamental pode reduzir o custo do ativo, conforme Pronunciamento Técnico CPC 07 – Subvenção e Assistência Governamentais.

14.5.4 Reconhecimento

Cessa-se o reconhecimento dos custos no valor contábil de um item do ativo imobilizado quando este estiver no local e nas condições operacionais pretendidas pela administração.

Destaca-se que os custos incorridos no uso ou na transferência ou reinstalação de um item não são incluídos no seu valor contábil, por exemplo, custos com ativos que estão operando abaixo da capacidade.

14.5.5 Mensuração após o reconhecimento

Após a aquisição, é necessário definir como será a mensuração posterior do ativo; a norma traz duas opções:

- método custo (reavaliação não permitida por lei, caso Brasil):
  Após o reconhecimento como ativo, o item deve ser apresentado ao custo menos qualquer depreciação e perda por redução ao valor recuperável acumulada. (Norma sobre Redução ao Valor Recuperável de Ativos);
- método de reavaliação:
  Após o reconhecimento como um ativo, o item cujo valor justo possa ser mensurado confiavelmente pode ser apresentado, se permitido por lei, pelo seu valor reavaliado, correspondente ao seu valor justo à data da reavaliação menos qualquer depreciação e perda por redução ao valor recuperável acumulada subsequentemente. A reavaliação deve ser realizada com suficiente regularidade para assegurar que o valor contábil do ativo não apresente divergência relevante em relação ao seu valor justo na data do balanço. Caso um item de uma categoria for reavaliado, todos os de determinada categoria devem ser reavaliados também.[2]

Os aumentos decorrentes de reavaliação devem ser reconhecidos em outros resultados abrangentes e acumulados no patrimônio líquido na rubrica de "excedente de reavaliação". No entanto, esse crescimento deve ser reconhecido no resultado, à medida que reverta uma redução da reavaliação do mesmo ativo previamente reconhecido no resultado.

Reduções de reavaliação são reconhecidas no resultado. No entanto, a redução deve ser debitada diretamente ao excedente de reavaliação até o limite de qualquer saldo credor existente no excedente de reavaliação relacionada a esse ativo.

Para o Brasil, este assunto foi citado no CPC 27 para alinhamento de normas com a internacional IAS 16, pois, para o país, a reavaliação de bens tangíveis e intangíveis não é permitida, em razão das previsões contidas na lei.

14.5.6 Depreciação

Com intuito de clarear o que é depreciação, vamos recapitular quatro conceitos fundamentais da norma:

Depreciação: é a alocação sistemática do valor depreciável de um ativo ao longo da sua vida útil.

Valor depreciável: é o custo de um ativo ou outro valor que o substitua, menos o seu valor residual.

---

[2] Vale lembrar que a legislação brasileira, no momento, não permite a reavaliação, apesar de o país já ter consentido. Esse procedimento é admitido em vários países.

Valor residual de um ativo: é o valor estimado que a entidade obteria com a venda do ativo, após deduzir as despesas estimadas de venda, caso ele já tivesse a idade e a condição esperadas para o fim de sua vida útil.

Vida útil é:

a) o período durante o qual a entidade espera utilizar o ativo; ou

b) o número de unidades de produção ou de unidades semelhantes que a entidade espera obter pela utilização do ativo.

Portanto:

Depreciação = valor depreciável/vida útil bem
Valor depreciável = custo – valor residual

Assim:

Depreciação = (custo – valor residual)/vida útil do bem

Para Hendriksen[3], a definição geralmente aceita para o termo depreciação é de que ela é um procedimento sistemático e racional de alocação de custos aos períodos nos quais se usufrui dos benefícios. Parece que a chave aqui não seria exatamente a escolha de um procedimento em si, mas sua racionalidade e sistematização, enquanto este termo remete imediatamente à ideia de um procedimento organizado nas formas de etapas e partes componentes. A definição do que seria racional pode variar, desde considerações privilegiando aspectos de operacionalização até métodos que evidenciem seu significado econômico para o tomador de decisão.

É importante verificar que, com intuito de identificação e separabilidade, cada componente de um item do ativo imobilizado com custo significativo em relação ao custo total do item deve ser depreciado separadamente.

Cessa-se a depreciação quando:

■ ativo é desativado por baixa de qualquer natureza;
■ transferência para ativo não circulante mantido para venda (conforme Pronunciamento Técnico CPC 31 – Ativo Não Circulante Mantido para Venda e Operação Descontinuada); e
■ transferência para estoque,

No entanto, não cessa por ociosidade.

O valor residual e a depreciação devem ser revisados pelo menos anualmente.

A vida útil não é a taxa fiscal permitida para imposto de renda, mas a vida que os técnicos acreditam que realmente aquele ativo terá e estará produtivo.

---

[3] HENDRIKSEN, E. S. 1982, p. 369.

O método de depreciação utilizado deve estar diretamente relacionado com o padrão de consumo dos benefícios econômicos futuros da entidade analisada e do ativo a que se refere. O método e as premissas que levam ao cálculo da depreciação precisam ser acompanhados ao longo da vida útil do ativo, pois se trata de reflexo da corporação e seus padrões que estão sujeitos a mudanças. Os métodos de depreciação que podem ser utilizados incluem:

- o método da linha reta: a depreciação pelo método linear resulta em despesa constante durante a vida útil do ativo, caso o seu valor residual não se altere;
- o método dos saldos decrescentes: resulta numa despesa com depreciação decrescente durante a vida útil;
- o método de unidades produzidas: resulta numa despesa com depreciação proporcional ao uso ou produção do período.

14.5.7 Redução ao valor recuperável de ativos

Para mais detalhamentos sobre esse assunto, consultar o capítulo "Redução ao Valor Recuperável de Ativos". Essa norma determina como a entidade deve revisar o valor contábil de seus ativos, como determinar seu valor recuperável e quando reconhecer ou reverter perda por redução a este.

14.5.8 Baixa

O valor contábil de um item do ativo imobilizado deve ser baixado por ocasião de sua alienação ou quando não houver expectativa de benefícios econômicos futuros com a sua utilização ou alienação.

Ganhos ou perdas decorrentes da baixa de um item do ativo imobilizado devem ser reconhecidos no resultado quando o item for recuado, os ganhos não devem ser classificados como receita de venda como regra.

Atenção para ativos que se destinam, durante certo tempo, a aluguel para terceiros e que, depois de cessado o período de aluguel, são transferidos para os estoques por se destinarem, a partir desse momento, à alienação, como acontece nas locadoras de veículos. Para esse caso, o produto das vendas deve ser considerado como receita de vendas da entidade, e o valor baixado do estoque transforma-se em custo dos estoques vendidos, já que tais bens são comprados com o intuito de se obter deles receita pelo aluguel e pela venda.

Os itens do imobilizado utilizados até sua alienação e vendidos devem ser baixados diretamente contra resultado, registrando o lucro ou prejuízo apurado nessa operação.

14.6 Divulgação

A divulgação do ativo imobilizado, para uma empresa produtiva, será uma das mais extensas dentro das demonstrações financeiras quando comparada com as outras notas explicativas. É importante, para que seja feita, tomar como base demonstrações publicadas e modelos de publicações.

Para ativo imobilizado, devem ser divulgados:

- os critérios de contabilização do imobilizado;
- métodos;
- vida útil;
- taxas de depreciação;
- valor contábil bruto e líquido;
- conciliação entre esses valores contábeis iniciais e finais (adições, baixas, reavaliações, depreciações contabilizadas no resultado e contabilizadas no custo de outro ativo, perdas por *impairment*, reversão de perdas, variações cambiais em certas circunstâncias);
- obrigatoriedade da nota explicativa sobre a mutação do valor contábil do ativo imobilizado;
- garantias, tais como hipotecas, alienação fiduciária e outras, por compromissos advindos da aquisição, por indenizações por parte de terceiros;
- destacar os ativos adquiridos por meio de arrendamento mercantil;
- mudanças nas estimativas que tenham efeito no resultado corrente ou em resultados futuros;
- ativos que estejam temporariamente ociosos, totalmente depreciados, mas ainda em uso;
- valor justo do imobilizado quando materialmente diferente do valor contábil; e
- outras informações relevantes para o completo entendimento do usuário a respeito desse grupo de contas.

Considerações finais

Devido a grandes peculiaridades de cada indústria e seu ambiente de negócio, essa é uma área que requer dedicação e procedimentos atrelados a controles internos que, de fato, garantam a avaliação recorrente de valores, potencial de serviços e vida útil, atrelando a capacidade do ativo e da entidade.

É uma conta que demanda atenção, conhecimento técnico e controle, o que nos remete a uma conta de risco para o negócio, principalmente no que se refere à apresentação correta.

Questões para fixação do aprendizado

1. Alguns itens do ativo imobilizado podem ser adquiridos por razões de segurança ou ambientais. A aquisição de tais ativos, embora não aumentando diretamente os futuros benefícios econômicos de qualquer item específico já existente do ativo imobilizado, pode ser necessária para que a entidade obtenha os benefícios econômicos futuros dos seus outros ativos. Esses itens do ativo imobilizado se qualificam ou não para o reconhecimento como ativo? Justifique.

2. Partes de alguns itens do ativo imobilizado podem requerer substituição em intervalos regulares. Por exemplo, um forno pode requerer novo revestimento após um número específico de horas de uso. Justifique como a entidade deve reconhecer esses itens.

3. Uma condição para continuar a operar um item do ativo imobilizado (por exemplo, uma aeronave) pode ser a realização regular de inspeções importantes em busca de falhas, independentemente das peças desse item serem ou não substituídas. Como deve ser reconhecido o custo dessas inspeções? Como se deve proceder com o valor contábil remanescente do custo da inspeção anterior (distinta das peças físicas)?

4. Dê dois exemplos de custo contidos na norma, em relação ao uso ou à transferência ou à reinstalação que **não** devem ser considerados no ativo imobilizado.

5. Algumas operações realizadas relacionadas com a construção ou com o desenvolvimento de um item do ativo imobilizado não são necessárias para deixá-lo no local e nas condições operacionais pretendidas pela administração, por exemplo, o local de construção pode ser usado como estacionamento e gerar receitas. Como deve ser a contabilização esse tipo de receita e despesa? Justifique.

6. Como deve ser a contabilização de ativos imobilizados obtidos por permuta? Monte um exemplo com as devidas contabilizações.

7. Por que as taxas de depreciações fiscais não devem ser consideradas como taxas adequadas para a contabilidade? Justifique tendo como base a definição e depreciação.

8. O que é capitalização de juros? Como deve ser efetuada de modo geral? Cite a fonte de pesquisa.

9. Obtenha uma demonstração financeira de uma das empesas de grande porte que obtiveram o prêmio ANEFAC no ano, e com base no ativo imobilizado, resuma as principais informações da nota.

10. Alguma informação chamou sua atenção? Explique.

Referências

CPC 27 – ATIVO IMOBILIZADO.

HENDRIKSEN, E. S. *Accounting theory*. 4th ed. Homewood: Irwin, 1982.

IFRS – CONSOLIDATED WITHOUT EARLY APPLICATION – Official pronouncements applicable on 1 January 2012. IAS 16 – Property, Plant and Equipment.

MANUAL OF ACCOUNTING IFRS 2012. PricewaterhouseCoopers. Disponível em: <http://www.pwc.com/ifrs>. Acesso em: 4 jul. 2013.

15

IAS 17
Operações de Arrendamento Mercantil – CPC 06 (R1)

15.1 Introdução

Além do IAS 17 (CPC 06), o assunto é tratado no IFRIC 4, SIC 5 e SIC 7 (as três instruções estão compiladas no ICPC 03 – Aspectos Complementares das Operações de Arrendamento Mercantil Correlação às Normas Internacionais de Contabilidade).

Arrendamento mercantil foi um assunto que, com a harmonização, trouxe para o Brasil a abertura da discussão da essência sobre a forma. Passamos muitos anos pela situação de arrendamentos que, na essência, eram financeiros, mas as instituições intitulavam operacionais, e as empresas contabilizavam como operacionais. Essa atitude levava os usuários a terem entendimento errôneo, pois as empresas tinham a responsabilidade sobre os ativos e, na leitura das demonstrações contábeis, identificava-se somente a despesa com aluguel.

15.2 Objetivo da norma

O objetivo da norma é o definir, tanto para arrendatários quanto para arrendadores, as políticas contábeis e divulgações apropriadas a aplicar em relação a arrendamentos financeiros e operacionais.

15.3 Visão geral do assunto

Este capítulo tem como foco demonstrar as diferenças de contabilização para arrendamento mercantil de duas óticas: a do arrendador e a do arrendatário. Além disso, ele nos ajuda a classificar o arrendamento mercantil entre operacional ou financeiro, com base em informações constantes no contrato, buscando entender a essência da operação.

Embora, em uma primeira vista, pareça um assunto complexo, assim que se entendem os conceitos básicos, verifica-se que se trata de um assunto de raciocínio lógico e bem estruturado. Portanto, sugerimos a leitura e compreensão das definições antes que se inicie a do corpo do capítulo.

15.4 Definições

Seguem definições utilizadas na norma.

Arrendamento mercantil: é um acordo pelo qual o arrendador transmite ao arrendatário, em troca de um pagamento ou série de pagamentos, o direito de usar um ativo por um período acordado.

Arrendamento mercantil financeiro: é aquele em que há transferência substancial dos riscos e benefícios inerentes à propriedade de um ativo. O título de propriedade pode ou não ser transferido.

Arrendamento mercantil operacional: é um arrendamento mercantil diferente de um arrendamento mercantil financeiro.

Arrendamento mercantil não cancelável: é um arrendamento mercantil que é cancelável apenas:

a) após a ocorrência de alguma contingência remota;
b) com a permissão do arrendador;
c) se o arrendatário contratar um novo arrendamento mercantil para o mesmo ativo ou para um ativo equivalente com o mesmo arrendador; ou
d) após o pagamento pelo arrendatário de uma quantia adicional tal que, no início do arrendamento mercantil, a continuação do arrendamento mercantil seja razoavelmente certa.

Início do arrendamento mercantil: é a mais antiga entre a data do acordo de arrendamento mercantil e a data de um compromisso assumido pelas partes quanto às principais disposições do arrendamento mercantil. Nessa data:

a) um arrendamento mercantil deve ser classificado como arrendamento mercantil financeiro ou arrendamento mercantil operacional; e
b) no caso de arrendamento mercantil financeiro, as quantias a reconhecer no começo do prazo do arrendamento mercantil são determinadas.

Começo do prazo do arrendamento mercantil: é a data a partir da qual o arrendatário passa a poder exercer seu direito de usar o ativo arrendado. É a data do reconhecimento inicial do arrendamento mercantil (isto é, o reconhecimento dos ativos, passivos, receita ou despesas resultantes dele, conforme for apropriado).

Prazo do arrendamento mercantil: é o período não cancelável pelo qual o arrendatário contratou o arrendamento mercantil do ativo junto com quaisquer prazos adicionais pelos quais o arrendatário tem a opção de continuar a arrendar o ativo, com ou sem pagamento adicional, quando no início do arrendamento mercantil for razoavelmente certo que o arrendatário exercerá a opção.

Pagamentos mínimos do arrendamento mercantil: são os pagamentos durante o prazo do arrendamento mercantil que o arrendatário está ou possa vir a ser obrigado a fazer, excluindo pagamento contingente, custos relativos a serviços e impostos a serem pagos pelo arrendador e a ele serem reembolsados:

a) para o arrendatário, quaisquer quantias garantidas pelo arrendatário ou por parte relacionada a ele; ou

b) para o arrendador, qualquer valor residual garantido ao arrendador:
   i. pelo arrendatário;
   ii. por parte relacionada com o arrendatário; ou
   iii. por terceiro não relacionado com o arrendador que seja financeiramente capaz de dar cumprimento às obrigações segundo a garantia. Contudo, se o arrendatário tiver a opção de comprar o ativo por um preço que, se espera, seja suficientemente mais baixo que o valor justo na data em que a opção se torne exercível, para que, no início do arrendamento mercantil, seja razoavelmente certo que a opção será exercida, os pagamentos mínimos do arrendamento mercantil compreendem os pagamentos mínimos a serem feitos durante o prazo do arrendamento mercantil até à data esperada do exercício dessa opção de compra e o pagamento necessário para exercê-la.

Valor justo: é o valor pelo qual um ativo pode ser negociado, ou um passivo liquidado, entre partes interessadas, conhecedoras do negócio e independentes entre si, com a ausência de fatores que pressionem para a liquidação da transação ou que caracterizem transação compulsória.

Vida econômica é:

a) o período durante o qual se espera que um ativo seja economicamente utilizável por um ou mais usuários; ou

b) o número de unidades de produção ou de unidades semelhantes que um ou mais usuários esperam obter do ativo.

Vida útil: é o período remanescente estimado, a partir do começo do prazo do arrendamento mercantil, sem limitação, durante o qual se espera que os benefícios econômicos incorporados no ativo sejam consumidos pela entidade.

Valor residual garantido é:

a) para um arrendatário, a parte do valor residual que seja garantida por ele ou por parte a ele relacionada (sendo o valor da garantia o valor máximo que possa, em qualquer caso, tornar-se pagável); e

b) para um arrendador, a parte do valor residual que seja garantida pelo arrendatário ou por terceiro não relacionado com o arrendador que seja financeiramente capaz de satisfazer as obrigações cobertas pela garantia.

Valor residual não garantido: é a parte do valor residual do ativo arrendado, cuja realização pelo arrendador não esteja assegurada ou esteja unicamente garantida por uma parte relacionada com ele.

Custos diretos iniciais: são custos incrementais diretamente atribuíveis à negociação e estruturação de um arrendamento mercantil, exceto os custos incorridos pelos arrendadores fabricantes ou comerciantes.

Investimento bruto no arrendamento mercantil é a soma:

a) dos pagamentos mínimos do arrendamento mercantil a receber pelo arrendador segundo um arrendamento mercantil financeiro; e

b) de qualquer valor residual não garantido atribuído ao arrendador.

Investimento líquido no arrendamento mercantil: é o investimento bruto no arrendamento mercantil descontada a taxa de juros implícita neste.

Receita financeira não realizada é a diferença entre:

a) o investimento bruto no arrendamento mercantil; e

b) o investimento líquido no arrendamento mercantil.

Taxa de juros implícita no arrendamento mercantil: é a taxa de desconto que, no início do arrendamento mercantil, faz o valor presente agregado:

a) dos pagamentos mínimos do arrendamento mercantil; e

b) do valor residual não garantido seja igual à soma (i) do valor justo do ativo arrendado; e (ii) de quaisquer custos diretos iniciais do arrendador.

Taxa de juros incremental de financiamento do arrendatário: é a taxa de juros que o arrendatário teria de pagar num arrendamento mercantil semelhante ou, se isso não for determinável, a taxa em que, no início do arrendamento mercantil, o arrendatário incorreria ao pedir emprestado por prazo semelhante, e com segurança semelhante, os fundos necessários para comprar o ativo.

Pagamento contingente: é a parcela dos pagamentos do arrendamento mercantil que não seja de valor fixado, e sim baseada na quantia futura de um fator que se altera sem ser pela passagem do tempo (por exemplo, percentual de vendas futuras, quantidade de uso futuro, índices de preços futuros, taxas futuras de juros do mercado).

15.5 Desenvolvimento

Ativos como equipamentos, veículos ou imóveis são ocasionalmente alugados. Às vezes por curtos períodos; outras, no longo prazo. A empresa obtém os serviços de que necessita desses ativos alugando-os no que se denominam operações de arrendamento. Conforme Hendriksen (1982, p. 356), devido à natureza complexa das operações de arrendamento, não basta assumir que representam na essência contratos de compra e venda. Antes, devem ser reportados nas demonstrações contábeis de forma que sua natureza e características sejam evidenciadas de modo mais completo possível. Não apenas em termos dos recursos e obrigações, mas também em aspectos como características dos fluxos de caixa e direitos de compra, que talvez exijam métodos específicos de apresentação, como notas explicativas.

A primeira questão levantada e detalhada no IFRIC 4 são as condições que devem ser preenchidas para que uma transação possa ser caracterizada como arrendamento mercantil.

Figura 15.1 Diagrama de aplicação das condições

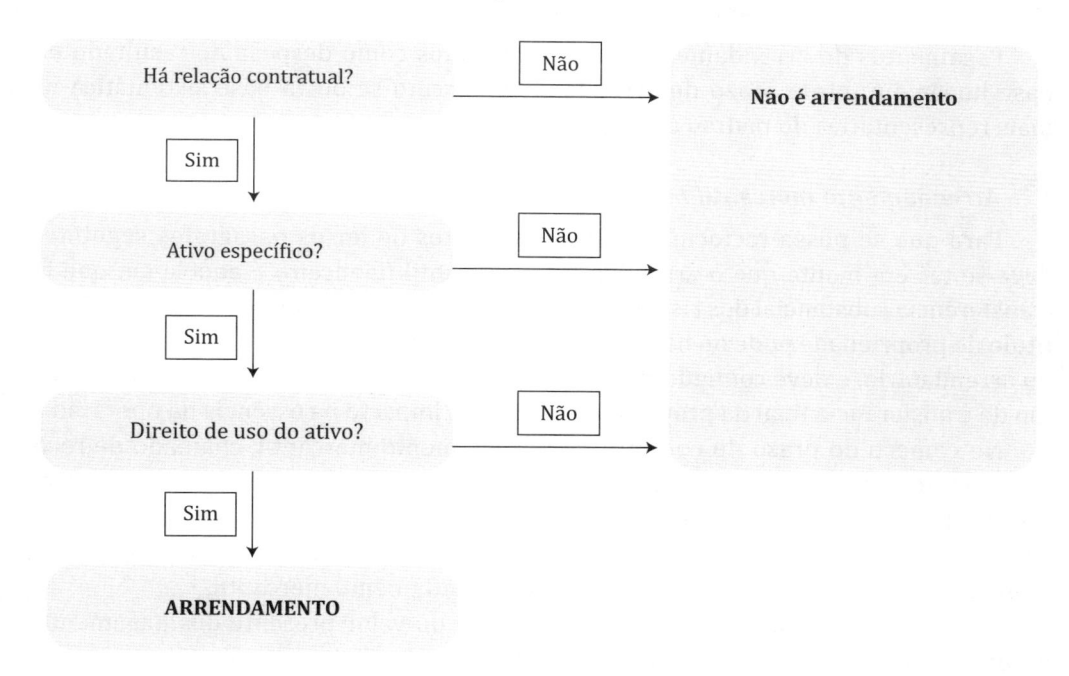

15.5.1 Classificação do arrendamento mercantil

Após identificação de um arrendamento mercantil, o próximo passo é classificá-lo de acordo com a definição dessa norma, que tem como base a extensão em que os riscos e benefícios inerentes à propriedade de um ativo arrendado são transferidos ao arrendatário ou permanecem no arrendador. Assim, a análise do arrendamento depende fundamentalmente se ele caracteriza-se realmente, na essência, como um arrendamento e não como uma venda de bem com nome de arrendamento, somente baseado em formas contratuais que confundem o leitor.

Um arrendamento mercantil é classificado como financeiro se ele transferir substancialmente todos os riscos e benefícios inerentes à propriedade; e é classificado como operacional se ele não transferir substancialmente todos os riscos e benefícios inerentes à propriedade.

Como *arrendamento mercantil* é um acordo pelo qual o arrendador transmite ao arrendatário, em troca de um pagamento ou série de pagamentos, o direito de usar um ativo por um período acordado, tem-se duas visões no momento da contabilização, a de quem transmite o direito de uso do bem, o arrendador, e a de quem recebe o bem, o arrendatário.

15.5.2 Arrendamento mercantil nas demonstrações contábeis de arrendatário (receptor do bem)

Arrendamento mercantil operacional – arrendatário

Pagamentos do arrendamento são reconhecidos como despesa no resultado em base linear durante o prazo do arrendamento, exceto se outra base sistemática for mais representativa do padrão de benefício.

Arrendamento mercantil financeiro – arrendatário

Para que se possa raciocinar claramente, antes de ler os parágrafos seguintes, deve-se ter em mente que o arrendamento mercantil financeiro é aquele em que há transferência substancial dos riscos e benefícios inerentes à propriedade de um ativo. O título de propriedade pode ou não ser transferido. Portanto, o ativo é substancialmente do arrendatário, e deve configurar na contabilidade deste, atentando para que a questão de transferência final da propriedade não traga impacto na essência da operação.

No começo do prazo do contrato de arrendamento mercantil, chamado de reconhecimento inicial, deve-se reconhecer os arrendamentos mercantis financeiros como ativos e passivos nos seus balanços por quantias iguais ao valor justo da propriedade arrendada ou, se inferior ao valor presente dos pagamentos mínimos do arrendamento mercantil, cada um determinado no início do arrendamento mercantil.

A taxa de desconto a ser utilizada no cálculo do valor presente dos pagamentos mínimos do arrendamento mercantil é a de juros implícita (ver definição de taxa implícita na seção de definições) no arrendamento mercantil, se for praticável determinar essa taxa; se não for, deve ser usada a incremental (ver definição de taxa incremental na seção de definições) de financiamento do arrendatário.

Quaisquer custos diretos iniciais do arrendatário são adicionados à quantia reconhecida como ativo. Por exemplo: custos de negociação, de garantia de acordos de arrendamento mercantil.

Quanto à mensuração, os pagamentos mínimos definidos do arrendamento mercantil devem ser divididos entre (i) encargo financeiro; e (ii) redução do passivo em aberto. Separando-se assim por características o tipo de contabilização, não onerando o ativo arrendado com despesas financeiras.

O encargo financeiro deve ser imputado a cada período durante o prazo do arrendamento mercantil de forma a produzir uma taxa de juros periódica constante sobre o saldo remanescente do passivo.

Como um arrendamento mercantil financeiro se caracteriza pela propriedade do bem, dá origem a uma despesa de depreciação relativa a ativos depreciáveis, assim como uma despesa financeira para cada período contábil.

A política de depreciação para os ativos arrendados depreciáveis deve ser consistente com a dos ativos depreciáveis possuídos, e a depreciação reconhecida deve ser calculada de acordo com as regras aplicáveis aos ativos imobilizados (o mesmo com a amortização de ativos intangíveis, se pertinente). Se não houver certeza razoável de que o arrendatário obterá a propriedade no fim do prazo do arrendamento mercantil, o ativo deve ser totalmente depreciado durante o prazo do arrendamento mercantil ou da sua vida útil, o que for menor. Não se esquecer de considerar valor residual, caso configure no contrato.

15.5.3 Arrendamento mercantil nas demonstrações contábeis do arrendador

Arrendamento mercantil nas demonstrações contábeis de arrendador é a parte de quem transmite o direito de uso do bem.

Arrendamentos operacionais – arrendador

Para o arrendador, o arrendamento operacional é caracterizado por um aluguel; é ele que mantém a propriedade na essência sobre o bem. Assim, devem apresentar os ativos sujeitos a arrendamentos mercantis operacionais nos seus balanços de acordo com a natureza do ativo.

A política de depreciação para ativos arrendados depreciáveis deve ser consistente com a política de depreciação normal do arrendador para ativos semelhantes, e deve ser calculada de acordo com as regras aplicáveis aos ativos imobilizados, com o mesmo princípio válido para os ativos intangíveis.

A receita proveniente de arrendamentos mercantis operacionais deve ser reconhecida em uma base de linha reta durante o prazo do arrendamento mercantil, a menos que outra base sistemática seja mais representativa do modelo temporal em que o benefício do uso do ativo arrendado seja diminuído.

Arrendamentos financeiros – arrendador

Na visão do arrendador, o arrendamento financeiro é caracterizado por passar a propriedade do bem para outro; portanto, o arrendador deve reconhecer nos seus balanços patrimoniais os ativos mantidos por um arrendamento mercantil financeiro e apresentá-los como uma conta a receber por um valor igual ao investimento líquido no arrendamento mercantil.

A receita financeira deve ter o reconhecimento baseado em um modelo que reflita uma taxa de retorno periódica constante sobre o investimento líquido do arrendador no arrendamento mercantil financeiro.

O lucro e perda da venda do período devem ser reconhecidos de acordo com a política seguida pela entidade para vendas imediatas. Se forem fixadas taxas de juros artificialmente baixas, o lucro de venda deve ser restrito ao que se aplicaria se uma taxa de juros do mercado fosse utilizada.

Os custos incorridos, pelos arrendadores, relacionados com a negociação e aceitação de um arrendamento mercantil devem ser reconhecidos como despesa quando o lucro da venda for reconhecido.

15.5.4 Transação de venda e *leaseback*

Uma transação de venda e *leaseback* é chamada em português de "retroarrendamento pelo vendedor junto ao comprador".

Ela envolve a venda de um ativo por parte do "vendedor", o qual faz arrendamento mercantil do mesmo ativo que vendeu na transação. Ele vende para arrendar.

As duas operações de venda e a de arrendamento são entendidas como um pacote de negociação e o preço de venda e arrendamento são geralmente interdependentes.

O tratamento contábil de uma transação de *leaseback* depende do tipo de arrendamento mercantil envolvido.

Figura 15.2 Operações de venda

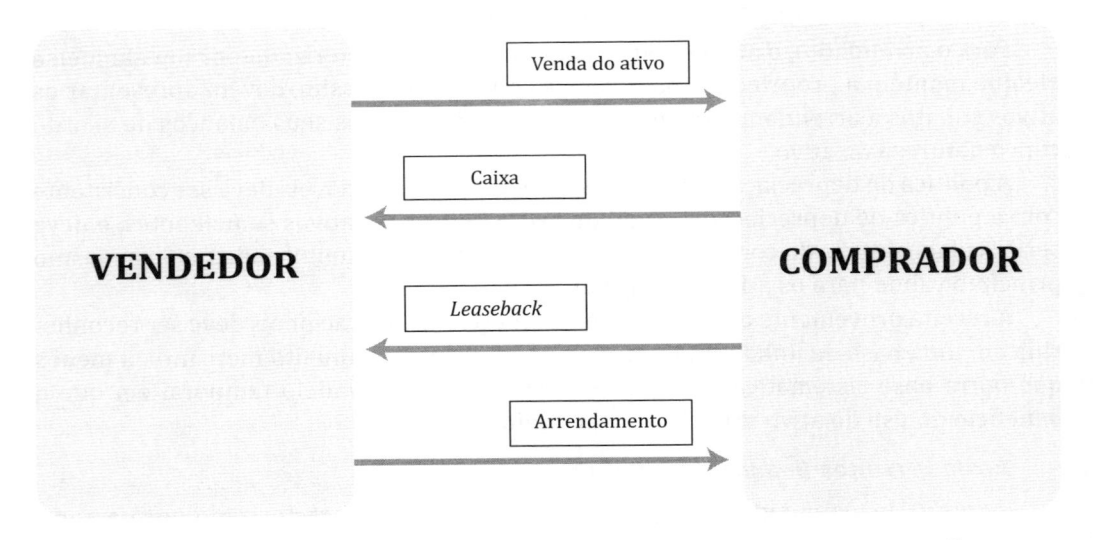

Fonte: Manual of Accounting IFRS 2012. PricewaterhouseCoopers. Disponível em: <www.pwc.com/ifrs>. Acesso em: 4 jul. 2013.

15.5.4.1 Arrendamento mercantil financeiro – *leaseback*

Essa transação se caracteriza na essência como um meio pelo qual o arrendador financia o arrendatário, tendo o ativo como garantia. Por essa razão, não é apropriado considerar como receita um excedente do preço de venda obtido sobre o valor contábil.

O valor deve ser diferido e amortizado durante o prazo do arrendamento mercantil.

15.5.4.2 Arrendamento mercantil operacional – *leaseback*

Se o *leaseback* for um arrendamento mercantil operacional, e os pagamentos deste e o preço de venda estiverem estabelecidos pelo valor justo, houve uma transação de venda normal, e qualquer lucro ou prejuízo deve ser imediatamente reconhecido.

Se o preço de venda estiver abaixo do valor justo, qualquer lucro ou prejuízo deve ser imediatamente reconhecido, exceto se o prejuízo for compensado por futuros pagamentos do arrendamento mercantil a preço inferior ao de mercado, situação em que esse prejuízo deve ser diferido e amortizado proporcionalmente aos pagamentos do arrendamento mercantil durante o período pelo qual se espera que o ativo seja usado.

Se o preço de venda estiver acima do valor justo, o excedente sobre este deve ser diferido e amortizado durante o período pelo qual se espera que o ativo seja usado.

Se o valor justo no momento de transação de venda e *leaseback* for menor que o valor contábil do ativo, uma perda equivalente ao valor da diferença entre o contábil e o justo deve ser imediatamente reconhecida.

15.6 Divulgação

Seguem as divulgações esperadas para cada forma de arrendamento em relação ao arrendatário e arrendador.

15.6.1 Arrendamento mercantil financeiro-arrendatário

Os arrendadores, além de cumprir os requisitos do Pronunciamento Técnico CPC 40 – Instrumentos Financeiros: Evidenciação, devem fazer as seguintes divulgações para os arrendamentos mercantis financeiros:

a) para cada categoria de ativo, valor contábil líquido ao final do período;

b) conciliação entre o total dos futuros pagamentos mínimos do arrendamento mercantil ao final do período e seu valor presente. Além disso, a entidade deve divulgar o total dos futuros pagamentos mínimos do arrendamento mercantil ao final do período, e seu valor presente, para cada um dos seguintes:
   i. até um ano;
   ii. mais de um ano e até cinco anos;
   iii. mais de cinco anos.

c) pagamentos contingentes reconhecidos como despesa durante o período;

d) valor, no fim do período, referente ao total dos futuros pagamentos mínimos de subarrendamento mercantil que, se espera, sejam recebidos nos subarrendamentos mercantis não canceláveis;

e) descrição geral dos acordos materiais de arrendamento mercantil do arrendatário incluindo, mas não se limitando a, o seguinte:
   i. base pela qual é determinado o pagamento contingente a efetuar;
   ii. existência e condições de opções de renovação ou de compra e cláusulas de reajustamento; e

iii. restrições impostas por acordos de arrendamento mercantil, tais como as relativas a dividendos e juros sobre o capital próprio, dívida adicional e posterior arrendamento mercantil.

Além disso, os requisitos para divulgação de acordo com os Pronunciamentos Técnicos CPC 01 – Redução ao Valor Recuperável de Ativos, CPC 04 – Ativo Intangível, CPC 27 – Ativo Imobilizado, CPC 28 – Propriedade para Investimento e CPC 29 – Ativo Biológico e Produto Agrícola devem ser observados pelos arrendatários de ativos sob arrendamentos mercantis financeiros.

15.6.2 Arrendamento mercantil operacional-arrendatário

Os arrendatários devem cumprir os requisitos do Pronunciamento Técnico CPC 40 – Instrumentos Financeiros: Evidenciação.

É necessário fazer as seguintes divulgações relativas aos arrendamentos mercantis operacionais:

a) total dos pagamentos mínimos futuros dos arrendamentos mercantis operacionais não canceláveis para cada um dos seguintes períodos:
  i. até um ano;
  ii. mais de um ano e até cinco anos;
  iii. mais de cinco anos.
b) total dos pagamentos mínimos futuros de subarrendamento mercantil que, se espera, sejam recebidos nos subarrendamentos mercantis não canceláveis ao final do período;
c) pagamentos de arrendamento mercantil e de subarrendamento mercantil reconhecidos como despesa do período, com valores separados para pagamentos mínimos de arrendamento mercantil, pagamentos contingentes e de subarrendamento mercantil;
d) descrição geral dos acordos de arrendamento mercantil significativos do arrendatário, incluindo, mas não se limitando a, o seguinte:
  i. base pela qual é determinado o pagamento contingente;
  ii. existência e termos de renovação ou de opções de compra e cláusulas de reajustamento; e
  iii. restrições impostas por acordos de arrendamento mercantil, tais como as relativas a dividendos e juros sobre o capital próprio, dívida adicional e posterior arrendamento mercantil.

15.6.3 Arrendamento mercantil financeiro-arrendador

Os arrendadores, além de cumprir os requisitos do Pronunciamento Técnico CPC 40 – Instrumentos Financeiros: Evidenciação, devem fazer as seguintes divulgações para os arrendamentos mercantis financeiros:

a) conciliação entre o investimento bruto no arrendamento mercantil no fim do período e o valor presente dos pagamentos mínimos do arrendamento mercantil a receber nessa mesma data. Além disso, a entidade deve divulgar o investimento bruto no arrendamento mercantil e o valor presente dos pagamentos mínimos deste a receber no fim do período, para cada um dos seguintes períodos:

   i. até um ano;

   ii. mais de um ano e até cinco anos;

   iii. mais de cinco anos.

b) receita financeira não realizada;

c) valores residuais não garantidos que resultem em benefício do arrendador;

d) provisão para pagamentos mínimos incobráveis do arrendamento mercantil a receber;

e) pagamentos contingentes reconhecidos como receita durante o período;

f) descrição geral dos acordos materiais de arrendamento mercantil do arrendador.

A norma diz que, como um indicador de crescimento, é muitas vezes útil divulgar também o investimento bruto menos a receita não realizada em novos negócios realizados durante o período, após a dedução dos valores relevantes dos arrendamentos mercantis cancelados.

15.6.4 Arrendamento mercantil operacional-arrendador – divulgação

Os arrendadores, além de cumprir os requisitos do Pronunciamento Técnico CPC 40 – Instrumentos Financeiros: Evidenciação, devem fazer as seguintes divulgações para os arrendamentos mercantis operacionais:

a) pagamentos mínimos futuros de arrendamentos mercantis operacionais não canceláveis no total e para cada um dos seguintes períodos:

   i. até um ano;

   ii. mais de um ano e até cinco anos;

   iii. mais de cinco anos.

b) total dos pagamentos contingentes reconhecidos como receita durante o período;

c) descrição geral dos acordos de arrendamento mercantil do arrendador.

Além disso, os requisitos para divulgação de acordo com os Pronunciamentos Técnicos CPC 01 – Redução ao Valor Recuperável de Ativos, CPC 04 – Ativo Intangível, CPC 27 – Ativo Imobilizado, CPC 28 – Propriedade para Investimento e CPC 29 – Ativo Biológico e Produto Agrícola devem ser observados pelos arrendadores para ativos fornecidos em um arrendamento mercantil operacional.

Considerações finais

Consideramos a leitura do contrato a parte mais crucial do trabalho para contabilização dos arrendamentos, pois, somente com uma leitura clara e bem direcionada, se consegue capturar a essência do contrato e considerar um arrendamento mercantil operacional ou financeiro.

Após a classificação e levantamento dos valores, custos e taxas envolvidas, fica fácil contabilizar.

É importante que os contratos sejam arquivados e acompanhados junto dos controles de pagamentos dos aluguéis, pois, com isso, a contabilidade fica respaldada e com bases sólidas de informações.

Deve-se lembrar sempre de que, a depender da classificação do tipo de arrendamento, a contabilização é bem diferente. O arrendamento financeiro acaba gerando uma contabilização de ativos, e impacta diretamente os índices de imobilização, além de que, para muitas empresas, os níveis de aprovação para "compra" de ativo são mais rígidos do que aluguel. Assim, cuidado com arrendamentos financeiros na essência disfarçados de operacional na forma.

Questões para fixação do aprendizado

1. Quais são os tipos de operação de arrendamento existente?
2. Qual é a diferença entre arrendamento financeiro e operacional?
3. O que é arrendamento mercantil?
4. O que deve ser reportado em termos de uma operação de arrendamento?
5. O que deve ser divulgado pelo arrendatário numa operação de arrendamento mercantil financeiro?
6. A informação no corpo do balanço patrimonial é a única necessária na visão de Hendriksen? Justifique.
7. O que deve ser divulgado pelo arrendador numa operação de arrendamento operacional?
8. O que deve ser reportado pelo arrendatário numa operação de arrendamento operacional?
9. O que é uma transação de venda com *leaseback*?
10. Como ficariam os pagamentos de um arrendamento mercantil nas demonstrações contábeis do arrendatário?

Referências

CPC 06 (R1) – OPERAÇÕES DE ARRENDAMENTO MERCANTIL.

HENDRIKSEN, E. S. *Accounting theory*. 4th ed. Homewood: Irwin, 1982.

IFRS – CONSOLIDATED WITHOUT EARLY APPLICATION – Official pronouncements applicable on 1 January 2012. IAS 17 – Leases.

MANUAL OF ACCOUNTING IFRS 2012. PricewaterhouseCoopers. Disponível em: <http://www.pwc.com/ifrs>. Acesso em: 4 jul. 2013.

16

IAS 18
Receita – CPC 30 (R1)

16.1 Introdução

Conforme Glautier e Underdown[1], receita seriam fluxos de fundos, moeda ou direitos à quantidade desta, que resultaram do comércio das atividades da entidade, diferentes de investimentos de capital realizados pelos proprietários ou empréstimos e financiamentos de fornecedores de crédito.

A questão primordial na contabilização da receita é determinar quando e por quanto a reconhecer quando for provável que benefícios econômicos futuros fluirão para a entidade e esses benefícios possam ser confiavelmente mensurados, pelo valor justo da retribuição recebida ou a receber.

Além da própria norma, há material complementar emitido para ajudar na interpretação e aspectos específicos de reconhecimento de receitas.

A Interpretação SIC 31 (para o CPC, foi traduzido anexo ao CPC 30) – Receitas Provenientes de Transações de Permuta Envolvendo Serviços de Publicidade define que a receita proveniente de transações de permuta, envolvendo serviços de publicidade, somente é reconhecida se também for recebida receita substancial de transações que não sejam permutas.

O IFRIC 13 (para o CPC, foi traduzido anexo ao CPC 30) – Programas de Fidelização de Clientes define que os prêmios concedidos a clientes como parte de operações de venda devem ser registrados separadamente como um componente de venda identificável, com a importância recebida ou a receber alocada entre os prêmios concedidos e outros componentes da venda.

---

[1] GLAUTIER; M. W. E.; UNDERDOWN, B. *Accounting theory and practice.* 7th ed. London: Financial Times/Prentice Hall, 2001. p. 101.

O IFRIC 15 (ICPC 02) – Contrato de Construção do Setor Imobiliário trata da construção de imóveis e aplica-se à contabilização das receitas e dos correspondentes custos das entidades que realizam a incorporação e/ou construção de imóveis diretamente ou por meio de subempreiteiras.

O IFRIC 18 (ICPC 11) – Transferências de Ativos de Clientes é aplicável à contabilização da transferência de itens imobilizados pela entidade que recebe tais transferências de seus clientes, fornecendo orientações sobre o modelo de reconhecimento de receitas provenientes da transferência do ativo.

16.2   Objetivo da norma

Segundo a Estrutura Conceitual para a Elaboração e Apresentação das Demonstrações Contábeis receita é

> aumento nos benefícios econômicos durante o período contábil sob a forma de entrada de recursos ou aumento de ativos ou diminuição de passivos que resultam em aumentos do patrimônio líquido da entidade e que não sejam provenientes de aporte de recursos dos proprietários da entidade.

A receita surge no curso das atividades ordinárias da entidade e é designada por uma variedade de nomes, tais como vendas, honorários, juros, dividendos e *royalties*.

O objetivo da norma é estabelecer o tratamento contábil de receitas provenientes de certos tipos de transações e eventos.

Enfatiza-se que a questão primordial na contabilização da receita é determinar a data do fato gerador, isso quer dizer: quando a reconhecer.

De modo geral, a receita deve ser reconhecida quando:

    i. for provável que benefícios econômicos futuros fluam para a entidade; e
   ii. os benefícios possam ser confiavelmente mensurados.

A norma aplica-se à contabilização das receitas provenientes das seguintes transações:

a) venda de bens;
b) prestação de serviços; e
c) utilização por terceiros de ativos da entidade que produzam juros, *royalties* e dividendos.

16.3   Visão geral do assunto

O principal foco desta norma é fornecer diretrizes para a mensuração e o reconhecimento de receitas. Assunto importante, do qual é dedicado normas, interpretações e muito material extra, pois muitas fraudes de demonstrações contábeis ocorrem devido à manipulação dos valores e cortes na data das receitas; por exemplo, faturamentos que são efetuados no fim de períodos e depois estornados, para formar valores de vendas fictícios, além de outras transações.

Assim, a norma trata de contabilização, mensuração, reconhecimento, exemplos com orientações para abordar assuntos mais complexos.

16.4 Definições

Receita: é o ingresso bruto de benefícios econômicos durante o período proveniente das atividades ordinárias da entidade que resultam no aumento do seu patrimônio líquido, exceto as contribuições dos proprietários.

Valor justo: é o valor pelo qual um ativo pode ser negociado ou um passivo liquidado, entre partes interessadas, conhecedoras do negócio e independentes entre si, com a ausência de fatores que pressionem para a liquidação da transação ou que caracterizem uma transação compulsória.

Custos diretos iniciais: são custos incrementais diretamente atribuíveis à negociação e aceitação de um arrendamento mercantil, exceto os custos incorridos pelos arrendadores fabricantes ou negociantes.

Custo amortizado de ativo ou de passivo financeiro: é o montante pelo qual o ativo ou o passivo financeiro é mensurado em seu reconhecimento inicial, menos as amortizações de principal, mais ou menos juros acumulados, calculados com base no método da taxa efetiva de juros menos qualquer redução (direta ou por meio de conta de provisão) por ajuste ao valor recuperável ou impossibilidade de recebimento.

Método da taxa efetiva de juros: é utilizado para calcular o custo amortizado de ativo ou de passivo financeiro (ou grupo de ativos ou de passivos financeiros) e para alocar a receita ou a despesa de juros no período, aplicada na forma de desconto sobre os pagamentos ou recebimentos futuros estimados ao longo da expectativa de vigência do instrumento financeiro, resultando no valor contábil líquido do ativo ou passivo financeiro.

Custo de transação: é o custo incremental diretamente atribuível à aquisição, emissão ou venda de ativo ou passivo financeiro.

Custo incremental: é aquele que não teria sido incorrido pela entidade, caso esta não tivesse adquirido, emitido ou vendido o instrumento financeiro.

16.5 Desenvolvimento

16.5.1 Mensuração

A receita deve ser mensurada pelo valor justo da contraprestação recebida ou a receber, deduzida de quaisquer descontos comerciais e/ou bonificações concedidos pela entidade ao comprador.

Quando a contraprestação (pagamento) é feita na forma de caixa ou equivalente de caixa e o valor da receita é o valor recebido ou a receber – o mais usual –, não há dificuldades em se definir o valor da receita.

No entanto, quando o ingresso de caixa ou seu equivalente for diferido, o valor justo da contraprestação pode ser menor que o nominal do caixa recebido ou a receber, pois quando constituir, efetivamente, uma transação de financiamento, o valor justo da receita é calculado a valor presente, ou seja, descontando todos os recebimentos futuros, tomando por base a taxa de juros.

Deve-se atentar para que a linha de receita inclua somente as entradas relacionadas às suas próprias atividades. As quantias cobradas por conta de terceiros, como tributos sobre vendas, bens e serviços e sobre valor adicionado não são benefícios econômicos que fluem para a empresa; portanto, não devem ser considerados como receita.

A diferença entre o valor justo e o nominal da contraprestação é reconhecida como receita de juros.

Nos casos de permuta, por bens ou serviços que sejam de natureza e valor semelhantes, a troca não gera receita por motivos óbvios, porém, na permuta de bens ou os serviços em troca de bens ou serviços não semelhantes, as trocas geram receitas. Para a evidenciação da receita assim obtida, esta é mensurada pelo valor justo dos bens ou serviços recebidos, ajustados pela quantia transferida em caixa ou equivalente.

Quando o valor justo dos bens ou serviços recebidos não pode ser satisfatoriamente mensurado, a receita é determinada utilizando-se como parâmetro o valor justo dos bens ou serviços entregues, ajustado pelo valor transferido em caixa ou seu equivalente.

16.5.2 Componentes identificáveis

Os critérios de reconhecimento são geralmente aplicados separadamente a cada transação.

No caso de haver mais de um componente identificável de uma única transação, deve ser refletida sua substância.

Um exemplo de tal situação ocorre quando o preço da venda de um produto inclui valores identificáveis, correspondentes a serviços a serem executados posteriormente.

Para esses casos, os valores são identificados, diferidos e reconhecidos como receita durante o período em que o serviço for executado, para manter-se a competência.

Por outro lado, pode ser necessário tratar dois componentes ou transações como um só, como o exemplo dado na norma de quando a entidade vende bens com acordo para recomprá-los em data posterior. Nesse caso, a receita de venda e a transação de compra não devem ser registradas.

16.5.3 Reconhecimento venda de bens

A receita proveniente da venda de bens deve ser reconhecida quando forem satisfeitas todas estas condições:

a) a entidade tiver transferido para o comprador os riscos e benefícios mais significativos inerentes à propriedade dos bens.

É importante notar que essa transferência não necessariamente ocorre na transferência legal de titularidade ou de posse do bem. Pode-se dizer que, na maior parte dos casos, esses momentos são considerados transferência dos riscos e dos benefícios inerentes à propriedade, que, no entanto, ocorre em momento diferente da transferência da titularidade legal ou da posse do ativo em alguns casos.

Exemplos:

  i. quando a entidade vendedora retiver uma obrigação em decorrência de desempenho insatisfatório que não esteja coberto por cláusulas normais de garantia;

  ii. nos casos em que o recebimento da receita for dependente da venda dos bens pelo comprador (genuína consignação);

  iii. quando os bens expedidos estiverem sujeitos à instalação, sendo esta uma parte significativa do contrato e que ainda não tenha sido completada pela entidade; e

  iv. quando o comprador tiver o direito de rescindir a compra por uma razão especificada no contrato de venda e a entidade vendedora não estiver segura acerca da probabilidade de devolução.

b) o valor da receita for confiavelmente mensurado;

c) for provável que os benefícios econômicos associados à transação fluirão para a entidade; e

d) as despesas incorridas ou a serem incorridas, referentes à transação, puderem ser confiavelmente mensuradas.

A norma traz no final exemplos de operações que podem trazer dúvida quanto ao momento do reconhecimento. É importante ressaltar que os exemplos consideram como premissa que o valor da receita pode ser confiavelmente mensurado, e é provável que os benefícios econômicos fluam para a entidade e que as despesas incorridas ou a serem incorridas podem ser confiavelmente mensuradas. Os seguintes exemplos são discutidos.

- venda faturada e não entregue;
- bens expedidos sujeitos a condições;
- vendas nas quais as mercadorias são entregues somente quando o comprador fizer o pagamento final de uma série de prestações;
- adiantamentos de clientes, totais ou parciais, para a entrega futura de bens que não se encontram no estoque;
- contratos de venda e recompra (exceto operações de *swap*) de bens;
- vendas a intermediários, tais como distribuidores e revendedores, para revenda;
- assinaturas de publicações e itens similares;
- vendas para recebimento parcelado (em prestações);
- transação imobiliária.

16.5.4 Reconhecimento de prestação de serviços

A receita associada à transação de prestação de serviço deve ser reconhecida tomando por base a proporção dos serviços prestados até a data do balanço. O desfecho de uma transação pode ser confiavelmente estimado quando todas estas condições forem satisfeitas:

a) o valor da receita puder ser confiavelmente mensurado;
b) for provável que os benefícios econômicos associados à transação fluam para a entidade;
c) a proporção dos serviços executados até a data do balanço puder ser confiavelmente mensurada; e
d) as despesas incorridas com a transação, assim como as despesas para concluí-la, puderem ser confiavelmente mensuradas.

O método de reconhecimento para prestação de serviços, já que este pode ocorrer ao longo de períodos, é o *Método da percentagem completada*, no qual o reconhecimento da receita com referência à proporção dos serviços executados é relativo a uma transação. Ela é identificada nos períodos contábeis em que os serviços forem prestados.

É importante, para que esse método seja eficiente, que a entidade tenha um sistema interno eficaz de orçamento e de relatórios financeiros, pois eles serão base de medida e revisão para acompanhamento e alteração das estimativas de receita conforme os serviços estão sendo executados.

Independentemente do acompanhamento das estimativas, a entidade deve escolher uma maneira que mensure confiavelmente os serviços executados. Exemplos:

a) levantamento ou medição do trabalho executado;
b) serviços executados até a data, indicados como um percentual do total dos serviços a serem concluídos; ou
c) a proporção entre os custos incorridos até a data e os custos totais estimados da transação. Somente os custos que efetivamente possam ser identificados relativamente aos serviços executados devem ser incluídos nos incorridos até a data de mensuração. Da mesma forma, apenas os custos que reflitam serviços executados ou a serem executados devem ser inseridos nos custos totais estimados da transação.

O fluxo financeiro (pagamentos pelos serviços parcelados, adiantamentos etc.) não é base para reconhecimentos e corte das receitas.

A norma traz também, em seu final, exemplos de itens a serem considerados na prestação de serviços, que podem apresentar dúvida. É importante ressaltar que os exemplos consideram como premissa que o valor da receita pode ser confiavelmente mensurado, e é provável que os benefícios econômicos fluam para a entidade e que as despesas incorridas ou a serem incorridas sejam confiavelmente mensuradas. Os seguintes exemplos são discutidos:

- taxas de instalação;
- taxas de manutenção incluídas no preço do produto;
- comissões de publicidade;
- comissões de agentes de seguros;
- taxas sobre serviços financeiros;
- venda de ingressos em eventos;
- taxa de matrícula;
- taxas de adesão a clubes e entidades sociais;
- taxas de franquia;
- receitas decorrentes do desenvolvimento de software personalizado.

16.5.5 Juros, *royalties* e dividendos

A receita proveniente da utilização, por terceiros, de ativos da entidade que produzam juros, *royalties* e dividendos deve ser reconhecida nas bases estabelecidas quando:

- for provável que os benefícios econômicos associados com a transação fluirão para a entidade; e
- o valor da receita puder ser confiavelmente mensurado.

Nas seguintes bases:

a) juros devem ser reconhecidos utilizando-se o método da taxa efetiva de juros, tal como definido nas normas de Instrumentos Financeiros: Reconhecimento e Mensuração;

b) *royalties* devem ser reconhecidos pelo regime de competência de acordo com a essência do acordo;

c) dividendos devem ser reconhecidos quando for estabelecido o direito de o acionista receber o respectivo valor.

16.6 Divulgação

A entidade deve divulgar:

a) as políticas contábeis adotadas para o reconhecimento das receitas, incluindo os métodos adotados para determinar a fase de execução de transações que envolvam a prestação de serviço;

b) o montante de cada categoria significativa de receita reconhecida durante o período, incluindo as receitas provenientes de:
   i. venda de bens;
   ii. prestação de serviços;

    iii. juros;

    iv. *royalties*;

    v. dividendos.

c) o montante de receitas provenientes de troca de bens ou serviços incluídos em cada categoria significativa de receita; e

d) a conciliação entre a receita divulgada na demonstração do resultado e a registrada para fins tributáveis, conforme itens 8A e 8B.

Além do anteriormente mencionado, a entidade deve divulgar quaisquer ativos e passivos contingentes de acordo com a norma de Provisões, Passivos Contingentes e Ativos Contingentes. Os dois últimos podem surgir de itens como custos de garantia, indenizações, multas ou perdas possíveis.

Considerações finais

A área parece simples *a priori*, mas traz necessidade de aprofundamento de estudos por parte do leitor, pois detalhes podem prejudicar a análise das demonstrações contábeis.

Assim, é de extrema importância que o preparador das demonstrações contábeis monte notas explicativas claras, começando por uma observação completa do contexto operacional, para que o leitor consiga montar os índices de análise financeira que têm como base a receita, evitando desvios de entendimento.

Questões para fixação do aprendizado

1. Defina caixa e equivalente caixa, conforme definições IAS 7 – Fluxo de Caixa.
2. Explique, de maneira simples, o que entende por "benefícios econômicos fluam para entidade".
3. Busque a definição de receita para as Ciências Econômicas, compare com a definição contábil.
4. Por que as receitas devem ser consideradas a competência e não a regime de caixa. Qual seria o impacto se fosse considerada a caixa.
5. Qual é a diferença entre propriedade e posse de um bem?
6. Leia nos apêndices da norma e resuma como deve ser a contabilização para os seguintes casos especiais de venda de bens:
   - Venda faturada e não entregue.
   - Bens expedidos sujeitos a condições.
   - Vendas nas quais as mercadorias são entregues somente quando o comprador fizer o pagamento final de uma série de prestações.
   - Adiantamentos de clientes, totais ou parciais, para a entrega futura de bens que não se encontram no estoque.
   - Contratos de venda e recompra (exceto operações de *swap*) de bens.

- Vendas a intermediários, tais como distribuidores e revendedores, para revenda.
- Assinaturas de publicações e itens similares.
- Vendas para recebimento parcelado (em prestações).
- Transação imobiliária.

7. Leia nos apêndices da norma e resuma como deve ser a contabilização para os seguintes casos especiais de prestação e serviços:
- Taxas de instalação.
- Taxas de manutenção incluídas no preço do produto.
- Comissões de publicidade.
- Comissões de agentes de seguros.
- Taxas sobre serviços financeiros.
- Venda de ingressos em eventos.
- Taxa de matrícula.
- Taxas de adesão a clubes e entidades sociais.
- Taxas de franquia.
- Receitas decorrentes do desenvolvimento de software personalizado.

8. Obtenha uma demonstração financeira de uma das empresas de grande porte que obtiveram o prêmio Anefac no ano.

Com base na nota de práticas contábeis vendas, nota de conciliação de receita bruta e líquida e demonstração do resultado, resuma as principais informações.

Alguma informação chamou sua atenção? Qual?

Quais provisões estão reduzindo o saldo de vendas?

9. Procure uma definição de *royalties*.

 ## Referências

CPC 30 (R1) – RECEITAS.

GLAUTIER; M. W. E.; UNDERDOWN, B. *Accounting theory and practice*. 7th ed. London: Financial Times/Prentice Hall, 2001.

HENDRIKSEN, E.S. *Accounting theory*. 4th Homewood: Irwin, 1982.

IFRS – CONSOLIDATED WITHOUT EARLY APPLICATION – Official pronouncements applicable on 1 January 2012. IAS 18 – Revenue.

MANUAL OF ACCOUNTING IFRS 2012. PricewaterhouseCoopers. Disponível em: <http://www.pwc.com/ifrs>. Acesso em: 4 jul. 2013.

IAS 19
Benefícios de Empregados – CPC 33 (R1)

17.1 Introdução

Benefícios a empregados são todas as formas de remuneração concedidas por uma entidade patrocinadora/empregadora em troca dos serviços prestados por eles. Estes tipos de benefícios devem ser bem mapeados e entendidos para que a entidade os reconheça em sua essência e competência contábil.

Essa norma é complexa, abrangendo conceitos avançados, mas entendemos que, através deste capítulo, o leitor conseguirá ter acesso aos conceitos básicos que o munirá de informação para avançar em seus estudos sobre o assunto.

A norma brasileira CPC 33 converge com a norma internacional IAS 19.

17.2 Objetivo da norma

A norma entende que a entidade deve reconhecer:

a) um passivo, quando o empregado presta serviço em troca dos benefícios a serem pagos no futuro; e

b) uma despesa, quando a entidade se utiliza do benefício econômico proveniente do serviço recebido do empregado.

A norma deve ser aplicada pela entidade patrocinadora na contabilização de todos os benefícios a empregados, exceto aqueles aos quais se aplica a norma de Pagamento Baseado em Ações.

Os benefícios a empregados incluem os oferecidos tanto aos empregados quanto aos seus dependentes e que podem ser liquidados por meio de pagamentos, fornecimento de bens e serviços, feitos diretamente a empregados, seus cônjuges, filhos ou outros dependentes ou ainda por terceiros, como, por exemplo, entidades de seguro.

O empregado pode prestar serviços a uma entidade em período integral, parcial, permanente, casual ou temporariamente.

É importante verificar que a definição de empregado também inclui diretores e outros administradores.

Os benefícios a empregados incluem aqueles proporcionados:

- por planos ou acordos formais entre a entidade e os empregados individuais, grupos de empregados ou seus representantes;
- por disposições legais, ou por meio de acordos setoriais, pelos quais se exige que as entidades contribuam para planos nacionais, estatais, setoriais ou outros; ou
- por práticas informais que deem origem a uma obrigação construtiva (ou obrigação não formalizada – CPC 25 – Provisões, Passivos Contingentes e Ativos Contingentes, caso necessite consultar definição na seção de definições abaixo). Práticas informais dão origem a uma obrigação construtiva quando a entidade não tiver alternativa senão pagar os benefícios. Exemplo: situação em que uma alteração nas práticas informais da entidade cause dano inaceitável no seu relacionamento com os empregados.

Seguem algumas categorias de benefícios a empregados:

a) benefícios de curto prazo, tais como:
   - ordenados;
   - salários;
   - contribuições para a previdência social;
   - licença anual remunerada;
   - licença por doença remunerada;
   - participação nos lucros e gratificações (se devidos dentro de um período de doze meses após a prestação do serviço).
b) benefícios não monetários relativos aos atuais empregadas, tais como:
   - assistência médica;
   - moradia;
   - automóveis; e
   - bens; ou
   - serviços gratuitos ou subsidiados.
c) benefícios pós-emprego, tais como:
   - pensões;
   - outros benefícios de aposentadoria;
   - seguro de vida pós-emprego; e
   - assistência médica pós emprego.
d) outros benefícios de longo prazo, tais como:
   - licença remunerada;
   - gratificação por tempo de serviço;
   - benefícios de invalidez de longo prazo.

e) benefícios a longo prazo que não forem pagáveis completamente dentro de doze meses após o fim do período:
  * participação nos lucros;
  * gratificações; e
  * outras compensações diferidas.

f) benefícios por desligamento.

17.3 Visão geral do assunto

Com o objetivo de definir a contabilização e a divulgação de benefícios a empregados, esta norma é vasta e traz em seu corpo muitos conceitos e exemplificações que ajudam o leitor a situar-se e absorver melhor os conceitos.

É importante a cada tópico ter exemplos em mente, antes de os ler e entender o que norma exige.

A norma traz muitos conceitos novos e uma salada de termos que se parecem, mas que, com cuidado e atenção, se entenderá a diferença e a essência para contabilização.

O foco maior é sempre registrar obrigações assumidas na competência correta, não distorcendo as demonstrações, para que o usuário destas tenha a plena informação das obrigações assumidas.

17.4 Definições

Seguem as definições:

Benefício a empregado: é toda forma de compensação proporcionada pela entidade a seus empregados em troca dos serviços prestados por estes.

Benefício de curto prazo a empregado: é o benefício (exceto benefício por desligamento) devido dentro de um período de doze meses após a prestação do serviço pelos empregados.

Benefício pós-emprego: é o benefício a empregado (exceto benefício por desligamento) que será pago após o período de emprego.

Plano de benefício pós-emprego: é o acordo formal ou informal pelo qual a entidade se compromete a proporcionar benefícios pós-emprego para um ou mais empregados.

Plano de contribuição definida: é o plano de benefício pós-emprego pelo qual a entidade patrocinadora paga contribuições fixas a uma entidade separada (fundo de pensão), não tendo a obrigação legal ou construtiva de pagar contribuições adicionais se o fundo não possuir ativos suficientes para pagar todos os benefícios devidos.

Plano de benefício definido: é o plano de benefício pós-emprego que não seja plano de contribuição definida.

Plano multiempregadores: é o plano de contribuição definida ou de benefício definido (exceto plano da previdência social) que:

a) possui ativos formados por contribuições de várias entidades patrocinadoras que não estão sob o mesmo controle acionário; e

b) utiliza aqueles ativos para fornecer benefícios para empregados a mais de uma entidade patrocinadora, de forma que os níveis de contribuição e benefício sejam determinados sem identificar a entidade patrocinadora que os emprega.

Outros benefícios de longo prazo a empregados: são os benefícios a empregados (que não sejam benefícios pós-emprego e benefícios por desligamento) que não sejam encerrados totalmente dentro de doze meses após o fim do período em que os empregados prestam o respectivo serviço.

Benefício por desligamento: (benefício pago a título de indenização por encerramento do contrato firmado entre as partes) é o benefício a empregados devido em virtude de:

a) decisão de a entidade terminar o vínculo empregatício do empregado antes da data normal de aposentadoria; ou

b) decisão do empregado aderir a demissão voluntária em troca desse benefício.

Benefício adquirido (elegíveis) pelo empregado: é o benefício a empregado que não depende da manutenção do vínculo empregatício, mas cujo recebimento pode estar condicionado a uma data futura.

Valor presente de obrigação de benefício definido: é o valor presente sem a dedução de quaisquer ativos do plano, dos pagamentos futuros esperados necessários para liquidar a obrigação resultante do serviço do empregado nos períodos corrente e passados.

Custo do serviço corrente: é o aumento no valor presente da obrigação de benefício definido resultante do serviço prestado pelo empregado no período corrente.

Custo dos juros: é o aumento no valor presente da obrigação de benefício definido, no período decorrente da aproximação do momento da liquidação dos benefícios.

Ativos do plano compreendem:

a) ativos mantidos por fundo de benefícios a empregados de longo prazo; e

b) apólices de seguro elegíveis.

Ativos mantidos por fundo de benefício a empregado de longo prazo: são os ativos (exceto instrumento financeiro não transferível firmado pela entidade patrocinadora objeto das demonstrações contábeis):

a) mantidos por entidade (fundo) que esteja legalmente separada da patrocinadora, objeto das demonstrações contábeis, e que existam unicamente para pagar ou financiar os benefícios a empregados; e

b) disponíveis para serem utilizados exclusivamente para reduzir as obrigações de benefícios a empregados, que não estejam disponíveis aos credores da entidade patrocinadora (inclusive em caso de falência ou recuperação judicial) e que não possam ser devolvidos a ela, objeto das demonstrações contábeis, salvo se:

i. os ativos remanescentes do fundo forem suficientes para cobrir todas as respectivas obrigações de benefícios a empregados do plano ou da entidade patrocinadora; ou

ii. os ativos forem devolvidos à entidade patrocinadora para reembolsá-la por benefícios já pagos a empregados.

Apólice de seguro elegível: é a apólice de seguro[1] emitida por seguradora que não seja parte relacionada (Divulgação sobre Partes Relacionadas) da entidade patrocinadora, se o produto da apólice:

a) só puder ser utilizado para pagar ou financiar benefícios a empregados, segundo um plano de benefícios definidos; e

b) não estiver disponível para os credores da própria entidade patrocinadora (mesmo em caso de falência) e não puder ser pago a essa, a menos que:
    i. o produto represente ativos excedentes que não sejam necessários para a apólice cobrir todas as respectivas obrigações de benefícios a empregados; ou
    ii. o produto seja devolvido à entidade patrocinadora para reembolsá-la por benefícios a empregados já pagos.

Valor justo: é o valor pelo qual um ativo pode ser trocado ou um passivo liquidado entre partes conhecedoras e dispostas a isso numa transação em que não exista favorecimento entre elas.

Retorno dos ativos do plano: são juros, dividendos e outras receitas, ganhos e perdas, realizados ou não, derivados dos ativos do plano, deduzidos de quaisquer despesas de administração (exceto aquelas incluídas nas premissas atuariais e utilizadas para mensurar as obrigações de benefício definido) e os tributos pagos pelo próprio plano.

Ganhos e perdas atuariais compreendem:

a) os ajustes de experiência (os efeitos de diferenças entre as premissas atuariais adotadas e o efetivamente ocorrido); e

b) os efeitos de alterações nas premissas atuariais.

Custo do serviço passado: é o aumento no valor presente da obrigação de benefício definido quando há introdução ou alterações nos benefícios pós-emprego ou a empregados de longo prazo, resultantes de serviços prestados em períodos passados. O custo do serviço passado pode ser positivo (quando novos benefícios são introduzidos ou melhorados) ou negativo (quando os benefícios existentes são reduzidos).

---

[1] Uma apólice de seguro qualificada não é necessariamente um contrato de seguro, conforme definição da norma IFRS 4/CPC 11 – Contratos de Seguro.

Obrigação não formalizada: é uma obrigação que decorre das ações da entidade em que:

a) por via de padrão estabelecido de práticas passadas, de políticas publicadas ou de declaração atual suficientemente específica, a entidade tenha indicado a outras partes que aceitará certas responsabilidades; e

b) em consequência, a entidade cria uma expectativa válida nessas outras partes de que cumprirá com essas responsabilidades.[2]

17.5   Desenvolvimento

17.5.1 Benefícios de curto prazo

A contabilização dos benefícios de curto prazo aos empregados é mais simples e direta, pois não é necessária a adoção de premissas atuariais para mensurar a obrigação ou o custo, e não há possibilidade de qualquer ganho ou perda atuarial. Além disso, esses benefícios não são mensurados a valor presente.

Os benefícios a pagar no prazo de doze meses são reconhecidos como despesa no período em que o empregado presta o serviço.

Benefícios de curto prazo a empregados incluem:

- ordenados, salários e contribuições para a previdência social;
- licenças remuneradas de curto prazo (tais como licença anual e por doença remunerada) em que se espera que a compensação pelas faltas ocorra dentro de doze meses após o fim do período em que os empregados prestam o respectivo serviço;
- participação nos lucros e gratificações pagáveis dentro de doze meses após o fim do período em que os empregados prestam o respectivo serviço; e
- benefícios não monetários (tais como assistência médica, moradia, automóvel e bens ou serviços gratuitos ou subsidiados) para os empregados atuais.

17.5.2 Reconhecimento e mensuração os benefícios de curto prazo

Licença remunerada de curto prazo

Licença remunerada pode ser classificada em duas categorias:

a) cumulativas: no caso de licenças remuneradas cumulativas, quando o serviço prestado pelos empregados aumenta o seu direito a ausências remuneradas futuras. Exemplos: férias, doença e invalidez por curto prazo, licença a maternidade ou paternidade, serviços de tribunais e militar.

---

2   Conforme definições IAS 37/CPC 25 – Provisões, Passivos Contingentes e Ativos Contingentes.

Licenças remuneradas cumulativas podem ser utilizadas futuramente, se o direito adquirido no período não foi totalmente usufruído. Elas podem ser adquiridas (*vested*, ou seja, os empregados têm direito a um pagamento em dinheiro pelas licenças não gozadas no momento em que se desligam da entidade) ou não adquiridas (quando os empregados não têm direito a um pagamento em dinheiro pelas licenças não gozadas ao deixarem a entidade). Surge a obrigação à medida que os empregados prestam serviços que aumentem seu direito às licenças futuras. Ela existe e é reconhecida, mesmo se as ausências permitidas não gozadas não forem adquiridas, embora a faculdade de os empregados poderem sair antes de utilizar direito acumulado não adquirido deva afetar a mensuração dessa obrigação.

A entidade deve avaliar o custo esperado de licenças remuneradas acumuláveis como a quantia adicional que espera pagar, em consequência do direito não utilizado que tenha sido acumulado na data a que se referem as demonstrações contábeis.

O método especificado no item anterior cadencia a obrigação como o montante dos pagamentos adicionais que devem ocorrer exclusivamente pelo acúmulo de benefício. Em muitos casos, devido à imaterialidade da obrigação, não há necessidade de cálculos detalhados para estimá-la para as licenças remuneradas não utilizadas. Por exemplo, a obrigação gerada pela licença por doença somente será material se existir o entendimento formal ou informal de que esta, se não for utilizada, pode ser considerada férias remuneradas.

Exemplo prático apresentado na norma: a entidade possui 100 empregados, tendo cada um direito a cinco dias úteis de licença por doença na família, paga em cada ano. A licença por doença não utilizada pode ser estendida por um ano-calendário. Ela é excluída, em primeiro lugar, do direito do ano corrente e, em seguida, do saldo do ano anterior (uma base UEPS). Em 31 de dezembro de 20X1, o direito não utilizado médio é de dois dias por empregado. A expectativa da entidade, baseada na experiência passada, é de que 92 empregados não sairão mais de cinco dias de licença por doença paga em 20X2, e que os oito empregados restantes tirarão uma média de seis dias e meio cada um.

A corporação espera pagar um adicional de 12 dias de pagamento por doença em consequência do direito não utilizado que tenha acumulado em 31 de dezembro de 20X1 (um dia e meio cada, para oito empregados). Portanto, a entidade reconhece um passivo igual a 12 dias de pagamento por doença.

b) não cumulativas: quando ocorrem as faltas.

Trata-se de licenças remuneradas não cumulativas e não devem ser levadas para o próximo exercício: elas expiram se o direito não for totalmente usufruído no período corrente, e não dão aos empregados o direito a um pagamento em dinheiro por direitos não usufruídos no momento em que se desligam da entidade, que não reconhece passivo nem despesa até o momento da ausência, porque o serviço do empregado não aumenta o valor do benefício.

Participação no lucro e gratificações

Deve-se reconhecer o custo esperado de participação nos lucros e de gratificações de acordo com benefícios de curto prazo, se e somente se:

a) a entidade tiver a obrigação legal ou construtiva de fazer tais pagamentos em consequência de acontecimentos passados; e

b) a obrigação puder ser estimada de maneira confiável.

É importante destacar que existe uma obrigação presente somente quando a entidade não tiver alternativa realista, a não ser efetuar os pagamentos.

A seguir, apresenta-se um exemplo ilustrativo, trazido pela norma.

Um plano de participação nos lucros requer que a entidade pague uma parcela do lucro líquido do ano aos empregados. Se nenhum dos empregados se desligar durante o ano, o total dos pagamentos de participação nos lucros será de 3% do lucro líquido. A entidade estima que a taxa de rotatividade de pessoal reduza os pagamentos para 2,5% deste.

A instituição reconhece um passivo e uma despesa de 2,5% do lucro líquido.

Existem situações em que, mesmo não tendo a obrigação legal de pagar uma gratificação, a entidade adota essa prática. Em tais casos, ela tem a obrigação construtiva, porque não tem alternativa a não ser pagar a gratificação. A mensuração da obrigação construtiva deve refletir a possibilidade de que alguns empregados possam desligar-se sem o direito de receber a gratificação.

De acordo com norma, uma entidade pode fazer uma estimativa confiável da sua obrigação legal ou construtiva para um plano de participação nos lucros ou de gratificações somente quando:

a) os termos formais do plano contemplam uma fórmula para determinar o valor do benefício;

b) a entidade determina os montantes a serem pagos antes da aprovação de emissão das demonstrações contábeis; ou

c) a prática passada dá evidências claras do montante da obrigação construtiva da entidade.

A obrigação de planos de participação nos lucros e de gratificações surge do serviço prestado pelos empregados e não resulta de transação com os sócios da entidade. Em função desses fatos, a corporação reconhece o custo da participação nos lucros e de gratificações como despesa, e não como distribuição deles.

Por fim, se as obrigações de pagamento de participação nos lucros e de gratificações não vencerem totalmente dentro de doze meses após o fim do período em que os empregados prestaram o respectivo serviço, esses pagamentos serão benefícios de longo prazo a empregados (ver itens 126 a 131).

17.5.3 Benefícios pós-emprego: plano de benefício definido e plano de contribuição definida

Exemplos de benefícios pós-emprego

- benefícios de aposentadoria e pensão; e
- outros benefícios pagáveis após o término do vínculo empregatício, tais como assistência médica e seguro de vida na aposentadoria.

Este assunto é o mais complexo dentro da norma; portanto, para este material, o importante é que se tenha familiaridade com os termos referentes aos benefícios pós-emprego.

Recomenda-se que se voltem às definições e releiam para ficarem mais familiarizados.

A diferença a seguir é fundamental; não se pode ir adiante neste assunto antes de ter bem clara a diferença entre benefício definido e contribuição definida.

Plano de benefício definido: é o plano de benefício pós-emprego que não seja de contribuição definida.

Plano de contribuição definida: é o plano de benefício pós-emprego pelo qual a entidade patrocinadora paga contribuições fixas a uma instituição separada (fundo de pensão), não tendo a obrigação legal ou construtiva de pagar contribuições adicionais se o fundo não possuir ativos suficientes para sanar todos os benefícios devidos.

17.5.4 Plano de benefício definido

Os acordos pelos quais a entidade proporciona benefícios pós-emprego são denominados planos de benefícios pós-emprego.

Aplica-se esta norma a todos os acordos que envolvam, ou não, o estabelecimento de uma entidade separada aberta ou fechada, de previdência, para receber as contribuições e pagar os benefícios.

A norma define e exemplifica:

- plano multiempregadores;
- plano de benefício definido que compartilha riscos entre várias entidades sob controle comum;
- plano de previdência social;
- seguro de benefício.

17.5.5 Benefícios pós-emprego: plano definido

O plano de benefício definido é bem exemplificado e trabalhado na norma, passando pelos seguintes itens, para quem quiser se aprofundar no assunto:

- reconhecimento e mensuração;
- contabilização da obrigação construtiva;
- balanço patrimonial;
- demonstração do resultado;

- reconhecimento e mensuração: valor presente de obrigação por benefício definido e custo do serviço corrente;
- método de avaliação atuarial;
- atribuição de benefícios a períodos de serviço;
- premissas atuariais;
- premissas atuariais: taxa de desconto;
- premissas atuariais: salário, benefício e custo médico;
- ganhos e perdas atuariais;
- custo do serviço passado;
- reconhecimento e mensuração: ativos do plano;
- valor justo dos ativos do plano;
- reembolso;
- retorno esperado dos ativos do plano;
- combinação de negócios;
- redução (*curtailment*) e liquidação (*settlement*);
- apresentação;
- compensação;
- distinção entre circulante e não circulante;
- componente financeiro de custo de benefício pós-emprego.

17.5.6 Plano de contribuição definida

A contabilização dos planos de contribuição definida é direta, porque a obrigação da entidade patrocinadora relativa a cada exercício é determinada pelos montantes a serem contribuídos no período. Consequentemente, não são necessárias avaliações atuariais para mensurar a obrigação ou a despesa, e não há possibilidade de qualquer ganho ou perda atuarial. Além disso, as obrigações são mensuradas em base não descontada, exceto quando não vençam completamente dentro de doze meses após o fim do período em que os empregados prestam o respectivo serviço.

17.5.7 Outros benefícios de longo prazo de empregados

Outros benefícios de longo prazo a empregados são os benefícios a empregados (que não sejam benefícios pós-emprego e benefícios por desligamento) que não sejam encerrados totalmente dentro de doze meses após o fim do período em que prestam o respectivo serviço.
Exemplos:

a) licenças remuneradas de longo prazo, tais como licença de longo prazo ou sabática;
b) gratificações por tempo de serviço ou outros benefícios de longo prazo;
c) benefícios de longo prazo por invalidez;
d) participação nos lucros e gratificações devidos após doze meses, ou mais, posterior ao fim do período no qual os empregados prestaram o respectivo serviço; e
e) compensações diferidas a serem pagas após doze meses, ou mais, depois do fim do período que se tornaram elegíveis.

Um exemplo de benefícios de longo prazo estipulado na norma é de invalidez. Se o nível do benefício depende do tempo de serviço, uma obrigação surge a partir da prestação do serviço. A mensuração dessa obrigação reflete a probabilidade de acontecer, ou não, o evento, bem como o tempo durante o qual se espera que o pagamento seja feito. Se o nível do benefício for o mesmo para qualquer empregado inválido, independentemente do tempo de serviço, o custo esperado é reconhecido quando o evento que gera o benefício de longo prazo de invalidez ocorrer.

17.5.8 Benefícios por desligamento

Conforme os parágrafos de 132 a 143 da norma, os benefícios cujo fato gerador da obrigação é o desligamento do empregado devem ser reconhecidos como um passivo e uma despesa quando, e somente quando, a entidade estiver comprometida a:

a) cessar o vínculo empregatício de empregado ou de grupo de empregados antes da data normal de aposentadoria; ou

b) oferecer benefícios por desligamento como resultado de oferta para encorajar a saída voluntária.

17.6 Divulgação

Embora o pronunciamento não requeira divulgações específicas acerca de benefícios de curto prazo a empregados, outros pronunciamentos podem exigi-las.

Por exemplo, o Pronunciamento Técnico CPC 05 – Divulgação sobre Partes Relacionadas demanda divulgação acerca de benefícios concedidos aos administradores da entidade. O Pronunciamento Técnico CPC 26 – Apresentação das Demonstrações Contábeis exige a divulgação de despesas com os benefícios a empregados.

A entidade deve divulgar o montante reconhecido como despesa nos planos de contribuição definida.

Sempre que ordenado pelo Pronunciamento Técnico CPC 05 – Divulgação sobre Partes Relacionadas, a entidade deve também divulgar informação acerca das colaborações para planos de contribuição definida relativas aos administradores da entidade.

Embora o pronunciamento que trata dos benefícios aos empregados não requeira divulgações específicas acerca de outros benefícios de longo prazo a empregados, outros podem exigir divulgações, por exemplo, quando a despesa resultante desses benefícios for material e, dessa forma, obriga-se divulgação, de acordo com o Pronunciamento Técnico CPC 26 – Apresentação das Demonstrações Contábeis. Quando exigido pelo Pronunciamento Técnico CPC 05 – Divulgação sobre Partes Relacionadas, a entidade divulga informação acerca de outros benefícios de longo prazo a empregados para os administradores da entidade.

Considerações finais

Benefícios aos empregados é um assunto complexo e de grande atualidade, uma vez que as entidades competem no atual ambiente de negócios não só pelos clientes, mas também pelos recursos de que necessitam. Um elemento da maior importância é o recurso humano. Assim, na busca dos melhores quadros, as empresas se comprometem com formas competitivas de pagamentos e de benefícios. Surgem obrigações com os empregados, diferentes do mero pagamento de salários, também no contexto das atividades desempenhadas, quando se paga com direitos, por exemplo, as licenças que serão usufruídas, ou convertidas em caixa por estes.

 Questões para fixação do aprendizado

1. Qual é o contexto de obrigações decorrentes de benefícios aos empregados?
2. Qual é o significado de contribuição definida?
3. Que tipo de obrigação de evidenciação traz um plano de previdência para os funcionários, do ponto de vista da empresa?
4. Cite alguns exemplos de benefícios de longo prazo concedidos pelas empresas aos funcionários.
5. O que são benefícios pós-emprego?
6. O que são participações nos lucros e/ou gratificações? Que tipo de obrigação de evidenciação gera para a entidade?
7. Cite alguns exemplos de benefícios de curto prazo.
8. Que tipos de obrigação de evidenciação os benefícios de curto prazo criam para a empresa?
9. Cite alguns benefícios de longo prazo.
10. Que tipo de obrigações de evidenciação cria para as empresas?

 Referências

CPC 33 (R1) – BENEFÍCIOS A EMPREGADOS.

IFRS – CONSOLIDATED WITHOUT EARLY APPLICATION – Official pronouncements applicable on 1 January 2012. IAS 19 – Employee Benefits.

MANUAL OF ACCOUNTING IFRS 2012. PricewaterhouseCoopers. Disponível em: <http://www.pwc.com/ifrs>. Acesso em: 5 jul. 2013.

IAS 20
Contabilidade de Subvenções Governamentais e Divulgação de Assistência Governamental – CPC 07 (R1)

18.1 Introdução

O foco da norma é o reconhecimento das subvenções governamentais, considerando-se sempre a essência econômica da transação.

As subvenções, monetárias ou não, devem ser identificadas somente quando se tiver segurança de que a entidade cumprirá todas as condições relacionadas à obtenção da subvenção e de que esta será efetivamente recebida.

A norma IAS 20/CPC 07 está em conformidade com a nacional; porém foi necessário incluir alguns parágrafos adicionais aos contidos na norma internacional, devido a diferenças nas legislações. Assim ocorreu a inclusão das modificações apresentadas a seguir, como a eliminação dos parágrafos 13 e 14, retirando a possibilidade do tratamento contábil das subvenções como capital, enfatizando com isso apenas o parágrafo 15, que propõe o tratamento contábil como receita, adotado no CPC 07 em função das peculiaridades da legislação brasileira, tomando a forma dos parágrafos 15A e 15B.

Além das inserções citadas anteriormente, ocorreram inclusões dos parágrafos 38A a 38C relativos ao tratamento da aplicação de parcela do imposto de renda devido em fundos de investimento regionais e dos parágrafos 38D e 38E relativos a redução ou isenção de tributo em área incentivada.

Esses ajustes ocorreram em razão de isenções e reduções tributárias que, no Brasil, assumem a forma de subvenção governamental em certas circunstâncias, e da característica de perda do benefício tributário se o valor da subvenção não ficar retido em reserva própria, sem destinação como dividendos aos sócios.

Assim, no Brasil com as modificações introduzidas pela Lei nº 11.638/07 e com a convergência às normas internacionais de contabilidade do IASB, todas as subvenções passam a ter de transitar pelo resultado. Mas há diferentes momentos de seu reconhecimento conforme as condições de cada subvenção. E a divulgação passa a ser exigida para as que não sejam para investimento e demais formas de assistência governamental.

Definições que constam do CPC 07 e não do IAS 20 são explicadas a seguir.

Isenção tributária: é a dispensa legal do pagamento de tributo sob quaisquer formas jurídicas (isenção, imunidade etc.). Redução, por sua vez, exclui somente parte do passivo tributário, restando ainda a parcela de imposto a pagar. A redução ou a isenção pode-se processar, eventualmente, por meio de devolução do imposto recolhido mediante determinadas condições.

Empréstimo subsidiado: é aquele em que o credor renuncia ao recebimento total ou parcial do empréstimo e/ou dos juros, mediante o cumprimento de determinadas condições. De maneira geral, é concedido direta ou indiretamente pelo governo, com ou sem a intermediação de um banco; está vinculado a um tributo; e caracteriza-se pela utilização de taxas de juros visivelmente abaixo do mercado e/ou pela postergação parcial ou total do pagamento do referido tributo sem ou com ônus visivelmente abaixo do normalmente praticado pelo mercado. Subsídio em empréstimo é a parcela do empréstimo ou do juro renunciado e a diferença entre o juro ou ônus de mercado e o praticado.

Atualização monetária: é o reconhecimento de ajuste no valor de ativo e passivo da entidade com base em índice de inflação.

Juro: é a remuneração auferida ou incorrida por recurso aplicado ou captado pela entidade.

18.2   Objetivo da norma

Definir a contabilização e a divulgação de subvenções e outras formas de assistência governamental.

A norma é baseada na essência da operação, portanto, a forma como uma subvenção recebida não influencia no método de contabilização a ser adotado, mas as características da subvenção.

O reconhecimento da receita de subvenção governamental no momento de seu recebimento somente é admitido nos casos em que já foram cumpridas as condições necessárias à sua efetivação e em que não há bases de alocação da subvenção ao longo dos períodos beneficiados.

É importante verificar se as condições às subvenções estão sendo cumpridas, porque, caso não estejam, o simples recebimento de uma subvenção não é prova conclusiva para que esta seja contabilizada como tal.

18.3   Visão geral do assunto

A assistência governamental toma muitas formas, variando sua natureza ou condições.

Geralmente, ela pode encorajar a entidade a seguir caminhos nos negócios que normalmente não teriam acontecido se o apoio do Estado não fosse proporcionado.

É importante lembrar que a contabilização deve ter base na essência econômica como orientação da própria teoria contábil.

Um fato significativo para identificar o método de contabilização e de elaboração das demonstrações contábeis é identificar como ocorrerá o recebimento da assistência governamental; com essa informação, a essência será refletida de acordo com a extensão pela qual a entidade se beneficiou de tal assistência.

18.4 Definições

Seguem as definições do pronunciamento:

Governo: refere-se aos governos federal, estadual ou municipal, agências governamentais e órgãos semelhantes, sejam locais, nacionais ou internacionais.

Assistência governamental: é a ação de um governo destinada a fornecer benefício econômico específico a uma entidade ou a um grupo de entidades que atendam a critérios estabelecidos. Não inclui os benefícios proporcionados única e indiretamente por meio de ações que afetam as condições comerciais gerais, tais como o fornecimento de infraestruturas em áreas em desenvolvimento ou a imposição de restrições comerciais sobre concorrentes.

Subvenção governamental: é uma assistência governamental geralmente na forma de contribuição de natureza pecuniária, mas não só restrita a ela, concedida a uma entidade normalmente em troca do cumprimento passado ou futuro de certas condições relacionadas às atividades operacionais da entidade. Não são subvenções governamentais aquelas que não podem ser razoavelmente quantificadas em dinheiro e as transações com o governo que não podem ser distinguidas das transações comerciais normais da entidade.

Subvenções relacionadas a ativos: são subvenções governamentais cuja condição principal para a entidade se qualificar é a de que ela compre, construa ou, de outra forma, adquira ativos de longo prazo. Também podem ser incluídas condições acessórias que restrinjam o tipo ou a localização dos ativos, ou os períodos durante os quais devem ser adquiridos ou mantidos.

Subvenções relacionadas a resultado: são as outras subvenções governamentais que não aquelas relacionadas a ativos.

Isenção tributária: é a dispensa legal do pagamento de tributo sob quaisquer formas jurídicas (isenção, imunidade etc.). Redução, por sua vez, exclui somente parte do passivo tributário, restando ainda a parcela de imposto a pagar. A redução ou a isenção pode-se processar, eventualmente, por meio de devolução do imposto recolhido mediante determinadas condições.

Valor justo: é o valor pelo qual um ativo pode ser negociado ou um passivo liquidado entre partes interessadas, conhecedoras do assunto e independentes entre si, com a ausência de fatores que pressionem para a liquidação da transação ou que caracterizem uma transação compulsória.

18.5 Desenvolvimento

Ativos não monetários, como terrenos e outros, podem ser recebidos na forma de subvenção governamental e devem ser reconhecidos pelo seu valor justo.

18.5.1 Apresentação do balanço patrimonial

São considerados dois métodos:

i. no balanço patrimonial em conta de passivo, como receita diferida, sendo reconhecida como receita em base sistemática e racional durante a vida útil do ativo; ou

ii. deduzindo o valor contábil do ativo relacionado, com a subvenção para se chegar ao valor escriturado líquido do ativo, que pode ser nulo. A subvenção deve ser reconhecida como receita durante a vida do ativo depreciável por meio de crédito à depreciação registrada como despesa no resultado.

É importante verificar que a compra de ativos e o recebimento da subvenção a eles relacionada podem causar movimentos importantes nos fluxos de caixa de uma entidade; assim, as contabilizações devem estar apresentadas de maneira clara para o usuário, e a fim de mostrar o investimento bruto em ativos. Tais movimentos devem ser divulgados como itens separados na demonstração dos fluxos de caixa, independentemente de a subvenção ser ou não deduzida do respectivo ativo na apresentação do balanço patrimonial, pois assim o usuário tem uma ferramenta para entender o fluxo do capital.

18.5.2 Apresentação do resultado

A subvenção deve ser registrada na demonstração do resultado em grupo de contas de acordo com a sua natureza.

Pode ser apresentada de duas maneiras:

i. crédito na demonstração do resultado: pode ser separadamente, sob um título geral como "outras receitas"; para justificativa dessa primeira opção, há o argumento de que não é apropriado compensar os elementos de receita e de despesa e que a separação da subvenção das despesas relacionadas facilita a comparação com outras não afetadas pelo benefício de uma subvenção, ou

ii. dedução da despesa relacionada: argumenta-se que as despesas poderiam não ter sido incorridas pela entidade, caso não houvesse a subvenção, sendo por isso enganosa a apresentação da despesa sem a compensação com a subvenção.

18.5.3 Perda da subvenção governamental

Uma subvenção governamental que tenha que ser devolvida deve ser contabilizada como revisão de estimativa conforme IAS 8 – Políticas Contábeis, Mudança de Estimativa e Retificação de Erro.

Devoluções de subvenção relacionada com o ativo podem requerer reconhecimento de perda de valor do ativo, nos termos norma IAS 36 – Redução ao Valor Recuperável de Ativos.

18.6 Divulgação

É necessário divulgar as seguintes informações:

a) a política contábil adotada para as subvenções governamentais, incluindo os métodos de apresentação adotados nas demonstrações contábeis;
b) a natureza e a extensão das subvenções ou assistências governamentais reconhecidas nas demonstrações contábeis e uma indicação de outras formas de assistência governamental de que a entidade tenha diretamente se beneficiado;
c) condições a serem regularmente satisfeitas e outras contingências.

Considerações finais

Para aplicação deste tema no dia a dia, o essencial, assim como na norma de arrendamento mercantil, é que se entenda a essência da subvenção, por isso a norma não traz modelos e regras de contabilização.

Questões para fixação do aprendizado

1. O fornecimento de infraestruturas por meio da melhoria da rede de transportes e de comunicações gerais e o fornecimento de recursos desenvolvidos, tais como, exemplificativamente, irrigação ou rede de águas que fiquem disponíveis em base contínua e indeterminada para benefício de toda comunidade local, podem ser considerados subvenções governamentais? Justifique.
2. "Certas formas de assistência governamental que não possam ter seu valor razoavelmente atribuído devem ser excluídas da definição de subvenção governamental dada neste pronunciamento, assim como as transações com o governo que não possam ser distinguidas das operações comerciais normais da entidade." A afirmação é verdadeira ou falsa?
3. Cite exemplos de assistência que não podem, de maneira razoável, ter valor atribuído.
4. Qual é o foco desta norma?
5. O que são subvenções governamentais?
6. Como devem ser tratadas subvenções contabilizadas que não se materializaram?
7. Defina assistência governamental.
8. Houve necessidade de adaptação da norma à realidade nacional? Por quê?
9. Como as subvenções devem aparecer na demonstração de resultado?
10. Como deve ser tratada uma subvenção que tenha sido devolvida?

 **Referências**

CPC 07 (R1) – SUBVENÇÃO E ASSISTÊNCIA GOVERNAMENTAIS.

IFRS – CONSOLIDATED WITHOUT EARLY APPLICATION – Official pronouncements applicable on 1 January 2012. IAS 20 – Accounting for Government Grants and Disclosure of Government Assistance.

MANUAL OF ACCOUNTING IFRS 2012. PricewaterhouseCoopers. Disponível em: <http://www.pwc.com/ifrs>. Acesso em: 5 jul. 2013.

IAS 21
Os Efeitos das Mudanças de Taxas de Câmbio – CPC 02 (R1)

19.1 Introdução

Essa norma está plenamente convergida entre CPCs e IFRs.

Antes de estudar o tema, deve-se obter uma demonstração com nota explicativa sobre a conversão, facilitando assim, o acompanhamento e a compreensão.

Para o entendimento dos 3 passos descritos a seguir, sempre que se começar a confundir as etapas, deve-se parar e pensar quantas são, constituindo processos que devem estar bem-definidos e ser aplicados separadamente.

19.2 Objetivo da norma

Uma entidade pode manter atividades em moeda estrangeira de duas formas:

  i. realizando transações em moedas estrangeiras; ou
 ii. mantendo operações no exterior.

A entidade pode também apresentar suas demonstrações contábeis em moeda estrangeira.

O objetivo desta norma é orientar acerca de:

  i. como incluir transações em moeda estrangeira e operações no exterior nas demonstrações contábeis da entidade; e
 ii. como converter demonstrações contábeis para moeda de apresentação.

Os principais pontos envolvem:

i. quais taxas de câmbio devem ser utilizadas; e
ii. como reportar os efeitos das mudanças nas taxas de câmbio nas demonstrações contábeis.

19.3 Visão geral do assunto

O capítulo apresenta informação contábil envolvendo diferentes moedas. Traz definições importantes como: moeda funcional; moeda estrangeira; taxa de fechamento; grupo econômico; e moeda de apresentação. Para o cálculo dos impactos da expressão da informação contábil em outras moedas, trabalha, ainda, conceitos como atores primários; secundários; e adcionais.

19.4 Definições

Os seguintes termos são usados:

Taxa de fechamento: é a taxa de câmbio à vista vigente ao término do período de reporte.

Variação cambial: é a diferença resultante da conversão de um número específico de unidades em uma moeda para outra, a diferentes taxas cambiais.

Taxa de câmbio: é a relação de troca entre duas moedas.

Valor justo: é o valor pelo qual um ativo pode ser trocado, ou um passivo liquidado, entre partes interessadas, conhecedoras do negócio e independentes entre si, com a ausência de fatores que pressionem para a liquidação da transação ou que caracterizem uma transação compulsória.

Moeda estrangeira: é qualquer moeda diferente da moeda funcional da entidade.

Entidade no exterior: pode ser controlada, coligada, empreendimento controlado em conjunto ou filial, sucursal ou agência de uma entidade que reporta informação, por meio da qual são desenvolvidas atividades que estão baseadas ou são conduzidas em um país ou em moeda diferente daqueles da entidade que reporta a informação.

Moeda funcional: é a moeda do ambiente econômico principal no qual a entidade opera.

Grupo econômico: é uma entidade controladora e todas as suas controladas.

Itens monetários: são unidades de moeda mantidas em caixa e ativos e passivos a serem recebidos ou pagos em um número fixo ou determinado de unidades de moeda.

Investimento líquido em entidade no exterior: é o montante que representa o interesse (participação na maior parte das vezes) da entidade que reporta a informação nos ativos líquidos dessa entidade.

Moeda de apresentação: é a moeda na qual as demonstrações contábeis são apresentadas.

Taxa de câmbio à vista: normalmente utilizada para liquidação imediata das operações de câmbio; no Brasil, a taxa a ser utilizada é a divulgada pelo Banco Central do Brasil.

19.5 Desenvolvimento

19.5.1 Moeda funcional

Não faz parte do objetivo final desse pronunciamento a decisão sobre a moeda funcional, mas é um dos passos mais importantes para que a conversão das demonstrações seja efetuada.

Para analisar a moeda funcional, há uma hierarquia a ser considerada na análise: fatores primários e fatores secundários.

Fatores primários

a) vendas e entradas de caixa: a moeda que mais influencia os preços de venda de bens e serviços geralmente é na qual estes estão expressos e são liquidados, e também a moeda do país cujas forças competitivas e regulações mais influenciam na determinação dos preços de venda para seus bens e serviços;

b) despesas e saídas de caixa: a moeda que mais influencia fatores como mão de obra, matéria-prima e outros custos para o fornecimento de bens ou serviços geralmente é a moeda na qual tais custos estão expressos e são liquidados.

Fatores secundários

a) atividades de financiamento: a moeda por meio da qual são originados recursos das atividades de financiamento. Por exemplo, a emissão de títulos de dívida ou ações;

b) retenção da receita operacional: a moeda por meio da qual os recursos gerados pelas atividades operacionais são geralmente acumulados.

É importante enfatizar que os fatores primários são hierarquicamente superiores aos secundários, o que significa que, pela consideração dos fatores primários, se isto já estiver resolvido, não há necessidade da utilização dos secundários.

Caso não se resolva tampouco pelos secundários, a norma lembra que quando não se consegue determinar a moeda pelos fatores primários e secundários, entra o julgamento da administração, mas é importante perceber que este somente é permitido se os fatores descritos anteriormente foram analisados e não levaram a uma decisão. No caso da decisão pelo julgamento da administração, a formalização sobre os caminhos para a decisão é fundamental, e a moeda funcional estabelecida a partir da decisão não pode ser mudada a cada ano. No caso de troca, somente com justificativa de mudanças no ambiente econômico da empresa.

Fatores adicionais devem ser considerados na determinação da moeda funcional de entidade no exterior, cujo foco é avaliar se esta é a mesma daquela utilizada pela entidade que reporta a informação, a qual possui uma entidade no exterior por meio de controlada, filial, sucursal, agência, coligada ou empreendimento controlado em conjunto. Lembre-se sempre de que o foco é determinar se essa entidade é independente da que controla, e por isso deve ter sua moeda funcional analisada independentemente da entidade que reporta outras:

a) se as atividades da entidade no exterior são executadas como extensão da que reporta a informação e não nos moldes em que lhe é conferido um grau significativo de autonomia. Em outras palavras, se essa entidade na essência não tem nenhuma independência, tampouco autonomia. Um exemplo para ilustrar a primeira figura é quando a entidade no exterior somente vende bens que são importados da que reporta a informação e remete para esta o resultado obtido. Um exemplo para ilustrar a segunda figura é quando a entidade no exterior acumula caixa e outros itens monetários, incorre em despesas, gera receita e angaria empréstimos, tudo em sua moeda local, de forma substancial;

b) se as transações com a entidade que reporta a informação ocorrem em uma proporção alta ou baixa das atividades da entidade no exterior;

c) se os fluxos de caixa advindos das atividades da entidade no exterior afetam diretamente os da que reporta a informação e estão prontamente disponíveis para remessa a esta;

d) se os fluxos de caixa advindos das atividades da entidade no exterior são suficientes para pagamento de juros e demais compromissos, existentes e esperados, normalmente presentes em título de dívida, sem que seja necessário que a entidade que reporta a informação disponibilize recursos para servir a tal propósito.

Enfatiza-se então que a moeda funcional da entidade reflete as transações, os eventos e as condições subjacentes que são relevantes para ela. Uma vez determinada, a moeda funcional não deve ser alterada a menos que tenha ocorrido mudança nas transações, nos eventos e nas condições subjacentes.

Seguem cinco exemplos de situações práticas na definição da moeda funcional, retirados do Navegador contábil PwC:[1]

Exemplo 1 – Moeda funcional de uma empresa importadora

Histórico

A Empresa A, uma companhia brasileira operando na área de fornecimento de gás para clientes residenciais, comerciais e industriais, tem contrato de aquisição de gás da Empresa B, com base em outro contrato internacional, fixado em dólar. A empresa de gás cobra de seus consumidores uma tarifa fixa, com existência de um preço máximo em real determinado pela Agência Reguladora de Gás. Anualmente, a Empresa A está autorizada a repassar a diferença do dólar para o real nas tarifas futuras.

Resposta

A moeda funcional da empresa é o real. Analisando os indicadores primários, observa-se que as vendas e entradas de caixa indicam que o real é a moeda predominante.

---

[1] Fonte: exemplos: navegador contábil PwC, edição 14, disponível em: <http://www.pwc.com.br/pt/ifrs-brasil/navegador-contabil/edicoes-anteriores.jhtml>. Acesso em: 6 jun. 2013.

Já no caso de despesas e saídas de caixa, é o dólar. Entretanto, não se pode esquecer do conceito principal de moeda funcional, que é a moeda do ambiente econômico primário em que a empresa opera. O fato é que a empresa, em uma situação de estresse de câmbio, deverá ter suas vendas reduzidas e, é provável, que alguns de seus clientes reduzam o consumo ou busquem fontes de energia alternativa. Além disso, a legislação brasileira, não somente no que diz respeito a aspectos de modicidade tarifária, mas também de legislação fiscal, reforça a importância do ambiente econômico brasileiro nas operações da Empresa A.

Exemplo 2 – Moeda funcional de uma empresa exportadora

Histórico

A Empresa A é uma empresa brasileira que explora uma mina de minério de ferro no Brasil. A produção é quase toda exportada e os preços estão fixados em dólar. A exportação é feita 80% para países asiáticos, principalmente para a China, e os outros 20% são exportados para a Europa (zona do euro). A determinação do preço de minério de ferro é fortemente influenciada pela China, de longe o maior consumidor desse produto. Os custos de produção são incorridos 100% no Brasil.

Resposta

Em geral, a moeda funcional da Empresa A é o real. Analisando os indicadores primários, observa-se que as vendas e entradas de caixa mostram que o ambiente econômico primário poderia ser indicado como o mercado chinês e, nesse caso, o yuan (ou renminbi) seria a moeda predominante. Observe que o dólar é uma moeda de referência e não representa um "ambiente econômico". Mais de 90% das exportações brasileiras são denominadas em dólar, mas o importante é saber o destino dessas exportações. Continuando, observa-se que uma parcela das vendas é feita para a Europa (moeda euro) e outra, para vários países asiáticos, que não a China, e, dessa forma, é possível alegar que há um razoável *mix* de moedas.

Por outro lado, do ponto de vista dos custos, 100% é incorrido no Brasil, e o real é a moeda predominante, além de as políticas fiscal e cambial brasileira terem influência direta sobre a rentabilidade da Empresa A, inclusive com retenção de caixa no país.

Alguém poderia alegar que esses últimos fatores, que demonstram predominância do real, não são relevantes o suficiente para indicar o ambiente econômico primário e, assim, poderia afirmar que há um *mix* de moedas influenciando os chamados indicadores primários. Essa conclusão poderia levar a administração a passar à análise dos indicadores secundários. Entretanto, para que a predominância do real, descrita anteriormente, fosse diminuída, a margem do resultado operacional da Empresa A teria de ser suficientemente alta para que os custos e saídas de caixa fossem considerados como marginais, com uma importância menor na determinação da moeda funcional.

Exemplo 3 – Mudança de moeda funcional por mudanças de circunstâncias

Histórico

A Empresa T, há dez anos, monta aparelhos celulares em uma região incentivada aqui no Brasil. Uma parcela significativa das peças utilizadas era importada dos Estados Unidos e mais da metade da produção sempre foi exportada para aquele mercado. O mercado brasileiro tinha pouca predominância, tanto no que se refere ao custo quanto nas vendas. Considerando fatos e circunstâncias, a administração na ocasião determinou que a moeda funcional da companhia fosse o dólar. Desde 2008 muitos fornecedores da Empresa T se instalaram na mesma região em que ela está e, com isso, houve uma nacionalização das peças, de tal forma que 85% passaram a ser fabricadas no Brasil. Além disso, o mercado brasileiro começou a responder por 80% das vendas. A administração está avaliando se a moeda funcional (dólar) continua a fazer sentido.

Resposta

Há claramente uma mudança de circunstâncias e é provável que em algum momento, depois de 2008, a moeda funcional da Empresa T passou a ser o real. Como se trata de mudança de circunstâncias que levou à troca de moeda funcional, ela deve ser contabilizada prospectivamente.

Exemplo 4 – Empresa que é a tesouraria central de um grupo

Histórico

A Empresa A, uma multinacional brasileira, tem o real como moeda funcional e estabeleceu uma tesouraria central (Empresa TC) na Suíça. A Empresa TC toma empréstimos em dólar, no mercado externo, com suporte da Empresa A e repassa os para as diversas empresas do grupo, também em dólar. As empresas que recebem o repasse estão localizadas em diversos países e têm como moeda funcional a respectiva moeda local. Por outro lado, como parte de suas operações de administração de caixa, a Empresa TC recebe as disponibilidades de todas as empresas do Grupo e as aplica no mercado em títulos do governo norte-americano. A Empresa TC também administra riscos de moeda estrangeira e de taxa de juros das diversas corporações do grupo por meio de contratação de instrumentos derivativos com essas empresas e, quando necessário, com terceiros.

A Empresa TC presta serviços financeiros para instituições do grupo e, em troca, cobra honorários e taxas das empresas. Ela tem suas receitas pela prestação de serviços em diversas moedas.

Resposta

Como a Empresa TC tem suas receitas em diferentes moedas, o indicador de "receita de vendas e entrada de caixa" provavelmente não identificará uma moeda que seja relevante por si só para ser considerada como moeda funcional da empresa. Dificilmente haverá evidência de que a economia da Suíça possa ter influência significativa na determinação dos honorários recebidos das demais empresas do grupo. Do ponto de vista de despesas e saídas de caixa, mesmo que todos os gastos administrativos sejam incorridos e liquidados em francos suíços, o indicador de despesas e saídas de caixa provavelmente tem pouca relevância no volume das operações e objetivo da Empresa TC. Em resumo, os indicadores primários não são suficientes para que se possa concluir. Dessa forma, avaliam-se os indicadores secundários.

Estes indicam que o dólar ou o real possam ser a moeda funcional, uma vez que a Empresa TC toma seus recursos em dólar, mas via casa matriz, no Brasil. A retenção de caixa, considerando que ela recebe suas receitas de diferentes empresas do grupo em diversas moedas, também não parece ser um indicador relevante. Em resumo, também os indicadores secundários não são suficientes para concluir sobre a moeda funcional.

Nesse caso, a análise dos indicadores adicionais é necessária para ajudar a concluir sobre a moeda funcional da entidade. Do ponto de vista de autonomia, parece que a Empresa TC foi estabelecida e opera como um braço da Empresa A. O volume de transações com as empresas do grupo é muito grande e os fluxos de caixa da Empresa TC, de certa forma, impacta os fluxos de caixa da Empresa A de maneira frequente. É difícil dizer que uma moeda claramente predomina sobre as demais. A conclusão em geral é mista, com alguma tendência ao real, que é a moeda funcional da casa matriz ou o dólar, que, pela não predominância de outra moeda, é a em que a tesouraria capta os recursos. Até mesmo o franco suíço poderia ser considerado, dependendo da importância que o ambiente econômico da Suíça possa ter sobre as atividades da empresa. Em resumo, este é o típico caso que o julgamento da administração será necessário na determinação da moeda funcional.

Exemplo 5 – Moeda funcional diferente para fins locais (individual) e para fins de reporte para o grupo

Histórico

A Empresa A é uma subsidiária de uma empresa alemã. Ela vinha reportando seus formulários-padrão em IFRS para sua casa matriz com moeda funcional que é o dólar. Com a emissão do CPC 02, a administração fez uma análise criteriosa dos indicadores primários e concluiu que sua moeda funcional é o real. Essa empresa pode ter uma moeda funcional para fins de reporte e outra para fins locais?

Resposta

Não, uma empresa só pode ter uma moeda funcional, que é a moeda do ambiente econômico primário em que uma empresa atua. Esta é a mesma para fins locais e de grupo. Considerando-se que a moeda funcional é o real, a administração deve avaliar se houve uma mudança de circunstâncias ou uma avaliação inadequada no passado e ajustar prospectiva ou retrospectivamente, dependendo da situação.

19.5.2 Moeda funcional em economia hiperinflacionária

Se a moeda funcional é a de economia hiperinflacionária, as demonstrações contábeis da entidade devem ser reelaboradas nos moldes do Pronunciamento IAS 29 – Contabilidade e Evidenciação em Economia Altamente Inflacionária (pelo método da correção integral enquanto não emitido esse pronunciamento). Não trataremos neste livro, pois não estamos inseridos em uma economia hiperinflacionária, e, portanto, é um assunto a ser estudado à parte para os que necessitam de mais informações.

Passos para a conversão das demonstrações contábeis.

1. definição da moeda funcional;
2. reconhecimento da variação cambial;
3. conversão das demonstrações contábeis para apresentação em uma outra moeda que não seja a funcional.

Já vimos como definir a moeda funcional, veremos a seguir o que é variação cambial e como devemos reconhecê-la.

19.5.3 Reconhecimento da variação cambial

A partir da definição da moeda funcional, sabe-se que qualquer transação que não seja na moeda funcional deve ser reconhecida como transação em moeda estrangeira e, portanto, reconhece-se variação cambial.

Esta deve ser reconhecida contabilmente, no momento inicial, mediante a aplicação da taxa de câmbio à vista entre a moeda funcional e a estrangeira, na data da ocorrência da transação, para que se obtenha o montante convertido para a moeda estrangeira.

Exemplo:

Empresa localizada no Brasil.
Moeda da economia brasileira: real
Moeda Funcional analisada para o exemplo: dólar

Em nosso exemplo, embora seja muito raro, a moeda funcional da empresa não é a do país onde está inserida, portanto, a empresa está localizada no Brasil, mas a essência de sua operações é em dólar.

Para essa empresa do exemplo, os empregados são pagos em moeda local, em reais.

Logo, todas as contas a pagar a funcionários gerariam variação cambial em reais, pois embora localizada no Brasil, essa empresa do exemplo tem moeda funcional em dólar e outras moedas de transação que não sejam esta devem gerar variação cambial.

19.5.4 Reconhecimento inicial da variação cambial

Depois de conhecer a moeda funcional, deve-se ter em mente quais contas são monetárias e não monetárias, pois esses dois grupos têm reconhecimento diferente para a variação cambial.

Definição	Mensuração	Reconhecimento inicial	Apresentação ao término dos períodos subsequentes
Monetário	Custo corrente	Converte-se pela taxa de câmbio referente à data definida contabilmente para o reconhecimento, ocorrência.	Converte-se, usando-se a taxa de câmbio de fechamento das demonstrações contábeis.
Não monetário	Custo histórico	Converte-se pela taxa de câmbio referente à data definida contabilmente para o reconhecimento, ocorrência.	Mantem-se o custo histórico obtido em moeda estrangeira na data inicial da transação.

19.5.5 Reconhecimento posterior da variação cambial

Itens monetários originados de transações em moeda estrangeira: a variação cambial surge na mudança da taxa de câmbio entre a data da transação e a da liquidação. Quando a transação é liquidada dentro do mesmo período contábil (mas em data diferente, claro) em que foi originada, toda a variação cambial deve ser reconhecida nesse mesmo período. Entretanto, quando a transação é liquidada em período contábil subsequente, a variação cambial reconhecida em cada período, até a data de liquidação, deve ser determinada pela mudança nas taxas de câmbio ocorrida durante cada um. Devido ao corte na data das demonstrações contábeis, deve-se ter reconhecida a variação cambial por competência.

Itens não monetários: reconhecem-se ganho e perda da variação cambial na conta de mesma natureza do reconhecimento do ganho e da perda da transação, portanto, se na transação registou-se em conta específica de outros resultados abrangentes, qualquer variação cambial atribuída a esse componente de ganho ou perda deve ser também reconhecida em conta específica de outros resultados abrangentes. Por outro lado, quando um ganho ou uma perda sobre item não monetário forem reconhecidos na demonstração do resultado do período, qualquer variação cambial atribuída a isso deve ser também reconhecida na demonstração do resultado do período.

19.5.6 Moeda de apresentação diferente da funcional

Para ilustrar, podemos citar um exemplo:

- empresa localizada no Brasil;
- moeda funcional: reais;
- apresenta demonstrações na bolsa de Nova York.

Essa empresa deve mandar suas demonstrações apresentadas em dólar. Isso significa que em algum momento as demonstrações contábeis devem ser convertidas de real para dólar.

Note a diferença entre moeda funcional e conversão para apresentação. Naquela, as transações são originalmente registradas e movimentadas na moeda funcional. Já a conversão pode ser vista como uma "tradução", uma transformação estanque no tempo, para que se possa ler as demonstrações em outra moeda, para uma simples apresentação, uma conversão pontual na data de apresentação.

Um exemplo dado pela norma é quando um grupo econômico, composto por entidades individuais com diferentes moedas funcionais, os resultados e a posição financeira de cada entidade devem ser expressos na moeda comum a todas elas, para que as demonstrações contábeis consolidadas possam ser apresentadas.

19.6 Divulgação

Antes de citar a divulgação obrigatória, é importante lembrar que os itens sobre moeda funcional são referentes à moeda da controladora.

Divulgar:

- montante das variações cambiais reconhecidas na demonstração do resultado, com exceção daquelas originadas de instrumentos financeiros mensurados ao valor justo por meio do resultado, de acordo com a norma Instrumentos Financeiros;
- variações cambiais líquidas reconhecidas em outros resultados abrangentes e registradas em conta específica do patrimônio líquido, e a conciliação do montante de tais variações cambiais, no início e no fim do período;
- para moeda de apresentação das demonstrações contábeis diferente da moeda funcional, esta é a razão para a utilização de moeda de apresentação diferente;
- alteração da moeda funcional da entidade que reporta a informação ou de entidade no exterior significativa, junto à razão para a alteração na moeda funcional;
- qualquer informação adicional, como moedas diferentes da de apresentação, devem, lembrando-se sempre de que a divulgação visa demonstrar ao leitor qualquer fato qualitativo e quantitativo que seja importante para sua tomada de decisão.

 Considerações finais

Este assunto não é difícil, porém trata-se de uma matéria que confunde pelos passos a serem seguidos até que se tenha uma demonstração convertida e apresentada em outra moeda que não a funcional.

É necessário sempre ter em mente os seguintes passos:

1. definição da moeda funcional;
2. a partir da moeda funcional, conversão e reconhecimento das variações cambiais;
3. caso necessário, conversão e apresentação das demonstrações em outra moeda que não a funcional.

Lembre-se sempre de que a possibilidade de uma empresa com moeda funcional diferente daquela moeda da economia em que ela atua é de difícil ocorrência e justificativa. Portanto, quando ocorrer um caso de uma empresa brasileira, produzindo aqui, e que a moeda funcional for outra que não o real, é importante atentar para a explicação dada nas notas explicativas.

Questões para fixação do aprendizado

1. Copie a definição de economia hiperinflacionária do IAS 29. Uma boa fonte é a tradução do IFRS emitida pelo Ibracon.
2. Quando várias taxas de câmbio estiverem disponíveis, qual deverá ser utilizada para conversão e para reconhecimento da variação cambial?
3. A taxa média para o período pode ser normalmente utilizada para converter itens de receita e despesa? Há alguma ressalva para tal?
4. Defina moeda funcional.
5. Defina moeda estrangeira.
6. Defina moeda de apresentação.
7. Defina taxa de câmbio.
8. Defina conversão da moeda funcional para a moeda de apresentação.
9. Como deve ser tratada a variação cambial nos itens monetários?
10. Como deve ser tratada a variação cambial nos itens não monetários?

Referências

CPC 02 (R1) – EFEITOS DAS MUDANÇAS NAS TAXAS DE CÂMBIO E CONVERSÃO DE DEMONSTRAÇÕES CONTÁBEIS.

IFRS – CONSOLIDATED WITHOUT EARLY APPLICATION – Official pronouncements applicable on 1 January 2012. IAS 21 – The Effects of Changes in Foreign Exchange Rates.

MANUAL OF ACCOUNTING IFRS 2012. PricewaterhouseCoopers. Disponível em: <http://www.pwc.com/ifrs>. Acesso em: 5 jul. 2013.

NAVEGADOR CONTÁBIL PwC. Edição 14. Disponível em: <http://www.pwc.com.br/pt/ifrs-brasil/navegador-contabil/edicoes-anteriores.jhtml>. Acesso em: 5 jul. 2013.

IAS 23
Custos de Empréstimos – CPC 20 (R1)

20.1 Introdução

Esta norma, IAS 23, trata da questão da informação contábil sobre custos de empréstimos. Deve ser notado que a norma local, CPC 20, não tem diferenças para o IAS 23, a norma internacional.

Antes de começar a ler, deve-se ter em mente que custos de empréstimos são despesas de juros de todas as formas de financiamentos, inclusive mútuos, e outros custos que a entidade incorre com foco adquirir, construir ou produzir ativo qualificável.

20.2 Objetivo da norma

Atribuição dos custos de empréstimos diretamente ligados a aquisição, construção ou produção de um ativo qualificável. Outros custos de empréstimos devem ser reconhecidos como despesa.

20.3 Visão geral do assunto

A norma trata do custo de recursos obtidos especificamente com o propósito de aquisição de um ativo qualificável também definido, a identificação direta facilita a contabilização, pois os recursos e as taxas foram diretamente focados para aquele ativo.

A norma traz conceitos de fácil entendimento. Podem ocorrer dificuldades na aplicação, no entanto, quando a identificação do ativo com o financiamento não for direta. Nessas situações, passa-se por cálculos e até mesmo julgamento para identificar a relação entre empréstimos específicos e um ativo qualificável e determinar assim os empréstimos que poderiam ter sido evitados, e as taxas relacionadas.

20.4 Definições

Custos de empréstimos: são juros e outros custos que a entidade incorre em conexão com o empréstimo de recursos.

Ativo qualificável: é um ativo que, necessariamente, demanda um período de tempo substancial para ficar pronto para seu uso ou venda pretendidos.

Podem ser considerados ativos qualificáveis:

a) estoques;
b) plantas industriais para manufatura;
c) usinas de geração de energia;
d) ativos intangíveis;
e) propriedades para investimentos.

Quanto a ativos, não são considerados qualificáveis:

i. ativos financeiros e estoques que são manufaturados, ou de outro modo produzidos, por curto período; e
ii. ativos que estão prontos para seu uso ou venda pretendidos quando adquiridos não são ativos qualificáveis.

Custos de empréstimos incluem:

- encargos financeiros calculados com base no método da taxa efetiva de juros como descrito;
- encargos financeiros relativos aos arrendamentos mercantis financeiros; e
- variações cambiais decorrentes de empréstimos em moeda estrangeira, na extensão em que elas sejam consideradas como ajuste, para mais ou para menos, do custo dos juros

20.5 Desenvolvimento

20.5.1 Reconhecimento

Capitalizar os custos de empréstimos é adicionar ao do ativo os custos dos empréstimos que são diretamente atribuíveis à aquisição, construção ou produção de ativo qualificável.

Os outros custos de empréstimos, não qualificáveis para capitalização, devem ser contabilizados como despesa no período em que são incorridos.

Para que se reconheçam os custos de empréstimos que são diretamente atribuíveis à aquisição, construção ou produção de ativo qualificável, devem ser capitalizados como parte do custo do ativo quando for provável que:

i. resultarão em benefícios econômicos futuros para a entidade; e
ii. tais custos possam ser mensurados com confiabilidade.

20.5.2 Custos de empréstimos elegíveis à capitalização

Aqueles que seriam evitados se os gastos com o ativo qualificável não tivessem sido feitos. Quando a entidade toma emprestados recursos especificamente com o propósito de obter um ativo qualificável particular, os custos do empréstimo que são diretamente atribuíveis a este podem ser prontamente identificados.

Receitas financeiras relacionadas com empréstimos qualificáveis para capitalização

A empresa pode obter o recurso financeiro no começo do projeto antes que parte ou todos os recursos sejam utilizados para gastos com o ativo qualificável. Nesses casos, geralmente os recursos são investidos até que se incorra em gastos com o ativo qualificável. Em relação ao montante de custos de empréstimos elegíveis à capitalização durante o período, quaisquer receitas financeiras ganhas sobre tais recursos devem ser deduzidas dos custos dos empréstimos incorridos.

Recursos tomados sem destinação específica e utilizados para obtenção de ativos qualificáveis

À medida que a entidade toma recursos emprestados sem destinação específica e os utiliza com o propósito de obter um ativo qualificável, a dúvida é qual dos empréstimos da entidade se destina à obtenção do ativo e, portanto, qual a taxa envolvida. Para tal, determina-se o montante dos custos dos empréstimos elegíveis à capitalização, aplicando uma taxa aos gastos com o ativo. A taxa de capitalização deve ser a média ponderada dos custos dos empréstimos aplicáveis aos financiamentos da entidade que estiveram vigentes durante o período. É importante verificar que os empréstimos aqui citados não sejam os feitos especificamente com o propósito de obter um ativo qualificável. Assim, obviamente, o montante dos custos de empréstimos que a entidade capitaliza durante um período não deve exceder o incorrido durante esse período.

20.5.3 Inicio da capitalização

A capitalização dos custos de empréstimos deve iniciar como parte do custo de um ativo qualificável na data de início, que é a primeira data em que a entidade satisfaz todas as seguintes condições:

a) incorre em gastos com o ativo;
b) incorre em custos de empréstimos; e
c) inicia as atividades que são necessárias ao preparo do ativo para seu uso ou venda pretendidos.

As atividades necessárias ao preparo do ativo para seu uso ou venda pretendidos incluem trabalho técnico e administrativo anterior ao início da construção física, tais como atividades associadas à obtenção de permissões para o início da construção física.

Importante perceber que, quando nenhuma produção ou desenvolvimento que altere as condições do ativo estiverem sendo efetuados, não devem ser considerado como atividade para manter o ativo. Assim, custos de empréstimos incorridos enquanto, por exemplo, um terreno adquirido para fins de construção for mantido sem nenhuma atividade de preparação associada não se qualificam para capitalização.

20.5.4 Cessação da capitalização

Deve-se cessar a capitalização dos custos de empréstimos quando substancialmente todas as atividades necessárias ao preparo do ativo qualificável para seu uso ou venda pretendidos estiverem concluídas.

É importante entender-se o termo "substancialmente". Dessa forma, pode-se considerar que a construção física de um ativo é normalmente o marco para se dizer que está pronto para seu uso ou venda, mesmo que o trabalho administrativo de rotina possa ainda continuar. Assim, modificações menores, tal como a decoração da propriedade sob especificações do comprador ou do usuário, resumem-se a tudo o que está faltando, isto é, indicador de que substancialmente todas as atividades estão completas.

20.6 Divulgação

Divulgar:

a) o total de custos de empréstimos capitalizados durante o período; e
b) a taxa de capitalização utilizada na determinação do montante dos custos de empréstimos elegíveis à capitalização.

 Considerações finais

Para que essa norma seja aplicada em sua totalidade, a área financeira da empresa deve manter o controle dos empréstimos em detalhe, pois é ela que suprirá a contabilidade de informações e, no caso de sistemas integrados, o sistema para que os números de custos de empréstimos sejam contabilizados em contas corretas, e não só diretamente ao resultado. A área contábil deve estar preparada para revisar os números referentes à capitalização de empréstimos, para ter segurança de que os custos ligados a ativos estejam sendo contabilizados em conta correta.

Outro ponto a ser acompanhado e observado é que as receitas de aplicações atreladas aos empréstimos em caixa, que estão aguardando para serem utilizados, devem ser capitalizadas reduzindo os custos, e não estão ligadas ao resultado como receita financeira.

Assim, o ponto forte para que a contabilização dessa norma ocorra dentro das regras é que os controles internos ligados a ela sejam efetivos.

Questões para fixação do aprendizado

1. Dê exemplos de gastos com ativo qualificável.
2. Gastos com ativo qualificável são reduzidos por meio de qualquer recebimento intermediário e subvenção recebida relacionada ao ativo. Esta frase é verdadeira ou falsa? Justifique.
3. Quando os custos de capitalização podem ser suspensos e não se qualificam para capitalização?
4. Uma entidade utiliza recursos emprestados sem destinação específica para financiar seus ativos qualificáveis. Por outro lado, os recursos de caixa da própria empresa são suficientes para financiar os ativos qualificáveis. A gerência pode afirmar que o fluxo de caixa é usado para financiar o capital de giro e outras operações que não o financiamento de ativos qualificáveis e, com isso, não capitalizar juros? Dica para resolução: parágrafos 3, 14 e 18.
5. Quais são os itens de interesse para a divulgação dos custos com empréstimos?
6. Quais são os ativos qualificáveis?
7. Defina "capitalizar os custos do empréstimo".
8. Quais custos são passíveis de capitalização?
9. Como devem ser tratados os custos de empréstimos não elegíveis para a capitalização?
10. Cite alguns exemplos de ativos não qualificáveis para o tratamento dos custos de empréstimos abordado na norma.

Referências

CPC 20 (R1) – CUSTOS DE EMPRÉSTIMOS.

IFRS – CONSOLIDATED WITHOUT EARLY APPLICATION – Official pronouncements applicable on 1 January 2012. IAS 23 – Borrowing Costs.

MANUAL OF ACCOUNTING IFRS 2012. PricewaterhouseCoopers. Disponível em: <http://www.pwc.com/ifrs>. Acesso em: 6 jul. 2013.

IAS 24
Divulgação sobre Partes Relacionadas – CPC 05 (R1)

21.1 Introdução

Esta norma foi escrita com o objetivo de assegurar que as demonstrações contábeis de uma entidade contenham as divulgações necessárias para evidenciar a possibilidade de que sua posição financeira e seu resultado tenham sido afetados pela existência de partes relacionadas e por transações e saldos existentes com tais partes. As transações com partes relacionadas tendem a ter condições diferenciadas das ocorridas no curso normal do negócio. Portanto, os usuários das demonstrações contábeis têm o direito de saber quando ocorrerem e qual as diferenças nos termos de negócios.

O CPC 05 é harmônico ao IAS, somente com alguns pontos de diferença com a versão do IASB:

- o item 22A:

  Para quaisquer transações entre partes relacionadas, faz-se necessária a divulgação das condições em que as mesmas transações foram efetuadas. Transações atípicas com partes relacionadas após o encerramento do exercício ou período também devem ser divulgadas.

- o Exemplo 7, item EI27, do "anexo exemplos ilustrativos", que acompanha, mas não é parte integrante da norma.

21.2 Objetivo da norma

O objetivo da norma é assegurar que as demonstrações contábeis de uma entidade contenham as divulgações necessárias para evidenciar a possibilidade de que sua posição financeira e seu resultado possam ter sido afetados pela existência de partes relacionadas e por transações e saldos existentes com tais partes.

A norma cerca o assunto com o foco de garantir que a essência das transações com partes relacionadas sejam divulgadas.

21.3   Visão geral do assunto

Partes relacionadas é um assunto de trato difícil, pois se trata na essência de informação qualitativa, o que dificulta estabelecer padrões muitos rígidos de divulgação. Devido isso e ao risco envolvido naturalmente pelo assunto, o IASB dedicou-se a desenvolver essa norma.

Conhecer a norma, ser crítico e independente quanto ao assunto e na preparação da informação, é primordial para que as divulgações estejam bem-feitas.

21.4   Definições/Desenvolvimento

Parte relacionada: é a pessoa ou a entidade relacionada com a corporação que está elaborando suas demonstrações contábeis (neste Pronunciamento Técnico, tratada como "entidade que reporta a informação"):

a) uma pessoa, ou um membro próximo de sua família, está relacionado com a entidade que reporta a informação se:
   i. tiver o controle pleno ou compartilhado da entidade que reporta a informação;
   ii. tiver influência significativa sobre a entidade que reporta a informação; ou
   iii. for membro do pessoal-chave da administração da corporação ou da controladora da entidade que reporta a informação.
b) uma entidade está relacionada com a corporação que reporta a informação se qualquer das condições abaixo for observada:
   i. a entidade e a que reporta a informação são membros do mesmo grupo econômico (o que significa dizer que a controladora e cada controlada são inter-relacionadas, bem como as entidades sob controle comum);
   ii. a entidade é coligada ou controlada em conjunto (*joint venture*) de outra entidade (ou coligada ou controlada em conjunto de entidade membro de grupo econômico do qual a outra entidade é membro);
   iii. ambas as entidades estão sob *joint venture* de uma terceira entidade;
   iv. uma entidade está sob *joint venture* de uma terceira e a outra entidade for coligada desta;
   v. a entidade é um plano de benefício pós-emprego cujos beneficiários são os empregados de ambas as entidades, a que reporta a informação e a que está relacionada com esta. Se a entidade que reporta a informação for um plano de benefício pós-emprego, os empregados que contribuem com ela serão também considerados partes relacionadas com a entidade que reporta a informação;

   vi.   a entidade é controlada, de modo pleno ou sob controle conjunto, por uma pessoa identificada na letra (a);

  vii. uma pessoa identificada na letra (a) (i) tem influência significativa sobre a entidade, ou é membro do pessoal-chave da administração da entidade (ou de controladora da entidade).

Transação com parte relacionada: é a transferência de recursos, serviços ou obrigações entre uma entidade que reporta a informação e uma parte relacionada, independentemente de ser cobrado um preço em contrapartida.

Membros próximos da família de uma pessoa: são aqueles membros da família dos quais se pode esperar que exerçam influência ou sejam influenciados pela pessoa nos negócios destas com a entidade e incluem:

a) os filhos da pessoa, cônjuge ou companheiro(a);

b) os filhos do cônjuge da pessoa ou de companheiro(a); e

c) dependentes da pessoa, de seu cônjuge ou companheiro(a).

Remuneração: inclui todos os benefícios a empregados e administradores (conforme definido na norma de Benefícios a Empregados, inclusive os benefícios dentro do alcance da norma de Pagamento Baseado em Ações). Os benefícios a empregados são todas as formas de contrapartida paga, a pagar, ou proporcionada pela entidade, ou em nome dela, em troca de serviços que lhes são prestados. Também inclui a contrapartida paga em nome da controladora da entidade em relação à corporação. A remuneração inclui:

a) benefícios de curto prazo a empregados e administradores, como ordenados, salários e contribuições para a seguridade social, licença remunerada e auxílio--doença pago, participação nos lucros e bônus (se pagáveis dentro do período de doze meses após o encerramento do exercício social) e benefícios não monetários (tais como assistência médica, habitação, automóveis e bens ou serviços gratuitos ou subsidiados) para os atuais empregados e administradores;

b) benefícios pós-emprego, como pensões, outros benefícios de aposentadoria, seguro de vida pós-emprego e assistência médica pós-emprego;

c) outros benefícios de longo prazo, incluindo licença por anos de serviço ou licenças sabáticas, jubileu ou outros benefícios por anos de serviço, benefícios de invalidez de longo prazo e, se não forem pagáveis na totalidade no período de doze meses após o encerramento do exercício social, participação nos lucros, bônus e remunerações diferidas;

d) benefícios de rescisão de contrato de trabalho; e

e) remuneração baseada em ações.

Controle: é o poder de direcionar as políticas financeiras e operacionais de uma entidade de forma a obter benefícios das suas atividades.

Controle conjunto: é a partilha do controle sobre uma atividade econômica acordada contratualmente.

Pessoal-chave da administração: são as pessoas que têm autoridade e responsabilidade pelo planejamento, direção e controle das atividades da entidade, direta ou indiretamente, incluindo qualquer administrador (executivo ou outro) dela.

Influência significativa: é o poder de participar nas decisões financeiras e operacionais de uma entidade, mas que não caracterize o controle sobre essas políticas. Influência significativa pode ser obtida por meio de participação societária, disposições estatutárias ou acordo de acionistas.

Estado: refere-se ao governo no seu sentido lato, agências de governo e organizações similares, sejam elas municipais, estaduais, federais, nacionais ou internacionais.

Entidade relacionada com o Estado: é a entidade controlada, de modo pleno ou em conjunto, ou sofre influência significativa do Estado.

Ao considerar cada um dos possíveis relacionamentos com partes envolvidas, a atenção deve ser direcionada para a essência deste e não meramente para sua forma legal.

No contexto da norma, **não são** partes relacionadas:

a) duas entidades simplesmente por terem administrador ou outro membro do pessoal-chave da administração em comum, ou porque este exerce influência significativa sobre a outra entidade;

b) dois investidores simplesmente por compartilharem o controle conjunto sobre um empreendimento *joint venture*;
   i. entidades que proporcionam financiamentos;
   ii. sindicatos;
   iii. entidades prestadoras de serviços públicos; e
   iv. departamentos e agências de Estado que não controlam, de modo pleno ou em conjunto, ou exercem influência significativa sobre a entidade que reporta a informação, simplesmente em virtude dos seus negócios normais com ela (mesmo que possam afetar a liberdade de ação da entidade ou participar no seu processo de tomada de decisões);

c) cliente, fornecedor, franqueador, concessionário, distribuidor ou agente geral com quem a entidade mantém volume significativo de negócios, meramente em razão da resultante dependência econômica.

Na definição de parte relacionada, uma coligada inclui controladas dessa coligada e uma entidade sob *joint venture* inclui controladas de entidade sob *joint venture*. Portanto, por exemplo, a controlada de uma coligada e o investidor que exercem influência significativa sobre a coligada são partes relacionadas umas com as outras.

É importante notar que relacionamentos com partes relacionadas estão presentes no dia a dia dos negócios; não se trata de exceção e sim de regra.

A norma cita como exemplo as entidades que realizam frequentemente parte das suas atividades por meio de controladas, empreendimentos *joint ventures* e coligadas.

Verifique que nessas circunstâncias a entidade tem a capacidade de afetar as políticas financeiras e operacionais da investida por meio de controle pleno, compartilhado ou influência significativa.

Deve-se notar que relacionamento com partes relacionadas pode ter efeito na demonstração do resultado e no balanço patrimonial da entidade. Essas transações podem impactar os números daquela, tendo em vista que podem ter efeitos diferentes do que os de transações com partes não relacionadas.

Nesse sentido, pode ser citado como exemplo venda entre entidades do mesmo grupo, com preços diferenciados por motivos estratégicos.

Assim, faz-se imperativo que se conheça transações, saldos existentes, incluindo compromissos e relacionamentos da entidade com partes relacionadas que possam afetar as avaliações de suas operações por parte dos usuários das demonstrações contábeis, inclusive as avaliações dos riscos e das oportunidades com os quais a entidade se depara.

Lembrando que um bom acompanhamento desse tema deriva de controles internos fortes, pois se trata de informações que não necessariamente estão ligadas diretamente a um relatório contábil. Nesse sentido, seria de grande importância a existência de um funcionário ligado à área contábil que se responsabilize pela manutenção do controle e análise dessas informações. Obviamente, ele deve ser suprido, corretamente e em tempo **hábil**, com informações pelas áreas responsáveis, como vendas, compras, jurídico e RH.

Veja que quase todas as áreas da empresa podem dar origem a relacionamentos com partes relacionadas e, portanto, a fonte de informação é descentralizada, o que dificulta o controle e aumenta o risco de informação errada ou incompleta.

Outro ponto crucial para administração dos riscos em partes relacionadas é que esse tipo de transação tenha regras sobre aprovação e análise interna antes de iniciarem, garantindo assim a validade dessas transações e a entrada oficial para um banco de dados paralelo às informações numéricas.

21.5 Divulgação

Do ponto de vista da divulgação, é de importância que os relacionamentos entre controladora e suas controladas sejam divulgados independentemente de ter havido ou não transações entre essas partes relacionadas. Isso para manter o compromisso de bem informar o usuário.

Nestes sentido, deve-se divulgar:

- nome da sua controladora direta e, se for diferente, da controladora final. Se a controladora direta, tampouco a controladora final, elaborarem demonstrações contábeis consolidadas disponíveis para o público, o nome da controladora do nível seguinte da estrutura societária que proceder à elaboração de ditas demonstrações também deve ser divulgado. É importante que para possibilitar aos usuários de demonstrações contábeis a formação de uma visão acerca dos efeitos dos relacionamentos entre partes relacionadas na entidade, é apropriado divulgá-lo quando existir controle, tendo havido ou não transações entre as partes relacionadas.

- remuneração do pessoal-chave da administração no total e para cada uma das seguintes categorias:
  a) benefícios de curto prazo a empregados e administradores;
  b) benefícios pós-emprego;
  c) outros benefícios de longo prazo;
  d) benefícios de rescisão de contrato de trabalho; e
  e) remuneração baseada em ações.
- transações entre partes relacionadas durante os períodos cobertos pelas demonstrações contábeis: a entidade deve divulgar a natureza do relacionamento entre as partes, assim como as informações sobre as transações e saldos existentes, incluindo compromissos, necessárias para a compreensão dos usuários do potencial efeito desse relacionamento nas demonstrações contábeis. No mínimo, as divulgações devem incluir:
  a) montante das transações;
  b) montante dos saldos existentes, incluindo compromissos, e: (i) seus prazos e condições, incluindo eventuais garantias, e a natureza da contrapartida a ser utilizada na liquidação; e (ii) detalhes de quaisquer garantias dadas ou recebidas;
  c) provisão para créditos de liquidação duvidosa relacionada com o montante dos saldos existentes; e
  d) despesa reconhecida durante o período relacionada a dívidas incobráveis ou de liquidação duvidosa de partes relacionadas.
- As divulgações anteriores devem ser feitas separadamente para cada uma das seguintes categorias:
  a) controladora;
  b) entidades com controle conjunto ou influência significativa sobre a entidade que reporta a informação;
  c) controladas;
  d) coligadas;
  e) empreendimentos *joint ventures* nos quais a entidade invista;
  f) pessoal-chave da administração da entidade ou de sua controladora; e
  g) outras partes relacionadas.

A norma traz exemplos de transações que devem ser divulgadas, se feitas com parte relacionada:

a) compras ou vendas de bens (acabados ou não acabados);
b) compras ou vendas de propriedades e outros ativos;

c) prestação ou recebimento de serviços;

d) arrendamentos;

e) transferências de pesquisa e desenvolvimento;

f) transferências mediante acordos de licença;

g) transferências de natureza financeira (incluindo empréstimos e contribuições para capital em dinheiro ou equivalente);

h) fornecimento de garantias, avais ou fianças;

i) assunção de compromissos para fazer alguma coisa para o caso de um evento particular ocorrer ou não no futuro, incluindo contratos a executar (reconhecidos ou não); e

j) liquidação de passivos em nome da entidade ou pela entidade em nome de parte relacionada:

- a participação de controladora ou controlada em plano de benefícios definidos que compartilha riscos entre entidades de grupo econômico é considerada uma transação entre partes relacionadas segundo norma Benefícios a Empregados;

- para quaisquer transações entre partes relacionadas, faz-se necessária a divulgação das condições em que as mesmas transações foram efetuadas;

- transações atípicas com partes relacionadas após o encerramento do exercício ou período também devem ser divulgadas.

Lembre-se de que as divulgações *de que as transações com partes relacionadas foram realizadas em termos equivalentes aos que prevalecem nas transações com partes independentes* devem ser feitas apenas se esses termos puderem ser efetivamente comprovados.

Considerações finais

Partes relacionadas é uma norma que foca a divulgação, com intuito de suprir os usuários das demonstrações contábeis com informações que lhes possam ser úteis. Entende-se que a necessidade de uma divulgação bem-feita e que respeite a norma é vital.

Para maior compreensão e aprofundamento do assunto, sugerimos a leitura da norma da auditoria ISA 550 (NBC TA 550), que trata a visão de auditoria para partes relacionadas, o que ajudará a ampliar a visão sobre essa matéria e, principalmente, sobre os riscos que a envolvem. Segundo esta norma ISA 550 – Partes relacionadas, parágrafo A18, deve-se notar que os controles podem ser deficientes ou inexistentes por várias razões, como:

- pouca importância dedicada pela administração à identificação e à divulgação de relacionamentos e transações com partes relacionadas;

- falta de apropriada supervisão geral dos responsáveis pela governança;

- desconsideração intencional por tais controles porque as divulgações de partes relacionadas podem revelar informações que a administração considera sensíveis, por exemplo, a existência de transações envolvendo parentes de pessoas da administração;
- entendimento insuficiente por parte da administração das exigências para partes relacionadas da estrutura de relatório financeiro aplicável;
- ausência de exigências de divulgação sob a estrutura de relatório financeiro aplicável.

Questões para fixação do aprendizado

1. O item 13 da norma refere-se à controladora do nível seguinte da estrutura societária. Procure a definição deste nível seguinte, que é dada no meio da própria norma, e replique a seguir a definição.
2. Conforme a ISA 550 (NBC TA 550) – Normas de auditoria, durante a auditoria, o auditor pode inspecionar registros ou documentos que possam fornecer informações sobre relacionamentos e transações com partes relacionadas. Cite exemplos dados nessa norma.
3. Segundo a ISA 550 (NBC TA 550): "Transação em condições normais de mercado é a transação conduzida em termos e condições como aqueles entre um comprador voluntário e um vendedor voluntário, que não são relacionados e estão agindo de maneira mutuamente independente e buscando os seus melhores interesses." Comente a importância desta definição, quando analisamos a norma IAS 24.
4. Quais são as fontes de informações sobre transações com partes relacionadas?
5. Quais itens devem ser divulgados no contexto desta norma?
6. Deve ser feita divulgação em separado para coligadas, controladas e controladora?
7. No caso de não existência de transações entre partes relacionadas no período, deve ser feita divulgação da existência de partes relacionadas?
8. A existência de um membro comum de administração em duas entidades caracteriza a existência de partes relacionadas? Justifique.
9. Defina controle. Quando se pode dizer que uma entidade controla outra?
10. Defina "partes relacionadas".

 ## Referências

CPC 05 (R1) – PARTES RELACIONADAS.

IFRS – CONSOLIDATED WITHOUT EARLY APPLICATION – Official pronouncements applicable on 1 January 2012. IAS 24 – Related Party Disclosures.

ISA 550/NBC TA 550 – PARTES RELACIONADAS. A norma em português pode ser encontrada no site do CFC: <http://www.cfc.org.br/uparq/NBCTA550.pdf>. Acesso em: 6 jul. 2013.

MANUAL OF ACCOUNTING IFRS 2012. PricewaterhouseCoopers. Disponível em: <http://www.pwc.com/ifrs>. Acesso em: 6 jul. 2013.

IAS 28
Investimento em Coligada e em Empreendimento
Controlado em Conjunto – CPC 18 (R2)

22.1 Introdução

O IAS 28 trata de investimento, quando existe o que se denomina influência significativa, contabilização que difere da consolidação como visto em capítulo anterior.

O IAS 28 está praticamente harmonizado com o CPC 18, porém dois pontos devem ser destacados:

- para o CPC 18, a defasagem máxima permitida nas demonstrações contábeis da coligada, empreendimento controlado em conjunto e em controlada é de 2 (dois) meses, enquanto o IASB permitiu defasagem máxima de 3 (três) meses. O assunto constou dos CPC 18 e 36, bem como do pronunciamento para pequenas e médias empresas; essa diferença foi pautada na Lei nº 6.404/76, artigo número 248;
- o IASB não trata de demonstrações individuais, já o CPC 18 define e orienta em parágrafos específicos sobre essas demonstrações;
- o título do CPC 18 trata o termo "Controlada Investimento em Coligada, em Controlada e em Empreendimento Controlado em Conjunto", termo necessário no Brasil devido à previsão, contida na legislação societária brasileira, de que nas demonstrações individuais o investimento em controladas seja avaliado pelo método de equivalência patrimonial.

22.2 Objetivo da norma

Essa norma tem por objetivo estabelecer a contabilização de investimentos em coligadas e em controladas e definir os requisitos para a aplicação do método da equivalência patrimonial quando da contabilização de investimentos em coligadas, em controladas e em empreendimentos controlados em conjunto (*joint ventures*).

Deve ser aplicado por todas as entidades que sejam investidoras com o controle individual ou conjunto de investida ou com influência significativa sobre ela.

22.3 Visão geral do assunto

Investimentos é um tema que complementa o assunto de consolidação. Quando se encara pela primeira vez a contabilização de um grupo grande de empresas, a análise crítica e detalhada das relações de participações faz-se necessária, pois não é uma questão apenas matemática, mas de essência de participações, poder de decisão e influências.

Esse capítulo completa, portanto, o raciocínio para que possamos classificar e tratar as empresas e suas participações.

22.4 Definições

Seguem termos utilizados na norma:

Coligada: é a entidade sobre a qual o investidor tem influência significativa.

Demonstrações consolidadas: são as demonstrações contábeis de um grupo econômico, em que ativos, passivos, patrimônio líquido, receitas, despesas e fluxos de caixa da controladora e de suas controladas são apresentados como se fossem uma única entidade econômica.

Método da equivalência patrimonial: é o método de contabilização por meio do qual o investimento é inicialmente reconhecido pelo custo e, a partir daí, é ajustado para refletir a alteração pós-aquisição na participação do investidor sobre os ativos líquidos da investida. As receitas ou as despesas do investidor incluem sua participação nos lucros ou prejuízos da investida, e os outros resultados abrangentes dele incluem a sua participação nos da investida.

Negócio em conjunto: é um negócio do qual duas ou mais partes têm controle conjunto.

Controle conjunto: é o compartilhamento, contratualmente convencionado, do controle de negócio, que existe somente quando decisões sobre as atividades relevantes exigem o consentimento unânime das partes que compartilham o controle.

Empreendimento joint venture: é um acordo conjunto por meio do qual as partes, que detêm o controle em conjunto do acordo contratual, têm direitos sobre os ativos líquidos desse acordo.

Investidor joint venture: é uma parte de um empreendimento *joint venture* que tem o controle conjunto desse empreendimento.

Influência significativa: é o poder de participar das decisões sobre políticas financeiras e operacionais de uma investida, mas sem que haja o controle individual ou conjunto dessas políticas.

22.5 Desenvolvimento

22.5.1 Influência significativa

Lembre-se de capítulos anteriores que controlada é a entidade na qual a controladora, diretamente ou por meio de outra controlada, tem poder para assegurar, de forma permanente, preponderância em suas deliberações sociais e de eleger a maioria de seus administradores; não está necessariamente ligado ao percentual de participação. O investimento em controlada obriga à elaboração da demonstração consolidada, com as exceções previstas norma IAS 27 – Demonstrações Consolidadas e Separadas.

Enfatiza-se que coligada é a entidade sobre a qual a investidora mantém influência significativa, sem chegar a controlá-la. Influência significativa é existência do poder de participar nas decisões financeiras e operacionais da investida. É presumido que ocorra quando a entidade possui 20%.

> Influência significativa é o poder de participar nas decisões financeiras e operacionais da investida, sem controlar de forma individual ou conjunta essas políticas.

Nos casos de investimentos menores que 20%, se presume não haver influência significativa, a menos que esta seja claramente demonstrada, pois a essência é sempre mais importante que a forma.

Segundo a norma, a existência de influência significativa por investidor geralmente é evidenciada por *uma ou mais* das seguintes formas:

a) representação no conselho de administração ou na diretoria da investida;
b) participação nos processos de elaboração de políticas, inclusive em decisões sobre dividendos e outras distribuições;
c) operações materiais entre o investidor e a investida;
d) intercâmbio de diretores ou gerentes; ou
e) fornecimento de informação técnica essencial.

Para determinação da influencia significativa, deve-se considerar a existência e o efeito dos direitos de voto potencial que forem prontamente exercíveis ou conversíveis.

22.5.2 Método de equivalência e sua aplicação

A entidade com o controle individual ou conjunto (compartilhado), ou com influência significativa sobre uma investida, deve contabilizar esse investimento, utilizando o método da equivalência patrimonial, a menos que o investimento se enquadre nas exceções previstas na norma.

Etapas para a contabilização para o método da equivalência patrimonial:

1. investimento reconhecido inicialmente pelo custo.

2. o valor contábil será aumentado ou diminuído pelo reconhecimento da participação do investidor nos lucros ou prejuízos do período, gerados pela investida após a aquisição;

3. a participação do investidor no lucro ou prejuízo do período da investida deve ser reconhecida no lucro ou prejuízo do período do investidor;

4. as distribuições recebidas da investida reduzem o valor contábil do investimento;

5. ajustes em outros resultados abrangentes causam correções no valor contábil do investimento também, esses são necessários pelo reconhecimento da participação proporcional do investidor nas variações de saldo dos componentes dos outros resultados abrangentes da investida, reconhecidos diretamente em seu patrimônio líquido. Exemplos de variações: (i) reavaliação de ativos imobilizados, quando permitida legalmente; (ii) diferenças de conversão em moeda estrangeira, quando aplicável. A participação do investidor nessas mudanças deve ser reconhecida de forma reflexa, ou seja, em outros resultados abrangentes diretamente no patrimônio líquido, não no seu resultado.

Em relação à participação do investidor nos lucros ou prejuízos da investida e nas mudanças no patrimônio dela, deve ser determinada com base nas participações no controle acionário atual, e não deve refletir o possível exercício ou conversão dos potenciais direitos de voto.

A participação na coligada em empreendimento controlado em conjunto e em controlada deve ser o valor contábil do investimento, avaliado pelo método da equivalência patrimonial, junto de alguma participação de longo prazo que, em essência, constitua parte do investimento líquido total do investidor na coligada.

Quando o investimento em coligada, em empreendimento controlado em conjunto e em controlada tiver prejuízo, haverá participação do investidor nos prejuízos do período dessa investida. Ele deve descontinuar o reconhecimento de sua participação em perdas futuras se igualar ou exceder o saldo contábil de sua participação.

Após reduzir a zero o saldo contábil da participação do investidor, perdas adicionais devem ser consideradas, e um passivo deve ser reconhecido somente na extensão em que o investidor tenha incorrido em obrigações legais ou construtivas (não formalizadas) de fazer pagamentos em nome da coligada. Caso subsequentemente apurar lucros, ele retoma o reconhecimento de sua participação nestes somente após o ponto em que a parte que lhe cabe.

É importante destacar que o prejuízo só é reconhecido pela investidora na extensão em que a investidora se responsabilize, legalmente ou por obrigação não formalizada, em fazer pagamentos a terceiros por conta da coligada.

Os resultados decorrentes de transações de venda de ativos do controlador (incluindo suas controladas) para uma controlada (transações descendentes) e no sentido inverso (transações ascendentes) devem ser totalmente eliminados.

A investida deve elaborar, para utilização por parte do investidor, demonstrações contábeis na mesma data das do investidor, a menos que isso seja impraticável. No entanto, o término do exercício social do investidor pode ser diferente daquele da investida.

Assim, quando as demonstrações contábeis da investida utilizadas para aplicação do método da equivalência patrimonial forem de data diferente daquelas do investidor, ajustes devem ser feitos em decorrência dos efeitos de eventos e transações relevantes que ocorrerem entre aquela data e a das demonstrações contábeis do investidor.

Mesmo com a consideração de ajustes, a norma admite uma defasagem máxima entre as datas de encerramento das demonstrações da investida e do investidor não superior a três meses (para o CPC no Brasil a defasagem é de dois meses). É importante verificar que a duração dos períodos abrangidos nas demonstrações contábeis e qualquer diferença entre as respectivas datas de encerramento devem ser iguais de um período para outro; a data "final" das demonstrações não deve mudar de um exercício para outro, para manter a comparabilidade e consistência.

Para a equivalência, as demonstrações contábeis do investidor devem ser elaboradas utilizando políticas contábeis uniformes para eventos e transações de mesma natureza em circunstâncias semelhantes. Caso não sejam, deve haver uma preparação de demonstrações em mesmas bases contábeis antes do cálculo da equivalência.

22.5.3 Exceções à aplicação do método da equivalência patrimonial

Não se aplica o método da equivalência patrimonial aos investimentos em que detenha o controle individual ou conjunto (compartilhado), ou exerça influência significativa, se a entidade for uma controladora, que, se permitido legalmente, estiver dispensada de elaborar demonstrações consolidadas por seu enquadramento na exceção de alcance do item 4(a) do IFRS 10/CPC 36:

4(a) a controladora pode deixar de apresentar as demonstrações consolidadas somente se satisfizer todas as condições a seguir, além do permitido legalmente:

   i. a controladora é ela própria uma controlada (integral ou parcial) de outra entidade, a qual, em conjunto com os demais proprietários, incluindo aqueles sem direito a voto, foram consultados e não fizeram objeção quanto à não apresentação das demonstrações consolidadas pela controladora;

   ii. seus instrumentos de dívida ou patrimoniais não são negociados publicamente (bolsa de valores nacional ou estrangeira ou mercado de balcão, incluindo mercados locais e regionais);

   iii. ela não tiver arquivado nem estiver em processo de arquivamento de suas demonstrações contábeis junto a uma Comissão de Valores Mobiliários ou outro órgão regulador, visando à distribuição pública de qualquer tipo ou classe de instrumento no mercado de capitais; e

   iv. a controladora final, ou qualquer controladora intermediária da controladora, disponibiliza ao público suas demonstrações consolidadas em conformidade com as normas.

Ou se todos os seguintes itens forem observados:

a) a entidade é controlada (integral ou parcial) de outra entidade, a qual, em conjunto com os demais acionistas ou sócios, incluindo aqueles sem direito a voto, foram informados a respeito e não fizeram objeção quanto à não aplicação do método da equivalência patrimonial;

b) os instrumentos de dívida ou patrimoniais da entidade não são negociados publicamente (bolsas de valores domésticas ou estrangeiras ou mercado de balcão, incluindo mercados locais e regionais);

c) a entidade não arquivou e não está em processo de arquivamento de suas demonstrações contábeis na Comissão de Valores Mobiliários (CVM) ou outro órgão regulador, visando à emissão e/ou distribuição pública de qualquer tipo ou classe de instrumentos no mercado de capitais; e

d) a controladora final ou qualquer controladora intermediária da entidade disponibiliza ao público suas demonstrações contábeis consolidadas, elaboradas em conformidade com os Pronunciamentos, Interpretações e Orientações do CPC.

Deve-se atentar para exceção da mensuração e equivalência para os casos de investimento em coligada e em controlada ou em empreendimento controlado em conjunto que forem mantidos direta ou indiretamente por uma entidade que seja uma organização de capital de risco, com base nas normas relacionadas a instrumentos financeiros.

22.6 Divulgação

O tema de divulgação para (i) controladas; (ii) negócios em conjunto e coligadas; e (iii) entidades estruturadas que não são controladas pela entidade (entidades estruturadas não consolidadas) foi compactado em uma única norma com vigência para o ano de 2013 – Norma de Divulgação de Participações em Outras Entidades IFRS 12/CPC 45 –, com o seguinte objetivo:

a) divulgar julgamentos usados e as premissas significativas consideradas para determinar a natureza de sua participação em outra entidade ou acordo e para determinar o tipo de negócio em conjunto no qual tem participação; e

b) as informações sobre suas participações em:
    i. controladas;
    ii. negócios em conjunto e coligadas; e
    iii. entidades estruturadas que não são controladas pela entidade (entidades estruturadas não consolidadas).

Deve-se consultar o capítulo referente à IFRS 12 desta obra para obtenção de instruções acerca de divulgações.

Considerações finais

O ponto nevrálgico em relação ao tema investimento é, assim como na consolidação, verificar qual a influência do investidor na investida, e dessa forma classificar o investimento. A equivalência patrimonial segue uma lógica cartesiana e fácil de aplicar, caso mantenhamos a mente na essência da operação.

 Questões para fixação do aprendizado

1. Caracterize investimentos.
2. No que diferem as entidades caracterizadas como investimentos daquelas objeto dos procedimentos de consolidação?
3. Qual é o aspecto essencial para se discutir a contabilização como investimento?
4. Caracterize influência significativa.
5. O que são empresas Coligada e em Empreendimento Controlado em Conjunto?
6. Caracterize o método de equivalência patrimonial.
7. Quando se avaliaria um investimento pelo custo?
8. Como deve ser a divulgação de um investimento? Quais são os principais aspectos a serem ressaltados?
9. Nos casos de participação menor do que 20%, é impossível haver influência significativa, segundo a norma. Concorda ou discorda? Comente.
10. Quando a Coligada e Empreendimento Controlado em Conjunto apresentar prejuízo em um período, o investidor terá participação nele. Concorda ou discorda? Comente.

 Referências

CPC 18 (R2) – INVESTIMENTO EM COLIGADA, EM CONTROLADA E EM EMPREENDIMENTO CONTROLADO EM CONJUNTO.

IFRS E-LEARNING – Interactive training modules from Deloitte with practical scenarios, worked examples and questions to test your knowledge. Each module is available to download as a zip file free of charge (registration is required). Disponível em: <http://www.deloitte.com/view/en_GX/global/services/Audit/global-ifrs-offerings-services/ifrs-implementation-services/ifrs-elearning/index.htm>. Acesso em: 6 jul. 2013.

IAS 28 – INVESTMENTS IN ASSOCIATES AND JOINT VENTURES (2011).

IAS 33
Resultado por Ação – CPC 41

23.1 Introdução

Tanto a IAS 33 como CPC 41 têm como objetivo a informação de que a entidade apresenta um valor de lucro por ação baseado no atribuível aos acionistas da controladora e no número médio de ações em circulação durante o período. Além do lucro por ação, também se exige a apresentação do lucro diluído por ação, o qual considera o impacto de ações adicionais a serem emitidas como consequência de dívida conversível, entre outros ajustes.

No item 3A do CPC 41, há o requerimento adicional ao que especifica o IAS 33, estabelecendo que tudo o que se aplicar ao cálculo e à divulgação do resultado por ação ordinária básico e diluído aplica-se, no que couber, ao preferencial básico e diluído, por classe, independentemente de sua classificação como instrumento patrimonial ou de dívida, se essas ações estiverem em negociação ou em processo de negociação em mercados organizados.

Verifica-se que a grande questão entre a norma IAS e o CPC são as particularidades societárias brasileiras. Para o CPC 41, montou-se um apêndice A2 que refaz o pronunciamento, considerando as particularidades societárias inerentes à forma de constituição do capital social e a natureza dos instrumentos de dívida existentes no contexto brasileiro.

Nesse contexto brasileiro, destaca-se que a ação preferencial emitida em alguns países tem normalmente características de passivo (no qual são efetivamente classificadas); podendo ter prazo e valor determinados de liquidação (como pode ser o caso da ação resgatável existente no Brasil), com dividendo fixo e sem participação nos resultados remanescentes, mesmo que na forma de reservas. No Brasil, as ações preferenciais têm normalmente direito a dividendo mínimo (ou mesmo fixo), participam dos resultados remanescentes, e são classificadas no patrimônio líquido, inclusive, porque participam do rateio do acervo final da entidade quando de sua liquidação. Assim, as ações preferenciais no Brasil devem ser consideradas, com raras exceções, como ações ordinárias que não têm direito a voto para fins de cálculo do resultado por ação a que se refere o Pronunciamento Técnico CPC 41.

O guia de implementação do CPC 41 em seu Apêndice C, exclusivo para o CPC, exemplifica situações comuns a quase todas as entidades brasileiras na apuração e divulgação do resultado por ação. São cinco exemplos complementares àqueles existentes no IAS 33, que buscam retratar a realidade societária brasileira.

23.2 Objetivo da norma

Esta norma se aplica a entidades listadas em bolsa, em processo de abertura de capital e quaisquer outras que apresentem lucro por ação espontaneamente.

Tem por objetivo estabelecer princípios para a determinação e apresentação do resultado por ação. É importante notar que este é um índice que apoia as comparações de desempenho entre diferentes companhias no mesmo período, bem como para a mesma companhia em períodos diferentes. Com isso, torna-se uma ferramenta efetiva de acompanhamento e análise para o usuário das demonstrações financeiras.

O foco da norma é o denominador do cálculo do resultado por ação.

23.3 Visão geral do assunto

O tratamento do resultado por ação é de grande importância em uma economia capitalista, de mercado. O lucro por ação é, muitas vezes, um componente-chave para a decisão do investidor.

Este tema se torna ainda mais presente numa economia globalizada e hipercompetitiva como é o moderno ambiente de negócios.

23.4 Definições

Antidiluição: é o aumento no lucro por ação ou a redução no prejuízo por ação, em decorrência do pressuposto de que os instrumentos conversíveis sejam convertidos, de que as opções ou os bônus de subscrição sejam exercidos ou de que sejam emitidas ações quando da satisfação das condições especificadas.

Contrato de emissão contingente de ações (ou acordo de ações contingente): é um acordo para emitir ações que estejam dependentes da satisfação de condições especificadas.

Ações emissíveis sob condição (ou ações de emissão contingente): são ações ordinárias emissíveis por pouco ou nenhum dinheiro ou qualquer outra contrapartida após a satisfação das condições especificadas em contrato de emissão contingente de ações.

Diluição: é a redução no lucro por ação ou o aumento no prejuízo por ação resultante do pressuposto de que os instrumentos conversíveis sejam convertidos, as opções ou os bônus de subscrição sejam exercidos ou de que sejam emitidas ações após satisfação das condições especificadas.

Opção, bônus de subscrição e seus equivalentes: são instrumentos financeiros que dão ao titular o direito de adquirir ações.

Ação ordinária: é o instrumento patrimonial que está subordinado a todas as outras classes de instrumentos patrimoniais. Para as sociedades com sede no Brasil, deve ser considerada a definição de ação ordinária dada pela Lei das Sociedades por Ações.

Ação ordinária potencial: é o instrumento financeiro ou outro contrato que dá ao seu titular o direito a ações ordinárias.

Opções put *sobre ações ordinárias*: são contratos que dão ao seu titular o direito de vender ações ordinárias a um preço especificado durante determinado período.

23.5 Desenvolvimento

A norma trata de como calcular o (i) resultado básico por ação e o (ii) resultado diluído por ação.

A apresentação tanto do lucro por ação básico, como do diluído, deve ser efetuada para cada classe de ações ordinárias com direitos diferentes a participação nos lucros do período, com igual importância, para todos os períodos apresentados.

Caso a entidade mostre somente uma demonstração do resultado abrangente, o lucro por ação é registrado nessa demonstração. Se a entidade apresentar uma demonstração do resultado abrangente e uma do resultado separadamente, o lucro por ação é registrado somente na demonstração do resultado.

O lucro por ação é reportado para o resultado atribuível aos acionistas da entidade controladora, para o resultado de operações continuadas atribuíveis aos acionistas da entidade controladora e para quaisquer operações.

A entidade que reportar operação descontinuada deve divulgar os resultados por ação básicos e diluídos relativamente à operação descontinuada, seja na própria demonstração do resultado ou em notas explicativas.

Nas demonstrações financeiras consolidadas, o lucro por ação reflete os atribuíveis aos acionistas da controladora.

Cálculo do Resultado básico por ação

Tem como proporcionar a mensuração da participação de cada ação da companhia no desempenho da entidade durante o período.

Numerador

Lucro após dedução de todas as despesas, incluindo impostos, e após a dedução das participações não controladoras e dos dividendos preferenciais.

Denominador

Média ponderada da quantidade de ações em circulação no período, excluídas as mantidas em tesouraria.

Cálculo do Resultado básico por ação diluído

O foco desse cálculo é consistente com o do resultado básico por ação – fornecer uma medida da participação de cada ação ordinária no desempenho da companhia – e, ao mesmo tempo, refletir os efeitos de todas as ações ordinárias potenciais diluidoras em circulação durante o período.

Numerador

Lucro líquido do período atribuível a ações ordinárias é acrescido do valor dos dividendos após impostos e dos juros registrados no período relacionados a potenciais ações ordinárias diluidoras (como opções, bônus de subscrição, títulos conversíveis e contratos de seguros contingentes) e ajustados por outras eventuais variações do resultado decorrentes da conversão de potenciais ações ordinárias dilutivas.

Denominador

Ajustado para o número de ações que seriam emitidas na conversão de todas as potenciais ações ordinárias diluidoras em ordinárias; e para potenciais ações ordinárias antidiluidoras que são excluídas do cálculo.

Em seu Apêndice B, o IAS 33 traz 12 exemplos ilustrativos que ajudam muito a fixar conceitos e visualizar como ficaria o cálculo de resultados por ação.

O Apêndice C foi adicionado à norma brasileira, CPC 41, e trabalha cinco outros exemplos aplicáveis às peculiaridades locais.

23.6 Divulgação

De acordo com IAS 33, devem-se divulgar:

- os valores usados como numeradores no cálculo dos resultados por ação básicos e diluídos, além da conciliação desses valores com o lucro ou o prejuízo atribuível à companhia para o período em questão. A conciliação deve incluir o efeito individual de cada classe de instrumentos que afeta os resultados por ação;
- o número médio ponderado de ações ordinárias usado como denominador no cálculo dos resultados por ação básicos e diluídos e a conciliação desses denominadores uns com os outros. A conciliação deve incluir o efeito individual de cada classe de instrumentos que afeta o resultado por ação;
- instrumentos (incluindo ações emissíveis sob condição) que poderiam potencialmente diluir os resultados por ação básicos no futuro, mas que não foram incluídos no cálculo do resultado por ação diluído, porque são antidiluidores para os períodos apresentados;
- descrição das transações de ações ordinárias ou das ordinárias potenciais, que não sejam aquelas contabilizadas em conformidade com o item 64; que ocorram após a data do balanço; e que tenham alterado significativamente o número de ações ordinárias ou de ordinárias potenciais totais no fim do período, caso essas transações tivessem ocorrido antes disso.

Considerações finais

Não se trata de um cálculo difícil de efetuar e apresentar, apenas deve-se cuidar das especificidades jurídicas locais em relação às definições dos instrumentos de patrimônio, para que o cálculo seja feito de acordo com sua essência e não somente forma.

Após o primeiro ano em que se monta o cálculo, o cuidado deve ser voltado à atualização de fato, rastreando-se novas operações, não somente atualizando-se valores do ano anterior, o que pode causar erros desnecessários. Portanto, sugere-se que haja um responsável na empresa que seja denominado para efetuar o cálculo e acompanhamento do índice.

Questões para fixação do aprendizado

1. Obtenha uma demonstração financeira que tenha a nota de resultado por ação. Com base nas demonstrações completas, explique as variações de um ano apresentado para outro.
2. Explique o que entendeu na essência sobre a diferença entre resultado básico por ação e diluído.
3. Por que são de importância normas padronizando a apresentação do lucro por ação?
4. Como seria calculado o lucro por ação?
5. Por que o CPC 41 apresenta diferenças do IAS 33?
6. Diferencie resultado básico por ação de resultado diluído por ação.
7. Como é o cálculo do resultado básico por ação?
8. Como é o cálculo do resultado diluído por ação?
9. Explique o significado do termo diluição no contexto do IAS 33.
10. Em relação ao reporte de lucros por ação, como devem ser tratadas as operações descontinuadas de uma empresa?

Referências

CPC 41 – RESULTADO POR AÇÃO.

IFRS – CONSOLIDATED WITHOUT EARLY APPLICATION – Official pronouncements applicable on 1 January 2012. IAS 33 – Earnings per Share.

MANUAL OF ACCOUNTING IFRS 2012. PricewaterhouseCoopers. Disponível em: <http://www.pwc.com/ifrs>. Acesso em: 6 jul. 2013.

24

IAS 36
Redução e Valor Recuperável de Ativo – CPC 01

24.1 Introdução

Este pronunciamento foi desenvolvido com vistas a assegurar que os ativos sejam registrados a seu valor recuperável. Isso significa que os ativos de uma empresa não poderiam ter seus valores representados maiores do que o seu valor econômico para a entidade, seja em seu uso, seja pela sua venda.

Uma questão que surge é a de como medir esse valor econômico, qual conceito de valor usar e como mensurá-lo. Existem muitas escolhas dentre valores de entrada e de saída. Pode-se usar, por exemplo, o valor de compra desse ativo, ou o de um ativo semelhante no mercado. Pode-se, ainda, considerar o valor do ativo como fruto do valor que agregará à empresa ao ser usado por esta. Desse ponto de vista, surgiria do valor de seu fluxo de serviços para a entidade.

Para se saber quanto um ativo vale para uma entidade, deve-se saber, por exemplo, quanto tempo ele será usado, qual o valor dos serviços que prestará para a empresa e por quanto tempo. Além disso, como esse fluxo de benefícios será gerado ao longo de um período, deve-se descontar os valores gerados, considerando-se a data de sua ocorrência e uma taxa de juros que represente a taxa de oportunidade financeira para a empresa para escolha dentre alternativas cronológicas.

Muitas vezes, ainda, não é possível, ou não faz sentido, medir o fluxo de benefícios de um ativo isoladamente. Deve-se então considerar a existência desse grupo de ativos como uma única unidade geradora de resultados e de caixa.

24.2 Objetivo da norma

Em linhas gerais, esse pronunciamento busca assegurar que os ativos estejam registrados ao valor que será obtido no tempo, considerando o período de uso na operação ou, conforme o caso, seu valor de venda.

Esta norma estipula procedimentos para que, comprovando-se que o ativo está registrado por valor maior do que se poderá recuperar, se provisione a diferença e se reduza o valor do ativo ao seu valor efetivamente recuperável pela entidade.

Deve ser notado que esse pronunciamento se aplica a todos os ativos ou conjunto de ativos relevantes relacionados a todas as atividades econômicas.

Alguns negócios, operações ou grupos de ativos, como ativos financeiros e estoques, exigem definições especiais no tocante à aplicação dos procedimentos para ajuste ao valor recuperável. Nesses casos, é interessante a leitura dos capítulos correspondentes.

24.3 Visão geral do assunto

Esta seção trata de como identificar um ativo na situação de desvalorização, e quais exceções devem ser testadas anualmente, independentemente da análise de indicação.

Deve ficar claro que, caso não haja indicação de deterioração do ativo (com exceção para ágio e ativo intangível), não se necessita partir para a etapa de mensuração deles.

No contexto da IAS 36, ativo desvalorizado é aquele cujo valor contábil é maior que o valor que se pode recuperar dele. Podem existir indicações de que um ativo tenha seu valor recuperável deteriorando.

Esses indicadores, muitas vezes, exigirão grande dose de julgamento, por parte do contador. Em alguns casos, por exemplo, pode ser necessário ajustar vida útil remanescente, método de depreciação, amortização e exaustão ou mesmo de valor residual do ativo, sem que nenhuma perda por desvalorização seja reconhecida.

A ideia é a de que esta análise dos indicadores de possível perda deva ser efetuada ao final de cada período de reporte, o que não necessariamente significa o fim do ano fiscal, ou ano societário, mas também as datas de relatórios intermediários, o que implica, dependendo da entidade, testar os indicadores mais de uma vez ao ano.

24.4 Definições

O IAS 36, que trata da redução ao valor recuperável, define alguns conceitos-chave, apresentados aqui com base nas mesmas definições, conforme expostas no corpo do CPC 01/2009.

Mercado ativo: é um mercado no qual todas as seguintes condições existem:

a) os itens transacionados no mercado são homogêneos;

b) vendedores e compradores com disposição para negociar podem ser encontrados a qualquer momento para efetuar a transação; e

c) os preços estão disponíveis para o público.

Valor contábil: é o montante pelo qual o ativo está reconhecido no balanço depois da dedução de toda respectiva depreciação, amortização ou exaustão acumulada e ajuste para perdas.

Unidade geradora de caixa: é o menor grupo identificável de ativos que gera entradas de caixa, entradas estas que são em grande parte independentes de outros ativos ou outros grupos de ativos.

Ativos corporativos: são ativos, exceto ágio por expectativa de rentabilidade futura (*goodwill*), que contribuem, mesmo que indiretamente, para os fluxos de caixa futuros tanto da unidade geradora de caixa sob revisão quanto de outras unidades geradoras de caixa.

Despesas de venda ou de baixa: são despesas incrementais diretamente atribuíveis à venda ou à baixa de um ativo ou de uma unidade geradora de caixa, excluindo as despesas financeiras e de impostos sobre o resultado gerado.

Valor depreciável, amortizável e exaurível: é o custo de um ativo, ou outra base que substitua o custo nas demonstrações contábeis, menos seu valor residual.

Depreciação, amortização e exaustão: é a alocação sistemática do valor depreciável, amortizável e exaurível de ativos durante sua vida útil.

Valor justo líquido de despesa de venda: é o montante a ser obtido pela venda de um ativo ou de unidade geradora de caixa em transações em bases comutativas[1] entre partes conhecedoras e interessadas, menos as despesas estimadas de venda.

Perda por desvalorização: é o montante pelo qual o valor contábil de um ativo ou de unidade geradora de caixa excede seu valor recuperável.

Valor recuperável de um ativo ou de unidade geradora de caixa: é o maior montante entre o seu valor justo líquido de despesa de venda e o seu valor em uso.

Vida útil é:

a) o período durante o qual a entidade espera utilizar um ativo; ou

b) o número de unidades de produção ou de unidades semelhantes que a entidade espera obter do ativo.

Valor em uso: é o valor presente de fluxos de caixa futuros esperados que devem advir de um ativo ou de unidade geradora de caixa.

Valor residual: é o valor estimado que a entidade obteria com a venda do ativo, após deduzir as despesas estimadas de venda, caso o ativo já tivesse a idade e a condição esperadas para o fim de sua vida útil.

---

[1] Transação comutativa – trata-se de uma questão contratual, ou seja, contrato comutativo é aquele no qual as partes sabem seus efeitos futuros. Estabelece proporcionalidade entre os direitos e deveres dos contratantes (conceito compilado de dicionários, para ajudar na compreensão da norma).

24.5 Desenvolvimento

Regularidade e revisão do cálculo para intangíveis com vida útil indefinida, não disponível para uso e ágio por expectativa de rentabilidade futura.

Há três casos em que, independentemente da existência indicativa de recuperabilidade, anualmente se deve testar o ativo quanto à necessidade de ajuste:

- ativo intangível com vida útil indefinida;
- ativo intangível ainda não disponível para uso; e
- ágio pago por expectativa de rentabilidade futura (*goodwill*) em combinação de negócios.

Para um ativo intangível, com vida útil indefinida, ou ainda não disponível para uso, e o *goodwill* o teste para verificação da necessidade de ajuste pela redução do valor recuperável, deve ser realizado pelo menos uma vez ao ano. Um aspecto interessante a ser destacado é o de que tanto o IAS quanto o CPC trazem o conceito de materialidade como de importância para identificação e verificação da necessidade de se estimar o valor recuperável de um ativo.

Caso os cálculos de anos anteriores indiquem que o valor recuperável de um ativo é significativamente maior que seu valor contábil, a entidade não necessita estimar novamente o teste quanto ao valor recuperável do ativo, desde que não tenham ocorrido eventos que eliminariam essa diferença.

O teste de recuperabilidade para os itens citados anteriormente, poderá ser efetuado a qualquer época do ano, desde que no ano seguinte seja feito na mesma época do ano, garantindo assim a consistência contábil do procedimento.

As indicações mínimas listadas no IAS e no CPC, que devem ser consideradas para perda de recuperabilidade, estão elencadas a seguir.

Segundo o pronunciamento CPC 01 e o IAS 36, essa relação não é exaustiva, e entende-se que outras indicações ou fontes de informação podem e devem ser consideradas.

Do ponto de vista de fontes externas de informação, devem ser considerados aspectos como:

i. a diminuição significativa do valor de mercado, maior que o esperado;
ii. a existência de expectativas de que mudanças significativas ocorreram ou ocorrerão em futuro próximo em variáveis como: ambiente tecnológico; mercado; ambientes econômico ou legal; que afetem a operação da entidade ou a utilização do ativo;
iii. existência de expectativas de variação nas taxas de juros de mercado ou outras taxas de retorno sobre investimentos que impactem a taxa de desconto utilizada no cálculo do valor em uso de um ativo, que diminuam materialmente o valor recuperável do ativo; e
iv. a constatação de que o valor contábil do patrimônio líquido da entidade é maior que o de suas ações no mercado.

Do ponto de vista das fontes internas de informação, deveriam ser consideradas variáveis como:

i. a existência evidência de obsolescência ou de dano físico ao ativo;
ii. a constatação de que mudanças significativas, com efeito adverso sobre a entidade, ocorreram durante o período, ou a existência de expectativas de que devam ocorrer em futuro próximo, afetando a utilização do ativo. Essas mudanças podem incluir a necessidade de se descontinuar o uso de um ativo, ou, torná-lo parcialmente ocioso; planos para descontinuidade ou reestruturação da operação à qual o ativo pertence; reavaliação da vida útil do ativo; e
iii. existência de evidência, proveniente de relatório interno, que indique que o desempenho econômico do ativo é ou será inferior ao esperado.

No caso de controladas e de empreendimento controlado em conjunto, existem alguns aspectos em relação aos dividendos que devem ser considerados, para o estudo da necessidade de reconhecimento de perda para o ajuste ao valor recuperável:

i. o valor contábil do investimento nas demonstrações contábeis separadas excede os valores contábeis dos ativos líquidos da investida reconhecidos nas demonstrações consolidadas, incluindo eventual *goodwill*; ou
ii. o dividendo excede o total de lucro abrangente da controlada, empreendimento controlado em conjunto ou coligada no período em que o dividendo é declarado.

Também deveria ser estudada a necessidade de ajuste ao valor recuperável do ativo; casos em que exista evidência proveniente de relatório interno indicando que um ativo pode ter se desvalorizado, incluindo a existência de:

i. fluxos de caixa para aquisição do ativo ou de necessidades de caixa subsequentes para operá-lo ou mantê-lo, que sejam significativamente mais elevadas do que originalmente previsto;
ii. fluxos de caixa líquidos realizados ou lucros ou prejuízos operacionais gerados pelo ativo, que são significativamente piores que aqueles inicialmente previstos;
iii. queda significativa nos fluxos de caixa líquidos previstos ou no lucro operacional, ou aumento significativo no prejuízo previsto, gerados pelo ativo; ou
iv. expectativa de prejuízos operacionais ou saídas de caixa líquidas advindos do ativo, quando a tendência definida pelos números do período atual é projetada para períodos futuros.

Assim, do ponto de vista da essência sobre a forma, existe a necessidade de se contemplar a realidade econômica do valor de um ativo para determinada entidade em função de sua inserção num contexto específico de operação e cenário econômico.

24.6 Mensuração

Quais são as exigências para mensurar um ativo ao valor recuperável, é o que se discutirá a seguir.

Note que somente existe a obrigação de se testar quanto à necessidade de ajuste ao valor recuperável quando este for menor que o valor contábil. Nesse caso, deve-se mensurar o valor justo líquido de despesas e seu valor em uso, considerando-se o valor recuperável de um ativo o maior dentre esses dois valores. Lembrando que, de acordo com o IAS 36, ou o CPC 01, *valor de uso* é o valor presente de fluxos de caixa futuros esperados de um *ativo* ou *unidade geradora de caixa*.

24.6.1 Mensuração sem mercado ativo

Podem ocorrer situações em que não exista um *mercado ativo* para determinado bem. Ser negociado em um *mercado ativo* não é condição primária para que um ativo tenha o valor justo líquido de despesas de venda determinado. Algumas vezes, ainda, não será possível estipular o valor justo líquido de despesas de venda por não haver base para se fazer estimativa confiável do valor a ser obtido pela venda do ativo numa transação em bases comutativas, entre partes conhecedoras e interessadas.

Caso ocorra a situação em que o valor justo não possa ser definido com base numa estimativa confiável, o valor em uso pode ser utilizado como seu valor recuperável.

24.6.2 Mensuração do valor recuperável de um ativo intangível com vida útil indefinida

Como definido antes, independentemente de haver ou não alguma indicação de que possa existir redução ao valor recuperável, um ativo intangível com vida útil indefinida deve ser no mínimo testado anualmente com relação à redução ao valor recuperável, diferentemente do discutido em outros casos.

O IAS 34, CPC 04 no Brasil, requer os mesmos testes de recuperabilidade anuais, reconhecendo e revertendo necessidades de ajustes. A entidade não necessariamente deve fazer o teste detalhado, mas tem a obrigação de rever o cálculo em detalhes para cada um dos períodos intermediários.

Entretanto, o cálculo detalhado do valor recuperável de tal ativo mais recentemente efetuado pode ser utilizado no período corrente para este, desde que os seguintes critérios sejam todos atendidos:

a) o ativo intangível não deve gerar entradas de caixa que sejam, em grande parte, independentes daquelas decorrentes de outros ou de grupo de ativos, sendo ele, portanto, testado para fins de valor recuperável como parte de unidade geradora de caixa à qual pertence; e, ainda, desde que os ativos e passivos componentes dessa unidade não tenham sofrido alteração significativa desde o cálculo mais recente de seu valor recuperável;

b) o cálculo mais recente do valor recuperável tenha resultado em valor que excedeu o valor contábil do ativo com uma margem substancial; e

c) baseado em análise de eventos que ocorreram e em circunstâncias que mudaram desde o cálculo mais recente do valor recuperável, considere-se remota a probabilidade de que a determinação do valor recuperável corrente seja menor que o valor contábil do ativo.

24.6.3 Valor justo líquido de despesa de venda

Conforme definição constante do CPC 01:

valor justo líquido de despesa de venda é o montante a ser obtido pela venda de um ativo ou de unidade geradora de caixa em transações em bases comutativas, entre partes conhecedoras e interessadas, menos as despesas estimadas de venda. (CPC, 2009)

O preço de contrato de venda firme em transação em bases comutativas é a melhor evidência do *valor justo líquido de despesas* de venda de um ativo, desde que sejam partes conhecedoras e interessadas. É importante lembrar que esse preço deve ser ajustado pelas despesas adicionais que seriam diretamente atribuíveis à venda do ativo.

Exemplos de despesas para ajustar esses ativos seriam:

a) despesas legais;
b) tributos; e
c) despesas e gastos diretos com a remoção do ativo e para deixar o ativo em condição de venda.

Lembre-se de que as despesas com demissão de empregados e as associadas à redução ou à reorganização de um negócio em seguida à baixa de um ativo *não são* admitidas como despesas incrementais para baixa do ativo.

Para facilitar o entendimento, são apresentadas a seguir duas situações diferentes:

- operações sem contrato de venda firme, mas com mercado ativo de negociação. Nesse caso, apesar de não existir um contrato de venda firme, existe um mercado ativo que possibilita a obtenção de um preço de venda para ativos semelhantes ao avaliado. Assim, pode-se entender que:

Valor Justo líquido de despesas de venda = preço de mercado do ativo (–) despesas com a baixa

- operações sem contrato de venda firme e sem mercado ativo de negociação. Estes são casos mais difíceis, pois exigirão maior dose de julgamento por parte do contador. Nesses casos, o cálculo do valor justo será feito com o uso da melhor informação disponível:

Valor justo líquido de despesas de venda = melhor informação disponível

A melhor informação disponível é que reflete o valor que a entidade poderia obter, ao término do período de reporte, para a baixa do ativo numa transação em bases comutativas, entre partes conhecedoras e interessadas, após deduzir as despesas com a baixa.

Ao determinar esse valor, a corporação deve considerar o resultado de transações recentes para ativos semelhantes, dentro do mesmo setor industrial. O valor justo líquido de despesas de venda não é o mesmo do de uma venda forçada, a menos que existam sinais de descontinuidade, ou outros fatores que obriguem a administração a vender o ativo imediatamente.

24.7 Divulgação

De acordo com a norma CPC 01, em consonância com o IAS 36, a entidade deveria divulgar as seguintes informações para cada classe de ativos:

   i. montante das perdas por desvalorização reconhecido no resultado do período e a conta da demonstração do resultado na qual essas perdas por desvalorização foram incluídas;

  ii. o montante das reversões de perdas por desvalorização reconhecido no resultado do período e a conta da demonstração do resultado na qual essas reversões foram incluídas;

 iii. o montante de perdas por desvalorização de *ativos reavaliados* reconhecido em *outros resultados abrangentes* durante o período.

Devem também ser geradas informações por classe de ativos e por unidades geradoras de caixa. Uma classe de ativos é um agrupamento de ativos de natureza e uso similares nas operações da entidade.

Caso a entidade deva reportar informações por segmento de acordo com o Pronunciamento Técnico CPC 22 – Informações por Segmento, deve divulgar, por segmento reportado:

a) o montante reconhecido das perdas por desvalorização, durante o período, na demonstração do resultado e na demonstração do resultado abrangente; e

b) o montante de perdas por desvalorização revertidas, durante o período, conforme apresentado na demonstração do resultado e na demonstração do resultado abrangente.

O CPC 01 estipula ainda que a entidade deve divulgar as seguintes informações para cada perda por desvalorização ou reversão material reconhecida durante o período para um ativo individual, inclusive ágio por *goodwill*, ou unidade geradora de caixa:

a) os eventos e as circunstâncias que levaram ao reconhecimento ou à reversão da perda por desvalorização;

b) o montante da perda por desvalorização reconhecida ou revertida;

c) para um ativo individual:
   i. a natureza do ativo; e
   ii. se a entidade reporta informações por segmento de acordo com o Pronunciamento Técnico CPC 22, o segmento a ser reportado ao qual o ativo pertence;
d) para uma unidade geradora de caixa:
   i. uma descrição da unidade geradora de caixa (por exemplo, se é uma linha de produtos, uma planta industrial, uma unidade operacional do negócio, uma área geográfica, ou um segmento);
   ii. o montante da perda por desvalorização reconhecida ou revertida por classe de ativos e, se a entidade reporta informações por segmento nos termos do Pronunciamento Técnico CPC 22, a mesma informação por segmento;
   iii. se o agregado de ativos utilizado para identificar a unidade geradora de caixa tiver mudado desde a estimativa anterior do seu valor recuperável (se houver), uma descrição da maneira atual e anterior de agregar os ativos envolvidos e as razões que justificam a mudança na maneira pela qual é identificada a unidade geradora de caixa;
   iv. se o valor recuperável do ativo (unidade geradora de caixa) é seu valor justo líquido de despesa de venda ou seu valor em uso;
   v. se o valor recuperável for o valor justo líquido de despesas de venda, a base utilizada para determinar o valor justo líquido de despesas de venda (por exemplo, se o valor justo foi determinado tendo como referência um mercado ativo);
   vi. se o valor recuperável for o valor em uso, a taxa de desconto utilizada na estimativa corrente e na estimativa anterior (caso exista) do valor em uso.

Em relação às perdas por desvalorização como um todo e para as reversões de perdas por desvalorização como um todo, reconhecidas durante o período devem ser reportadas as informações:

a) as principais classes de ativos afetadas por perdas por desvalorização e as classes principais de ativos afetadas por reversões de perdas por desvalorização; e
b) os principais eventos e circunstâncias considerados como de importância para o reconhecimento dessas perdas por desvalorização e para a realização de eventuais reversões.

Do ponto de vista das premissas usadas na determinação do valor recuperável, recomenda-se sua divulgação para os ativos tangíveis e unidades geradoras de caixa, sem caráter de obrigação. No entanto, essa divulgação se torna obrigatória, no caso de estimativas utilizadas para mensurar o valor recuperável de uma unidade geradora de caixa, envolvendo a existência de *goodwill* ou o ativo intangível de vida útil indefinida estiver incluído no valor contábil da unidade.

Além disso, a entidade deveria divulgar as informações definidas a seguir para cada unidade geradora de caixa cujo valor contábil do *goodwill* ou dos ativos intangíveis com vida útil indefinida seja significativo:

a) o valor contábil do *goodwill* alocado à unidade (grupo de unidades);

b) o valor contábil dos ativos intangíveis com vida útil indefinida alocado à unidade (grupo de unidades);

c) a base sobre a qual o valor recuperável da unidade (grupo de unidades) tenha sido determinado (por exemplo, valor em uso ou o valor justo líquido de despesas de venda);

d) se o valor recuperável da unidade (grupo de unidades) tiver sido baseado no valor em uso:

    i. descrição de cada premissa-chave sobre a qual a administração tenha baseado suas projeções de fluxo de caixa para o período coberto pelo mais recente orçamento ou previsão. Premissas-chave são aquelas para as quais o valor recuperável da unidade (grupo de unidades) é mais sensível;

    ii. descrição da abordagem utilizada pela administração para determinar o valor sobre o qual estão assentadas as premissas-chave; se esses valores refletem a experiência passada ou, se apropriado, são consistentes com fontes de informação externas, e, caso contrário, como e por que esses valores diferem da experiência passada ou de fontes de informação externas;

    iii. o período sobre o qual a administração projetou os fluxos de caixa, com base em orçamento ou previsões por ela aprovados e, quando um período superior a cinco anos for utilizado para a unidade geradora de caixa (grupo de unidades), uma explicação do motivo por que um período mais longo é justificável;

    iv. a taxa de crescimento utilizada para extrapolar as projeções de fluxo de caixa, além do período coberto pelo mais recente orçamento ou previsão, e a justificativa para utilização de qualquer taxa de crescimento que exceda a taxa média de crescimento de longo prazo para os produtos, segmentos de indústria, ou país ou países no qual a entidade opera, ou

    v. para o mercado para o qual a unidade (grupo de unidades) é direcionada; e

    vi. a taxa de desconto aplicada às projeções de fluxo de caixa;

e) se o valor recuperável da unidade (grupo de unidades) tiver sido baseado no valor justo líquido de despesas de venda, a metodologia é utilizada para determinar o valor justo líquido de despesas de venda. Se o valor justo líquido de despesas de venda não é determinado, utilizando-se um preço de mercado observável para a unidade (grupo de unidades), as seguintes informações também devem ser divulgadas:

f) descrição de cada premissa-chave sobre a qual a administração tenha baseado a determinação do valor justo líquido de despesas de venda.

Premissas-chave são aquelas para as quais o valor recuperável calculado é mais sensível, apresentando maior variação conforme suas modificações.

Assim, deve ser feita uma descrição da abordagem utilizada pela administração para determinar o valor sobre o qual estão assentadas as premissas-chave; se esses valores refletem a experiência passada ou, se apropriado, são consistentes com fontes de informação externas e, caso contrário, como e por que esses valores diferem da experiência passada ou de fontes de informação externas.

 Considerações finais

A ideia básica por trás do ajuste ao valor recuperável é a de que o valor expresso no balanço patrimonial seja mínimo para a entidade. Não existiriam ativos supervalorizados no balanço. Este procedimento passa a exigir do contador uma grande dose de julgamento e as premissas nas quais este se apoia devem ser evidenciadas.

 Questões para fixação do aprendizado

1. O que seria ajuste ao valor recuperável?
2. O que é mercado ativo?
3. Defina valor justo líquido de venda.
4. Pode-se usar o conceito de valor justo onde não exista um mercado ativo?
5. Quais as preocupações com evidenciação seriam pertinentes no caso de um ajuste, considerando o valor recuperável como o de uso?
6. Defina valor de uso.
7. Qual é a periodicidade para os testes quanto à necessidade de ajuste ao valor recuperável?
8. O que deveria ser evidenciado no caso de ativos intangíveis?
9. Defina unidade geradora de caixa.
10. Discorra sobre ajuste ao valor recuperável e a convenção do conservadorismo.

 Referências

CPC 01 (R1) – REDUÇÃO AO VALOR RECUPERÁVEL.

IFRS – CONSOLIDATED WITHOUT EARLY APPLICATION – Official pronouncements applicable on 1 January 2012. IAS 36 – Impairment of Assets.

MANUAL OF ACCOUNTING IFRS 2012. PricewaterhouseCoopers. Disponível em: <http://www.pwc.com/ifrs>. Acesso em: 6 jul. 2013.

IAS 37
Provisões, Passivos Contingentes e Ativos Contingentes – CPC 25

25.1 Introdução

Não há diferenças significativas entre IAS 37 e CPC 25. Antes do CPC 25, às vezes, registravam-se provisões para "obrigações legais" independentemente da probabilidade de eventual liquidação. Provisões para contratos onerosos e obrigações constituídas não eram prática comum.

Para Hendriksen,[1] a definição implica que um passivo deveria ser reportado se for provável que uma obrigação de pagamento ocorra no futuro, com um grau razoável de certeza quanto ao seu montante. Um ativo contingente refletiria preocupação semelhante quanto a possibilidade de um ganho, gerando um bem ou direito.

25.2 Objetivo da norma

Tem como objetivo estabelecer aplicação dos critérios de reconhecimento e bases de mensuração apropriados a provisões e a passivos e ativos contingentes.

Também foca na divulgação da informação nas notas explicativas para permitir que os usuários entendam a sua natureza, oportunidade e valor. O foco na divulgação vem do fato de que esse assunto depende muito do julgamento da administração, passando por subjetividades e, portanto, a informação qualitativa (informações em essência das notas explicativas) é de extrema importância para ajustar a assimetria das informações ao usuário que não tem acesso ao cotidiano da empresa.

A limitação de alcance para esta norma é quando um tipo específico de provisão ou de passivo ou ativo contingente já é tratado de forma específica por outra norma.

---

[1] HENDRIKSEN, E. S. *Accounting theory*. 4th ed. Homewood: Irwin, 1982. p. 422.

Exemplo:

a) contratos de construção (IAS 11/CPC 17);
b) tributos sobre o lucro (IAS 12/CPC 32);
c) arrendamento mercantil (IAS 17/CPC 06). Porém, como esse IAS 17/CPC 06 não contém requisitos específicos para tratar arrendamentos mercantis operacionais onerosos, esta norma se aplica a tais casos;
d) benefícios a empregados (IAS 19/CPC 33);
e) contratos de seguro (IFRS 4/CPC 11). Contudo, esta norma se aplica a provisões e a passivos e ativos contingentes de seguradora que não sejam os resultantes das suas obrigações e direitos contratuais, segundo os contratos de seguro dentro do alcance do IFRS/CPC.

25.3 Visão geral do assunto

Discutiremos a seguir as definições de provisão, as qualificações para ser uma provisão, um passivo contingente e quando deve ser registrado ou constar nas notas explicativas.

O grande foco é assegurar que a provisão faça sentido real em sua essência e de que, embora passe por estimativas, elas está sendo estipulada com as melhores informações disponíveis na época e protegida da tendenciosidade (intencional ou não) da administração.

25.4 Definições

Os seguintes termos são usados na norma:

Provisão: é um passivo de prazo ou de valor incertos.

Passivo: é uma obrigação presente da entidade, derivada de eventos já ocorridos, cuja liquidação se espera que resulte em saída de recursos da entidade capazes de gerar benefícios econômicos.

Evento: que cria obrigação é um evento que gera uma obrigação legal ou não formalizada que faça com que a entidade não tenha nenhuma alternativa realista senão liquidá-la.

Obrigação legal: é uma obrigação que deriva de:

a) contrato (por meio de termos explícitos ou implícitos);
b) legislação; ou
c) outra ação da lei.

Obrigação não formalizada: é uma obrigação que decorre das ações da entidade em que:

a) por via de padrão estabelecido de práticas passadas, de políticas publicadas ou de declaração atual suficientemente específica, a entidade tenha indicado a outras partes que aceitará certas responsabilidades; e

b) em consequência, a entidade cria uma expectativa válida nessas outras partes de que cumprirá com essas responsabilidades.

Passivo contingente é:

a) uma obrigação possível que resulta de eventos passados e cuja existência será confirmada apenas pela ocorrência ou não de um ou mais eventos futuros incertos não totalmente sob controle da entidade; ou
b) uma obrigação presente que resulta de eventos passados, mas que não é reconhecida por que:
   i. não é provável que uma saída de recursos que incorporam benefícios econômicos seja exigida para liquidar a obrigação; ou
   ii. o valor da obrigação não pode ser mensurado com suficiente confiabilidade.

Ativo contingente: é um ativo possível que resulta de eventos passados e cuja existência será confirmada apenas pela ocorrência ou não de um ou mais eventos futuros incertos não totalmente sob controle da entidade.

Contrato oneroso: é um contrato em que os custos inevitáveis de satisfazer as obrigações do contrato excedem os benefícios econômicos que se esperam sejam recebidos ao longo do mesmo contrato.

Reestruturação: é um programa planejado e controlado pela administração e que altera materialmente:

a) o âmbito de um negócio empreendido por entidade; ou
b) a maneira como o negócio é conduzido.

25.5 Desenvolvimento

É importante falar de provisões, esclarecendo a diferenciação entre uma provisão e um passivo contingente. Segue o esclarecimento dos termos:

a) *provisões*: são reconhecidas como passivo (presumindo-se que possa ser feita uma estimativa confiável) porque são obrigações presentes e é provável que uma saída de recursos que incorporem benefícios econômicos seja necessária para liquidar a obrigação; e
b) *passivos contingentes*: não são reconhecidos como passivo porque são:
   i. *obrigações possíveis*, visto que ainda há de ser confirmado se a entidade tem ou não uma obrigação presente que possa conduzir a uma saída de recursos que incorporam benefícios econômicos, ou
   ii. *obrigações* presentes que não satisfazem os critérios de reconhecimento deste Pronunciamento Técnico (porque não é provável que seja necessária uma saída de recursos que incorporem benefícios econômicos para liquidar a obrigação, ou não pode ser feita uma estimativa suficientemente confiável do valor dela).

Reconhecimento Provisão

Os seguintes critérios devem ser preenchidos para que uma provisão seja reconhecida:

i. a entidade tem uma obrigação presente (legal ou não formalizada) como resultado de evento passado;
ii. seja provável que será necessária uma saída de recursos que incorporam benefícios econômicos para liquidar a obrigação; e
iii. possa ser feita uma estimativa confiável do valor da obrigação.

Se essas condições não forem satisfeitas, nenhuma provisão deve ser reconhecida.

Existem situações nas quais, como resultado de eventos passados, pode haver uma saída de recursos envolvendo benefícios econômicos futuros na liquidação de: (a) obrigação presente; ou (b) obrigação possível cuja existência será confirmada apenas pela ocorrência ou não de um ou mais eventos futuros incertos não totalmente sob controle da entidade. Veja a seguir o quadro, contido nos apêndice A da norma, que resume a questão as probabilidades, relacionando com provisões:

Quadro 25.1 Provisão e Passivo Contingente

Há obrigação presente que provavelmente requer uma saída de recursos.	Há obrigação possível ou obrigação presente que pode requerer, mas provavelmente não irá requerer, uma saída de recursos.	Há obrigação possível ou obrigação presente cuja probabilidade de uma saída de recursos é remota.
A provisão é reconhecida (item 14).	Nenhuma provisão é reconhecida (item 27).	Nenhuma provisão é reconhecida (item 27).
Divulgação é exigida para a provisão (itens 84 e 85).	Divulgação é exigida para o passivo contingente (item 86).	Nenhuma divulgação é exigida (item 86).

Assim, para que haja uma provisão deve haver uma obrigação presente e uma provável saída de recursos.

i. *Obrigação presente*
Geralmente, em quase todos os casos, fica claro se um evento passado deu origem a uma obrigação presente.
Um exemplo importante de caso em que essa situação de evidência da origem ocorre é de um processo judicial. Para as situações de processos jurídicos, a determinação de se a obrigação presente existe na data do balanço exige que a administração considere toda a evidência disponível incluindo, por exemplo, a opinião de peritos.
ii. *Saída provável de recursos que incorporam benefícios econômicos*
Para que um passivo se qualifique para reconhecimento, é necessário haver não somente uma obrigação presente, mas também a probabilidade de saída de recursos que incorporam benefícios econômicos para liquidá-la.

25.5.1 Estimativa confiável da obrigação

Mesmo sabendo que a formação de estimativas é envolta por julgamento, seu uso é importante da elaboração de demonstrações contábeis e não prejudica a sua confiabilidade, fazendo parte do cotidiano do contador e da administração. Isso é especialmente verdadeiro no caso de provisões, que pela sua natureza são mais incertas do que a maior parte de outros elementos do balanço.

A utilização de estimativas é tão certa, que para as normas de auditoria internacionais e brasileiras, há uma com foco somente para auditoria de estimativas. Isso porque, ao envolver o julgamento da administração, o risco de erros intencionais ou não aumentam significativamente.

Passivo contingente

Não se reconhece passivo contingente, porém deve ser divulgado, a menos que seja remota a possibilidade de uma saída de recursos que incorporam benefícios econômicos.

Ativo Contingente, não deve ser reconhecido

25.6 Mensuração

Para a mensuração de provisões, é importante atentar para os cinco itens a seguir:

1. Melhor estimativa

   O valor reconhecido como provisão deve ser a melhor estimativa do desembolso exigido para liquidar a obrigação presente na data do balanço.

2. Risco e incerteza

   Os riscos e incertezas que inevitavelmente existem em torno de muitos eventos e circunstâncias devem ser levados em consideração para se alcançar a melhor estimativa da provisão.

3. Valor presente

   Quando o efeito do valor do dinheiro no tempo é material, o valor da provisão deve ser o valor presente dos desembolsos que se espera ser exigidos para liquidar a obrigação.

4. Evento futuro

   Os eventos futuros que possam afetar o valor necessário para liquidar a obrigação devem ser refletidos no valor da provisão quando houver evidência objetiva suficiente de que eles ocorrerão.

5. Alienação esperada de ativo

   Os ganhos na alienação esperada de ativos não devem ser levados em consideração ao mensurar a provisão, mesmo se a alienação esperada estiver intimamente ligada ao evento que dá origem à provisão. Em vez disso, a corporação deve reconhecer ganhos nas alienações esperadas de ativos no momento determinado.

Para a aplicação das regras e reconhecimento, destacam-se três assuntos analisados a seguir:

1. Perda operacional futura
   As perdas operacionais futuras *não devem* ser reconhecidas, pois não satisfazem à definição de passivo e tampouco dos critérios gerais de reconhecimento estabelecidos. Veja que a expectativa de perdas operacionais futuras pode ser um indício de não recuperabilidade de certos ativos da unidade.

2. Contrato oneroso
   Contrato oneroso é como um contrato em que os custos inevitáveis de satisfazer as obrigações do contrato excedem os benefícios econômicos que se espera sejam recebidos ao longo do mesmo contrato.
   Os custos inevitáveis do contrato refletem o menor custo líquido de sair do contrato, e este é determinado com base dos dois itens a seguir o menor:

   a) no custo de cumprir o contrato; ou
   b) no custo de qualquer compensação ou de penalidades provenientes do não cumprimento do contrato.

3. Reestruturação
   No caso de uma obrigação não formalizada para reestruturação surge somente quando a entidade:

   a) tiver um plano formal detalhado para a reestruturação, identificando pelo menos:
      i. o negócio ou parte do negócio em questão;
      ii. os principais locais afetados;
      iii. o local, as funções e o número aproximado de empregados que serão incentivados financeiramente a se demitir;
      iv. os desembolsos que serão efetuados; e
      v. quando o plano será implantado; e
   b) tiver criado expectativa válida naqueles que serão afetados pela reestruturação, seja ao começar a implantação desse plano ou ao anunciar as suas principais características para aqueles afetados por ela.

O ponto-chave no caso de reestruturação é que a administração não tenha mais como voltar atrás nos planos. Caso haja a possibilidade de o plano ser modificado ou cancelado, a provisão não deve ser efetuada.

Outro cuidado com a provisão de reestruturação é que não se envolva custos que tenham relação direta com ela. A norma destaca que deve acontecer simultaneamente:

a) necessariamente ocasionados pela reestruturação; e
b) não associados às atividades em andamento da entidade.

Assim, a mensagem quanto à reestruturação é que só pode ser provisionada quando é praticamente certa e com valores definidos.

No apêndice C desta norma, são apresentados exemplos que merecem ser lidos e analisados, pois são esclarecedores. Seguem os títulos dos exemplos:

Exemplo 1   – Garantia;
Exemplo 2A   – Terreno contaminado – quando é praticamente certo que a legislação será aprovada;
Exemplo 2B   – Terreno contaminado e obrigação não formalizada;
Exemplo 3   – Atividade de extração de petróleo;
Exemplo 4   – Política de reembolso;
Exemplo 5A   – Fechamento de divisão – nenhuma implementação antes do fechamento do balanço;
Exemplo 5B   – Fechamento de divisão – comunicação/implementação antes do fechamento do balanço;
Exemplo 6   – Requerimento legal para a instalação de filtro de fumaça;
Exemplo 7   – Treinamento para atualização de pessoal como resultado de mudança na tributação do imposto de renda;
Exemplo 8   – Contrato oneroso;
Exemplo 9   – Garantia individual;
Exemplo 10A – Caso judicial;
Exemplo 11   – Reparo e manutenção;
Exemplo 11A – Custo de reforma – não há requisito legal;
Exemplo 11B – Custo de reforma – há requisito legal.

25.7 Divulgação

Para cada classe de provisão, a entidade deve divulgar:

a) o valor contábil no início e no fim do período;
b) provisões adicionais feitas no período, incluindo aumentos nas provisões existentes;
c) valores utilizados (ou seja, incorridos e baixados contra a provisão) durante o período;
d) valores não utilizados revertidos durante o período; e
e) o aumento durante o período no valor descontado a valor presente proveniente da passagem do tempo e o efeito de qualquer mudança na taxa de desconto.

Não é exigida informação comparativa.

Ainda no item provisões, a entidade deve difundir, para cada classe:

a) uma breve descrição da natureza da obrigação e o cronograma esperado de quaisquer saídas de benefícios econômicos resultantes;

b) uma indicação das incertezas sobre o valor ou o cronograma dessas saídas. Sempre que necessário, para fornecer informações adequadas, a entidade deve divulgar as principais premissas adotadas em relação a eventos futuros, conforme tratado no item 48; e

c) o valor de qualquer reembolso esperado, declarando o valor de algum ativo que tenha sido reconhecido por conta desse reembolso esperado.

Para cada classe de *passivo contingente* na data do balanço, uma breve descrição da natureza deste é necessária, e, quando praticável, a menos que seja remota a possibilidade de ocorrer qualquer desembolso na liquidação, a entidade deve divulgar,

a) a estimativa do seu efeito financeiro, mensurada conforme os itens 36 a 52;

b) a indicação das incertezas relacionadas ao valor ou momento de ocorrência de qualquer saída; e

c) a possibilidade de qualquer reembolso.

Além do detalhamento sobre a divulgação, a norma traz o Apêndice D com 3 exemplos de divulgação em relação a:

Exemplo 1 – Garantia;
Exemplo 2 – Custo de desmontagem;
Exemplo 3 – Dispensa de divulgação.

 Considerações finais

As provisões por envolver julgamento devem ser muito bem pensadas, analisadas e criticadas pela administração. O ponto crucial é que a tendenciosidade da administração não influencie os números das provisões. Além do julgamento, é importante que se garanta, para as provisões, a comparabilidade por meio da consistência no cálculo.

Portanto, é crucial que os números sejam formalizados, acompanhados e justificados para garantir histórico e controle sobre os números. Memórias de cálculo, datas de recorrência dos cálculos e justificativas para os julgamentos devem fazer parte dessa formalização.

Questões para fixação do aprendizado

1. Qual é a condição para que um evento passado, ou evento passado que conduz a uma obrigação presente, para ser criado?
2. Diferencie provisão de passivo contingente.
3. Resuma a questão do reembolso para provisões.
4. Leia o tópico "mudança provisão", e escreva qual a periodicidade sugerida de reavaliação das provisões?
5. Diferencie passivo contingente e provisão. Quando se faz uma provisão? Quando se está diante de um passivo contingente?
6. O que deve ser divulgado em relação a uma provisão?
7. Quais são as obrigações de divulgação para um passivo contingente?
8. O que deve ser divulgado para um ativo contingente?
9. O que seria um ativo contingente?
10. O que é contrato oneroso?

 Referências

CPC 25 – PROVISÕES, PASSIVOS CONTINGENTES E ATIVOS CONTINGENTES.

HENDRIKSEN, E. S. *Accounting theory*. 4th ed. Homewood: Irwin, 1982.

IFRS – CONSOLIDATED WITHOUT EARLY APPLICATION – Official pronouncements applicable on 1 January 2012. IAS 37 – Provisions, Contingent Liabilities and Contingent Assets.

MANUAL OF ACCOUNTING IFRS 2012. PricewaterhouseCoopers. Disponível em: <http://www.pwc.com/ifrs>. Acesso em: 7 jul. 2013.

IAS 38
Ativos Intangíveis – CPC 04 (R1)

26.1 Introdução

Esta norma aborda os aspectos referentes a identificação, mensuração, contabilização e evidenciação de ativos intangíveis.

Conforme Hendriksen:[1] a contabilização dos ativos intangíveis é uma das áreas mais difíceis da teoria contábil, em parte pelas dificuldades em sua definição, mas, principalmente, em função das incertezas envolvidas na mensuração de seu valor e na estimativa de sua vida útil.

O autor afirma que[2] um ativo intangível é normalmente definido como um ativo de capital que não tem uma existência física, seu valor depende dos direitos que sua posse confere ao seu proprietário. Essas afirmações são confirmadas por Glautier e Underdown,[3] que afirmam não terem os ativos intangíveis qualquer característica física, eles são primordialmente direitos legais e relacionamentos que beneficiariam seus proprietários. Também de acordo com as definições de Hendriksen é a afirmação de que a característica mais importante de ativos intangíveis é o alto grau de incerteza com relação ao seu valor e à existência dos benefícios futuros a serem recebidos. Glautier e Underdown[4] citam como exemplos comuns de ativos intangíveis: patentes; direitos autorais; marcas comerciais; custos de pesquisa e desenvolvimento; e *goodwill*.

---

[1] HENDRIKSEN, S. S. *Accounting theory*; 4th edition. Homewood: Irwin, 1982. p. 399
[2] Ibid., p. 399
[3] GLAUTIER, M. W. E.; UNDERDOWN, B. *Accounting theory and practice*. 7th edition. London: Financial Times/ Prentice Hall, 2001. p. 166.
[4] GLAUTIER; UNDERDOWN, p. 166.

O IAS 38 reconhece que, muitas vezes, as entidades consomem recursos, ou incorrem em passivos na aquisição, desenvolvimento, manutenção ou melhoria de ativos intangíveis, tais como: conhecimentos científicos ou técnicos, concepção e implementação de novos processos ou sistemas, licenças ou concessões, propriedade intelectual, conhecimento comercial ou marcas comerciais (incluindo marcas e direitos de publicação). Em termos dos exemplos abordados na norma são citados: software de computadores, patentes, direitos autorais, filmes, listas de clientes, direitos de serviços de hipotecas, licenças de pesca, cotas de importação, franquias, as relações comerciais com clientes ou fornecedores, fidelidade de clientes, participação no mercado e direitos comerciais.

Deve ser lembrado, contudo, que a caracterização como ativo intangível para efeitos do IAS 38 precisa atender a alguns aspectos. Desse ponto de vista, não se poderia usar mecanicamente, como intangíveis para fins deste pronunciamento os itens descritos no parágrafo anterior; para serem caracterizados como um ativo intangível, para efeito da norma, o mesmo deve ser identificável, ser um recurso controlável e implicar a existência de benefícios econômicos futuros. Se algum elemento dentro do escopo desta norma não atende à definição de ativo intangível, o valor derivado de sua compra ou dos recursos consumidos para gerá-lo internamente pela entidade, deveria ser reconhecido como despesa no período em que for incorrido. No entanto, se o artigo foi adquirido numa combinação de negócios, então, deverá fazer parte do *goodwill* reconhecido na data da aquisição.

É importante notar que a definição de um ativo intangível requer que ele seja identificável, para que possa ser distinguido claramente do *goodwill*.

Em relação ao ágio numa combinação de negócios, este representa um pagamento feito pela adquirente por antecipar benefícios econômicos futuros de ativos que não puderam ser identificados individualmente e reconhecidos separadamente no momento da transação, no contexto do negócio. Esses benefícios econômicos futuros podem resultar da sinergia que ocorre entre os ativos identificáveis adquiridos ou que, individualmente, não sejam elegíveis para reconhecimento nas demonstrações financeiras mas pelos quais o adquirente está disposto a pagar numa combinação de negócios.

Aplicam-se a ativos intangíveis adquiridos em combinações de negócios celebradas em ou após 31 de março de 2004 e prospectivamente a todos os demais ativos intangíveis para períodos iniciados em ou após 31 de março de 2004.

26.2 Objetivo da norma

O objetivo do IAS 38 e do CPC 04 é o de prescrever o tratamento contábil dos ativos intangíveis que não sejam tratados especificamente em outra norma.

Esta norma exige que as entidades reconheçam um ativo intangível se, e apenas se, determinados critérios forem cumpridos. Ela também especifica como determinar o valor contábil dos ativos intangíveis e exige a divulgação de informações detalhadas sobre esses ativos.

26.3 Visão geral do assunto

De acordo com o IAS 38 e o CPC 04 (R1), esta norma se aplica a todos os tipos de ativos intangíveis, exceto nos seguintes casos:

a) ativos intangíveis que sejam abordados em outras normas;

b) ativos financeiros, conforme definido na IAS 32 – Financial Instruments:

c) Apresentação (CPC 39 – Instrumentos Financeiros: apresentação);

d) reconhecimento e valorização de ativos de exploração e avaliação (ver a IFRS 6 – Exploração e Avaliação de Recursos Minerais); e

e) Os dispêndios relacionados com o desenvolvimento e extração de minérios, petróleo, gás natural e recursos não renováveis semelhantes.

No caso em que outra norma tratar da contabilização de uma classe específica de ativo intangível, a entidade a aplicará em vez desta. Por exemplo, esta norma não se aplica a:

a) ativos intangíveis mantidos pela entidade para venda no curso normal de suas atividades (ver IAS 2 – Inventários e IAS 11 – Contratos de Construção, ou CPC 17 – Contratos de Construção);

b) ativos fiscais diferidos (ver a IAS 12 – Impostos sobre o Rendimento, ou CPC 32 – Tributos sobre o Lucro);

c) os arrendamentos para ser incluído no âmbito da IAS 17 – Locações, ou CPC 06 – Operações de Arrendamento Mercantil;

d) os créditos decorrentes dos salários dos empregados (ver a IAS 19 – Benefícios dos Empregados, ou CPC 33 (R1) – Benefícios a Empregados);

e) os ativos financeiros como definido na IAS 32. O reconhecimento e a valorização de certos ativos financeiros podem ser encontrados na IAS 27 – Demonstrações Financeiras Consolidadas e Separadas, a IAS 28 – Investimentos em Associadas e IAS 31 – Interesses em Empreendimentos Conjuntos;

f) o ágio resultante da combinação de negócios (ver a IFRS 3 – Combinações de Negócios, ou CPC 15 (R1) – Combinação de Negócios);

g) custos diferidos com a aquisição, assim como eventuais ativos intangíveis resultantes dos direitos contratuais de uma seguradora em contratos de seguros que estejam dentro do âmbito da IFRS 4 – Contratos de Seguros, que define requisitos de divulgação específicos para os custos de aquisição diferidos, mas não para os ativos intangíveis. Portanto, os requisitos de divulgação desta norma se aplicam aos ativos intangíveis em situações desse tipo.

h) ativos não correntes intangíveis classificados como mantidos para venda (ou incluído num grupo para alienação classificado como com intenção de venda) de acordo com a IFRS 5 – Ativos não correntes mantidos para venda e operações descontinuadas.

Alguns ativos intangíveis podem estar contidos em, ou podem conter, um suporte de natureza ou aparência física, como um *Compact Disc* (no caso de software), documentação legal (no caso de uma licença ou patente) ou filme. Para determinar se um ativo, que inclui tanto tangíveis quanto intangíveis, será tratado segundo a IAS 16 – Ativos, ou como um ativo intangível de acordo esta norma, a entidade deve exercer um julgamento para avaliar qual dos dois elementos tem um peso mais significativo. Por exemplo, o software de um computador não pode funcionar sem um programa específico, é parte integrante do conjunto que será tratado como ativos fixos tangíveis. O mesmo se aplica a um sistema operacional de computador. Quando o software não é parte integrante do conjunto, será tratado como ativo intangível.

Esta norma se aplica, nomeadamente, aos desembolsos para as despesas de publicidade, formação de pessoal, gastos pré-operacionais com o início da atividade e aqueles para pesquisa e desenvolvimento. As atividades de pesquisa e desenvolvimento destinam-se ao desenvolvimento de novos conhecimentos. Assim, embora elas possam resultar num ativo com um suporte físico (por exemplo, um protótipo), a substância material do elemento é de importância secundária em relação ao seu componente imaterial, o qual é composto por conhecimento incorporado no ativo referido. No caso de um contrato de locação, o ativo subjacente pode ser tangível ou intangível. Após o reconhecimento inicial, o arrendatário deve contabilizar um ativo intangível, detido sob a forma de um contrato de locação, conforme disposto nesta norma. Os direitos frutos de acordos de licenciamento para itens como filmes, gravações de vídeo, peças de teatro, manuscritos, patentes e direitos de reprografia são excluídos do âmbito da IAS 17, mas estão dentro do escopo desta norma. Podem ocorrer exclusões do âmbito dessa regra, no caso de certas atividades ou operações que são de tal natureza especializada, que precisarão de tratamento contábil diferente para as questões contábeis que surjam.

Este é o caso da contabilidade para as despesas de exploração, desenvolvimento ou exploração de depósitos minerais de petróleo, gás e indústrias extrativas, bem como de contratos de seguro. Por isso, esta norma não se aplica às despesas efetuadas nestas atividades e contratos. No entanto, ela é aplicável a outros ativos intangíveis utilizados (como software) e outras despesas (como aqueles que correspondem ao início da atividade), em indústrias extrativas ou nas seguradoras.

26.4 Definições

Os termos a seguir são utilizados no CPC 04 (R1) com os significados definidos:

Mercado ativo: é um mercado no qual se verificam simultaneamente todas as seguintes condições:

a) homogeneidade dos itens transacionados;
b) possibilidade de negociação entre compradores e vendedores a todo o momento; e
c) os preços estão disponíveis para o público.

Combinação de negócios: é uma operação ou outro evento por meio da qual a adquirente obtém o controle de um ou mais negócios, independentemente da forma jurídica dela.

A data de aquisição de uma combinação de negócios: é a data em que a adquirente obtém efetivamente o controle sobre a adquirida.

Amortização: é a alocação sistemática do valor amortizável de um ativo intangível ao longo da sua vida util.

Deve ser notado que um ativo é um recurso:

a) controlado pela entidade em função de eventos passados; e
b) espera-se que dele resultem benefícios futuros (resultado econômico) para uma entidade.

Valor contábil: é o valor pelo qual um ativo é reconhecido balanço patrimonial após a dedução da amortização acumulada e da perda por desvalorização.

Custo: é o montante de caixa ou equivalente de caixa pago ou o valor justo de qualquer outra contraprestação dada parágrafo adquirir um ativo na data da sua aquisição ou construção ou, ainda, se para o caso o valor atribuído ao ativo quando inicialmente reconhecido de acordo com as disposições específicas de outro pronunciamento, por exemplo, o Pronunciamento Técnico CPC 10 – Pagamento Baseado in Ações.

Valor amortizável: é o custo de um ativo ou outro valor que substitua o custo, menos o seu valor residual.

Desenvolvimento: é alocação dos resultados da pesquisa ou de outros conhecimentos em um plano ou projeto visando à produção de materiais, dispositivos, produtos, processos, sistemas ou serviços novos ou substancialmente aprimorados, antes do início da sua produção comercial ou do seu uso.

Valor específico (parágrafo a Entidade): é o valor presente dos fluxos de caixa que uma entidade espera (i) obter com o uso contínuo de um ativo e com a alienação ao final da sua vida útil ou (ii) incorrer para a liquidação de um passivo.

Valor justo de um ativo: é o valor pelo qual um ativo pode ser negociado entre partes interessadas, conhecedoras do negócio e independentes entre si, com ausência de fatores que pressionem para a liquidação da transação ou que caracterizem uma transação compulsória.

Perda por desvalorização: é o valor pelo qual o valor contábil de um ativo ou de uma unidade geradora de caixa excede seu valor recuperável (Pronunciamento Técnico CPC 01 – Redução ao Valor Recuperável de Ativos).

Ativo intangível: é um ativo não monetário identificável sem substância física.

Ativo monetário: é aquele representado por dinheiro ou por direitos a serem recebidos em quantia fixa ou determinável de dinheiro.

Pesquisa: é a investigação original e planejada realizada com a expectativa de adquirir novo conhecimento e entendimento científico ou técnico.

Valor residual de um ativo intangível: é o valor estimado que uma entidade obteria com a venda do ativo, após deduzir as despesas estimadas de venda, caso o ativo já tivesse a idade e a condição esperadas para o fim de sua vida útil.

Vida útil é:

a) o período no qual a entidade espera utilizar um ativo; ou
b) o número de unidades de produção ou de unidades semelhantes que a entidade espera obter pela utilização do ativo.

26.5 Desenvolvimento

Um ativo intangível, independentemente se comprado ou de criação própria, deve ser reconhecido se:

a) for provável que os benefícios econômicos futuros atribuíveis ao ativo serão recebidos pela entidade; e
b) o custo do ativo puder ser mensurado com segurança.

Existem critérios adicionais para reconhecimento de ativos intangíveis gerados internamente.

Todos os custos de pesquisa são registrados como despesas quando incorridos.

Os de desenvolvimento são capitalizados apenas quando for confirmada a viabilidade técnica e comercial do produto ou serviço resultante.

Ativos intangíveis, incluindo pesquisas e desenvolvimentos em andamento, adquiridos em uma combinação de negócios, são reconhecidos separadamente do ágio se resultarem de direitos contratuais ou legais, ou puderem ser separados da entidade. Nessas circunstâncias, os critérios de reconhecimento (probabilidade de recebimento de benefícios econômicos futuros e mensuração confiável – ver acima) sempre são considerados satisfeitos.

O ágio gerado internamente, marcas, logotipos, títulos de publicações, lista de clientes, custos do início das operações (exceto se esses gastos estiverem incluídos no custo de um item do imobilizado, de acordo com a IAS 16), custos de treinamento, de propaganda e de transferência das atividades para um novo local nunca são reconhecidos como ativos.

Caso um item intangível não satisfaça nem as definições nem os critérios de reconhecimento para um ativo intangível, os gastos com o item devem ser reconhecidos como despesa quando incorridos, exceto se forem como parte de uma combinação de negócios, caso em que eles serão considerados no montante a ser reconhecido como ágio na data de aquisição.

Uma entidade pode reconhecer como ativo o pagamento antecipado de despesas com publicidade e atividades promocionais. O reconhecimento de um ativo seria permitido até o ponto em que aquela tem direito de acessar os bens comprados ou receber os serviços. O envio de catálogos para pedidos são especificamente identificados como uma forma de atividade promocional e de publicidade.

Para fins de contabilização subsequente à aquisição inicial, os ativos intangíveis são classificados como:

a) de vida útil indefinida: não existe um limite previsível para o período durante o qual o ativo deverá gerar fluxos de caixa líquidos para a entidade. ("indefinido" não significa "infinito"); e

b) de vida útil definida: existe um período limitado de benefício para a entidade. Os ativos intangíveis podem ser contabilizados utilizando o modelo de custo ou o modelo de reavaliação (permitido apenas em casos especiais – ver a seguir). Pelo modelo de custo, os ativos são registrados ao custo menos amortização acumulada e perdas acumuladas por *impairment*.

Caso um ativo intangível tenha um preço de mercado cotado em um mercado ativo (o que é incomum), é permitido optar pelo modelo de reavaliação, de acordo com o qual, o ativo é registrado ao valor reavaliado, que é o valor justo na data de reavaliação menos depreciação e quaisquer perdas no valor recuperável subsequentes.

O custo do ativo intangível com vida útil definida (o valor residual é normalmente zero) é amortizado durante essa vida útil. Os testes de *impairment*, segundo a IAS 36, são exigidos sempre que houver indicação de que o valor contábil excede o valor recuperável do ativo intangível.

Os ativos intangíveis com vida útil indefinida não são amortizados, mas são anualmente testados por *impairment*. Se o valor recuperável for menor que o contábil, a perda por *impairment* deve ser reconhecida. A entidade também deve analisar se o intangível continua a ter uma vida útil indefinida.

No modelo de reavaliação, elas são registradas regularmente. Todos os itens de determinada classe são reavaliados (exceto na ausência de mercado ativo para determinado ativo), cujos acréscimos ocorridos são reconhecidos em outras receitas abrangentes e acumulados no patrimônio líquido. Os decréscimos de reavaliação são primeiro debitados no patrimônio contra a reserva de reavaliação relativa ao ativo específico e qualquer excesso será debitado no resultado. Na alienação ou baixa de um ativo reavaliado, a reserva de reavaliação permanece no patrimônio líquido e não é reclassificada para o resultado;

Normalmente, os gastos subsequentes com um ativo intangível, após sua compra ou finalização, são reconhecidos como despesas. Os critérios de reconhecimento são raramente atendidos.

26.5.1 Reconhecimento e mensuração

O reconhecimento de um item como ativo intangível exige que uma entidade demonstre que o item satisfaz as seguintes condições:

a) a definição de ativo intangível; e
b) os critérios de reconhecimento.

Esses requisitos se aplicam aos gastos incorridos inicialmente para adquirir ou gerar um ativo intangível e também àqueles incorridos posteriormente.

Um ativo é identificável como intangível quando:

a) for separável, isto é, capaz de ser separado ou dividido da entidade e vendido, transferido, licenciado, alugado ou trocado, seja individualmente ou em conjunto com um contrato, ativo ou passivo relacionado; ou
b) resultar de direitos contratuais ou de outros direitos legais, quer esses direitos sejam transferíveis, quer sejam separáveis da entidade ou de outros direitos e obrigações.

Um ativo intangível deve ser reconhecido somente quando:

a) for provável que os benefícios econômicos futuros esperados atribuíveis ao ativo;
b) serão gerados em favor da entidade; e
c) seu custo pode ser mensurado com segurança.

Um ativo intangível deve ser mensurado inicialmente pelo seu custo.
O custo de um ativo intangível adquirido separadamente inclui:

a) seu preço de compra, acrescido de impostos de importação e impostos não recuperáveis sobre a compra, após deduzidos os descontos comerciais e abatimentos; e
b) qualquer custo diretamente atribuível à preparação do ativo para a finalidade proposta.

26.5.1.1 Ativo intangível gerado internamente

O ágio derivado da expectativa de rentabilidade futura (*goodwill*) gerado internamente não deve ser reconhecido como ativo.

Fase de Pesquisa

Nenhum ativo intangível proveniente de pesquisa deve ser reconhecido. O dispêndio com esta deve ser reconhecido como uma despesa quando for incorrido.

Durante a fase de pesquisa de um projeto interno, a entidade não está apta a demonstrar a existência de um ativo intangível que gerará prováveis benefícios econômicos futuros. Portanto, tais gastos devem ser reconhecidos como despesa quando incorridos.

São exemplos de atividades de pesquisa:

a) atividades destinadas à obtenção de novo conhecimento;
b) busca, avaliação e seleção final das aplicações dos resultados de pesquisa ou outros conhecimentos;
c) busca de alternativas para materiais, dispositivos, produtos, processos, sistemas ou serviços; e
d) formulação, projeto, avaliação e seleção final de alternativas possíveis para materiais, dispositivos, produtos, processos, sistemas ou serviços novos ou aperfeiçoados.

Fase de Desenvolvimento

Um ativo intangível resultante de desenvolvimento deverá ser reconhecido somente se a entidade puder demonstrar todos os aspectos a seguir enumerados:

a) a viabilidade técnica para concluir o ativo intangível de forma que ele seja disponibilizado para uso ou venda;

b) sua intenção de concluir o ativo intangível e de usá-lo ou vendê-lo;

c) ter capacidade para usar ou vender o ativo intangível;

d) a forma como o ativo intangível deverá gerar benefícios econômicos futuros. Entre outros aspectos, a entidade deverá demonstrar a existência de um mercado para os produtos do ativo intangível ou para o próprio ou, caso este se destine ao uso interno, a sua utilidade;

e) a disponibilidade de recursos técnicos, financeiros e outros recursos adequados para concluir seu desenvolvimento e usar ou vender o ativo intangível; e

f) sua capacidade de mensurar com segurança os gastos atribuíveis ao ativo intangível durante seu desenvolvimento.

Marcas, títulos de publicações, listas de clientes e itens semelhantes gerados internamente não devem ser reconhecidos como ativos intangíveis.

26.5.1.2 Método de custo ou método de reavaliação

O Pronunciamento Conceitual Básico – Estrutura Conceitual para a Elaboração e Apresentação das Demonstrações Contábeis prevê que a entidade pode, em determinadas circunstâncias, optar pelo método de custo ou de reavaliação para a sua política contábil. Quando a opção por este não estiver restrita por uma lei ou norma legal regularmente estabelecida.

No caso brasileiro, quando da aprovação do pronunciamento referente aos ativos intangíveis, a reavaliação de bens tangíveis ou intangíveis não era permitida devido às determinações contidas na Lei nº 11.638/07, que alterou a Lei nº 6.404/76, com vigência a partir de 1º de janeiro de 2008.

Uma entidade pode optar em reconhecer um ativo intangível pelo método de custo ou pelo de reavaliação. Caso um ativo intangível seja contabilizado com base neste, todos os ativos da sua classe devem ser registrados utilizando o mesmo método, exceto quando não existir mercado ativo para tais itens.

26.5.1.3 Vida útil

A entidade deve avaliar se a vida útil de um ativo intangível é definida ou indefinida e, no primeiro caso, a duração ou o volume de produção ou unidades semelhantes que formam essa vida útil. A corporação deve atribuir vida útil indefinida a um ativo intangível quando, com base na análise de todos os fatores relevantes, não existir um limite previsível para o período durante o qual o ativo deverá gerar fluxos de caixa líquidos positivos para a entidade.

Para determinar se um ativo intangível requer uma provisão para perdas por desvalorização, a entidade deve aplicar o Pronunciamento Técnico CPC 01 – Redução ao Valor Recuperável de Ativos.

26.5.1.4 Ativo intangível com vida útil definida

O valor amortizável de um ativo intangível com vida útil definida deve ser apropriado de forma sistemática ao longo da sua vida útil estimada.

A amortização deve ser iniciada a partir do momento em que o ativo estiver disponível para uso, ou seja, quando se encontrar no local e nas condições necessários para que possa funcionar da maneira pretendida pela administração.

Ela deve cessar na data em que o ativo é classificado como mantido para venda ou incluído em um grupo de ativos classificado como mantido para venda ou, ainda, na data em que ele é baixado, o que ocorrer primeiro.

O método de amortização utilizado deve refletir o padrão de consumo pela entidade dos benefícios econômicos futuros. Se não for possível determinar esse padrão com segurança, deve ser utilizado o método linear. A despesa de amortização para cada período deve ser reconhecida no resultado, a não ser que outra norma ou pronunciamento contábil permita ou exija a sua inclusão no valor contábil de outro ativo.

O período e o método de amortização para um ativo intangível, com vida útil definida, devem ser revistos pelo menos no final de cada exercício social.

26.5.1.5 Ativo intangível com vida útil indefinida

Um ativo intangível com vida útil indefinida não deve ser amortizado.

De acordo com o Pronunciamento Técnico CPC 01 – Redução ao Valor Recuperável de Ativos, é exigido que uma entidade teste a recuperação de um ativo intangível com vida útil indefinida, comparando seu valor recuperável com o seu respectivo valor contábil, anualmente ou sempre que houver uma indicação de que o ativo intangível pode estar perdendo substância econômica.

26.6 Divulgação

A entidade deve divulgar as seguintes informações para cada classe de ativos intangíveis, fazendo a distinção entre ativos intangíveis gerados internamente e outros ativos intangíveis:

a) com vida útil indefinida ou definida e, se definida, os prazos de vida útil ou as taxas de amortização utilizados;

b) os métodos de amortização utilizados para ativos intangíveis com vida útil definida;

c) o valor contábil bruto e eventual amortização acumulada (mais as perdas acumuladas no valor recuperável) no início e no fim do período;

d) a rubrica da demonstração do resultado em que qualquer amortização de ativo intangível for incluída;

e) a conciliação do valor contábil no início e no final do período, demonstrando:

   i. adições, indicando separadamente as que foram geradas por desenvolvimento interno e as adquiridas, bem como as adquiridas por meio de uma combinação de negócios;

   ii. ativos classificados como mantidos para venda ou incluídos neste grupo, nos moldes do Pronunciamento Técnico CPC 31 – Ativo Não Circulante Mantido para Venda e Operação Descontinuada e outras baixas;

   iii. aumentos ou reduções durante o período, decorrentes de reavaliações nos termos dos itens 75, 85 e 86 e perda por desvalorização de ativos reconhecida ou revertida diretamente no patrimônio líquido, de acordo com o Pronunciamento Técnico CPC 01 – Redução ao Valor Recuperável de Ativos (se houver);

   iv. provisões para perdas de ativos, reconhecidas no resultado do período, de acordo com o Pronunciamento Técnico CPC 01 – Redução ao Valor Recuperável de Ativos (se houver);

   v. reversão de perda por desvalorização de ativos, apropriada ao resultado do período, de acordo com o Pronunciamento Técnico CPC 01 – Redução ao Valor Recuperável de Ativos (se houver);

   vi. qualquer amortização reconhecida no período;

   vii. variações cambiais líquidas geradas pela conversão das demonstrações contábeis para a moeda de apresentação e de operações no exterior para a moeda de apresentação da entidade; e

   viii. outras alterações no valor contábil durante o período.

Uma classe de ativos intangíveis é um grupo de ativos de natureza e com utilização similar nas atividades da entidade. Entre os exemplos de classes distintas, temos:

a) marcas;

b) títulos de periódicos;

c) softwares;

d) licenças e franquias;

e) direitos autorais, patentes e outros direitos de propriedade industrial, de serviços e operacionais;

f) receitas, fórmulas, modelos, projetos e protótipos; e

g) ativos intangíveis em desenvolvimento.

As classes acima mencionadas devem ser separadas (agregadas) em classes menores (maiores) se isso resultar em informação mais relevante para os usuários das demonstrações contábeis.

A entidade deve divulgar informações sobre ativos intangíveis que perderam o seu valor de acordo com o Pronunciamento Técnico CPC 01 – Redução ao Valor Recuperável de Ativos, além das informações exigidas no item 118(e) (iii) a (v).

O Pronunciamento Técnico CPC 23 – Políticas Contábeis, Mudança de Estimativa e Retificação de Erro requer que uma entidade divulgue a natureza e o valor das variações nas estimativas contábeis com impacto relevante no período corrente ou em períodos subsequentes. Essa divulgação pode resultar de alterações:

a) na avaliação da vida útil de ativo intangível:
b) no método de amortização; ou
c) nos valores residuais.

A entidade também deve difundir:

a) em relação a ativos intangíveis avaliados como tendo vida útil indefinida, o seu valor contábil e os motivos que fundamentam essa avaliação. Ao apresentar essas razões, a entidade deve descrever os fatores mais importantes que levaram à definição de vida útil indefinida do ativo;
b) uma descrição, o valor contábil e o prazo de amortização remanescente de qualquer ativo intangível individual relevante para as demonstrações contábeis da entidade;
c) em relação a ativos intangíveis adquiridos por meio de subvenção ou assistência governamentais e inicialmente reconhecidos ao valor justo (ver item 44):
   i. o valor justo inicialmente reconhecido dos ativos;
   ii. o seu valor contábil; e
   iii. se são mensurados, após o reconhecimento, pelo método de custo ou de reavaliação;
d) a existência e os valores contábeis de ativos intangíveis cuja titularidade é restrita e os valores contábeis de ativos intangíveis oferecidos como garantia de obrigações; e
e) o valor dos compromissos contratuais advindos da aquisição de ativos intangíveis.

Quando à entidade descrever os fatores mais importantes que levaram à indefinição da vida útil do ativo, devem-se considerar os fatores relacionados anteriormente.

26.6.1 Ativo intangível mensurado após o reconhecimento utilizando o método de reavaliação

Caso os ativos intangíveis sejam contabilizados a valores reavaliados, a entidade, na data da aprovação deste Pronunciamento – a reavaliação de bens tangíveis ou intangíveis não é permitida devido às disposições contidas na Lei nº 11.638/07, que alterou a Lei nº 6.404/76, com vigência a partir de 1º de janeiro de 2008 – deve divulgar o seguinte por classe de ativos intangíveis:

a) a data efetiva da reavaliação;
   i. o valor contábil dos ativos intangíveis reavaliados; e
   ii. o diferencial entre o valor contábil dos ativos intangíveis reavaliados e o valor desses mesmos ativos se utilizado o método de custo;
b) o saldo da reavaliação, relacionada aos ativos intangíveis, no início e no fim do período, indicando as variações ocorridas no período e eventuais restrições à distribuição do saldo aos acionistas; e
c) os métodos e premissas significativos aplicados à estimativa do valor justo dos ativos.

Pode ser necessário agrupar as classes de ativo reavaliadas em classes maiores para efeitos de divulgação. No entanto, elas não serão ordenadas se isso provocar a apresentação de uma classe de ativos intangíveis que inclua valores mensurados pelos métodos de custo e de reavaliação.

26.6.2 Gasto com pesquisa e desenvolvimento

A entidade deve divulgar o total de gastos com pesquisa e desenvolvimento reconhecidos como despesas no período.

Eles devem incluir todos os gastos diretamente atribuíveis às atividades de pesquisa ou de desenvolvimento

26.6.3 Outras informações

É recomendável, mas não obrigatório, que a entidade divulgue as seguintes informações:

a) descrição de qualquer ativo intangível totalmente amortizado que ainda esteja em operação; e
b) breve descrição de ativos intangíveis significativos, controlados pela entidade, mas que não são reconhecidos como ativos porque não atendem aos critérios de reconhecimento do presente pronunciamento, ou porque foram adquiridos ou gerados antes de sua entrada em vigor.

 Considerações finais

O IAS 38 e o correspondente CPC 04 (R1) tratam da informação sobre ativos intangíveis em termos de sua mensuração, contabilização e evidenciação. Conforme os autores de teoria da contabilidade ressaltam, este é um dos itens cujo tratamento é mais difícil em função das incertezas envolvidas quanto ao seu valor, período em que os fluxos de benefícios futuros serão auferidos, valor destes fluxos, probabilidade de usar ocorrência e mesmo quanto à identificação do ativo intangível. Para efeitos desta norma, só podem ser contabilizados aqueles identificados separadamente de outros ativos.

Questões para fixação do aprendizado

1. Defina ativo intangível de acordo com os autores de teoria da contabilidade.
2. Defina ativo intangível de acordo com o IAS 38/CPC 04 (R1).
3. Que tipo de ativo intangível deve ser contabilizado como ativo, de acordo com o IAS 38?
4. Quando gastos com pesquisa e desenvolvimento poderão ser contabilizados como ativos intangíveis?
5. Quais são as informações básicas a serem divulgadas por classe de ativos intangíveis?
6. Como devem ser tratados os ativos intangíveis gerados internamente?
7. Defina classe de ativos.
8. Defina ativo intangível com vida útil definida e ativo intangível com vida útil indefinida. Quais são as principais diferenças de tratamento contábil, conforme o IAS 38?
10. Fale sobre a amortização de ativos intangíveis.
11. Informe os pré-requisitos necessários para o reconhecimento de um ativo intangível.

Referências

CPC 04 (R1) – ATIVO INTANGÍVEL.

GLAUTIER, M. W. E.; UNDERDOWN, B. *Accounting theory and practice*. 7th edition. London: Financial Times/Prentice Hall, 2001.

HENDRIKSEN, S. S. *Accounting theory*; 4th edition. Homewood: Irwin, 1982.

IFRS – CONSOLIDATED WITHOUT EARLY APPLICATION – Official pronouncements applicable on 1 January 2012. IAS 38 – Intangible.

IAS 40
Propriedade para Investimento – CPC 28

27.1 Introdução

Não há diferenças entre a IAS e o CPC para o tema de propriedade para investimentos.

Para a contabilidade brasileira, antes do CPC 28, propriedades de investimento não eram destacadas, assim não eram contabilizadas como uso ou comercialização, mas consideradas como ativo imobilizado e, em alguns casos, investimento ao custo.

27.2 Objetivo da norma

O objetivo da norma é estabelecer o tratamento contábil de propriedades para investimento e respectivos requisitos de divulgação.

Devendo ser aplicada no reconhecimento, mensuração e divulgação de propriedades para investimento.

27.3 Visão geral do assunto

A norma tratará essencialmente da definição de propriedades para investimento em contraponto com ativo imobilizado, focando as diferenças e a questão do objetivo de uma propriedade para investimento.

Trata-se o método de custo e valor justo com muita profundidade e detalhamento, principalmente nos casos de exigências no reconhecimento inicial e na mensuração após a inicial, diferenciando os dois métodos.

27.4 Definições/Desenvolvimento

Os termos seguintes são usados neste pronunciamento com os significados especificados:

Valor contábil: é o montante pelo qual um ativo é reconhecido no balanço patrimonial.

Custo: é o montante de caixa ou equivalentes de caixa pago ou o valor justo de outra contraprestação dada para adquirir um ativo no momento da sua aquisição ou construção ou, quando aplicável, o montante atribuído àquele ativo quando inicialmente reconhecido em consonância com requerimentos específicos de outros pronunciamentos, por exemplo, Pronunciamento Técnico CPC 10 – Pagamento Baseado em Ações.

Valor justo: é o valor pelo qual um ativo pode ser negociado entre partes interessadas, conhecedoras do negócio e independentes entre si, com ausência de fatores que pressionem para a liquidação da transação ou que caracterizem uma transação compulsória.

Propriedade para investimento: é a propriedade (terreno ou edifício – ou parte de edifício – ou ambos) mantida (pelo proprietário ou pelo arrendatário em arrendamento financeiro) para auferir aluguel ou para valorização do capital, ou ambas, e não para:

a) uso na produção ou fornecimento de bens ou serviços ou para finalidades administrativas; ou

b) venda no curso ordinário do negócio.

Propriedade ocupada pelo proprietário: é a propriedade mantida (pelo proprietário ou pelo arrendatário sob arrendamento financeiro) para uso na produção ou fornecimento de bens ou serviços ou para finalidades administrativas.

Uma propriedade que seja mantida por arrendatário sob arrendamento operacional pode ser classificada e contabilizada como propriedade para investimento se, e apenas se, ela, de outra forma, satisfizesse à definição de propriedade para investimento e o arrendatário usasse o método do valor justo definido nos itens 33 a 55 para o ativo reconhecido. Essa alternativa de classificação deve ser analisada a cada caso. Entretanto, uma vez escolhida essa alternativa de classificação para um interesse em propriedade desse gênero mantido sob arrendamento operacional, todas as classificadas como propriedade para investimento devem ser contabilizadas usando o método do valor justo. Quando essa alternativa de classificação for escolhida, qualquer interesse assim classificado é incluído nas divulgações exigidas nos itens 74 a 78.

As propriedades para investimento são classificadas no subgrupo Investimentos, dentro do Ativo Não Circulante, pois são mantidas para obter rendas ou para valorização do capital ou para ambas.

Uma propriedade para investimento tem como característica a geração de fluxos de caixa altamente independentes dos outros ativos mantidos pela entidade, sendo essas características que as distinguem para investimento de propriedades ocupadas pelos proprietários.

Seguem exemplos de propriedades para investimento:

a) terrenos mantidos para valorização de capital em longo prazo e não para venda em curto prazo no curso ordinário dos negócios;

b) terrenos mantidos para futuro uso correntemente indeterminado (se a entidade não tiver determinado que usará o terreno como propriedade ocupada pelo proprietário ou para venda em curto prazo no curso ordinário do negócio, o terreno é considerado como mantido para valorização do capital);

c) edifício que seja propriedade da entidade (ou mantido pela entidade em arrendamento financeiro) e que seja arrendado sob um ou mais arrendamentos operacionais;

d) edifício que esteja desocupado, mas mantido para ser arrendado sob um ou mais arrendamentos operacionais;

e) propriedade que esteja sendo construída ou desenvolvida para futura utilização como propriedade para investimento.

Para o caso de propriedades híbridas que compreendem uma parte que é mantida para obter rendimentos ou para valorização de capital e outra para uso na produção ou fornecimento de bens ou serviços ou para finalidades administrativas, seguem-se duas possibilidades de contabilização:

i. se essas partes puderem ser vendidas separadamente (ou arrendadas separadamente sob arrendamento financeiro), a entidade deveria contabilizar as partes separadamente;

ii. se as partes não puderem ser vendidas separadamente, a propriedade só é propriedade para investimento se uma parte insignificante for mantida para uso na produção ou fornecimento de bens ou serviços ou para finalidades administrativas.

Seguem exemplos para propriedades híbridas:

Serviços prestados insignificantes

Por exemplo: um proprietário de edifício de escritórios proporciona serviços de segurança e de manutenção aos arrendatários que ocupam o prédio.

Nesse caso, a entidade fornece serviços de apoio aos ocupantes da propriedade que ela mantém. Considera-se essa entidade como propriedade para investimento se os serviços forem insignificantes em relação ao acordo como um todo.

Serviços prestados são significativos

Exemplos de uma entidade que possui e administra um hotel: os serviços proporcionados aos hóspedes são significativos para o acordo como um todo. Por isso, o hotel administrado pelo proprietário é propriedade ocupada e não para investimento.

Serviços difíceis de classificar como significantes ou insignificantes

Por exemplo, o proprietário de hotel, por vezes, transfere algumas responsabilidades a terceiros sob contrato de gestão. Os termos de tais contratos variam amplamente. Em um extremo, a posição do proprietário pode, em essência, ser a de um investidor passivo. No outro, o proprietário pode simplesmente ter terceirizado funções do dia a dia, embora ficando com significativa exposição aos riscos das variações dos fluxos de caixa gerados pelas operações do hotel.

Nesse caso, pode ser difícil determinar se os serviços de apoio são ou não tão significativos para que uma propriedade não se qualifique como propriedade para investimento. Assim é necessário julgamento para determinar se ela se qualifica como tal. A entidade desenvolve critérios para que possa exercer esse julgamento consistentemente de acordo com a definição de propriedade para investimento e com a relacionada orientação dos itens 7 a 13.

Atenção para o item 75(c), que exige que a entidade divulgue esses critérios quando a classificação for difícil.

27.4.1 Reconhecimento

A propriedade para investimento deve ser reconhecida como ativo quando, e apenas quando:

a) for provável que os benefícios econômicos futuros associados à propriedade para investimento fluirão para a entidade;
b) o custo da propriedade para investimento puder ser mensurado confiavelmente;
c) todos os custos da propriedade para investimento no momento em que eles são incorridos forem levantados e avaliados, incluindo:
  i. custos inicialmente incorridos para adquirir uma propriedade para investimento; e
  ii. custos incorridos subsequentemente para adicionar a, substituir partes de, ou prestar manutenção à propriedade.

É importante notar que, segundo o princípio de reconhecimento do item, a entidade *não reconhece* no valor contábil da propriedade para investimento os custos de serviços diários dela; esses custos são reconhecidos na demonstração do resultado quando incorridos. Os custos de serviços diários são basicamente os da mão de obra e dos bens consumíveis, e podem incluir o de pequenas peças. A finalidade dessas despesas é muitas vezes descrita como para "reparo e manutenção" da propriedade.

27.4.2 Mensuração no reconhecimento

Inicialmente mensurada pelo seu custo, incluindo os de transação, significa: (i) preço de compra e (ii) dispêndios diretamente atribuíveis.

Exemplos de dispêndios diretamente atribuíveis: as remunerações profissionais de serviços legais, impostos de transferência de propriedade e outros custos de transação.

Atenção: O custo de uma propriedade para investimento *não é aumentado* por:

- custos de início de atividades (*start-up*);
- perdas operacionais incorridas antes de a propriedade para investimento ter atingido o nível de ocupação previsto; ou
- quantidades anormais de material, mão de obra ou outros recursos consumidos incorridos na construção ou desenvolvimento da propriedade.

Quanto a mensuração inicial, a norma ainda tratará da determinação do custo inicial em relação a:

- compras da propriedade com pagamentos a prazo;
- custo inicial em propriedades adquiridas por arrendamento mercantil;
- propriedades adquiridas por meio de troca.

27.4.3 Mensuração após reconhecimento

A norma permite, para avaliar as propriedades para investimento consistentemente no decurso do tempo, que a entidade escolha, após o registro inicial entre:

i. o método do valor justo: as propriedades para investimento são avaliadas ao valor justo e as variações neste são registradas no resultado; ou

ii. o método do custo modelo: as propriedades para investimento são avaliadas ao custo depreciado menos eventuais perdas acumuladas por *impairment*.

O método do valor justo deve, preferencialmente, ser obtido de avaliador independente.

O uso concomitante dos dois métodos é praticamente proibido, só admitido em exceções discutidas na norma.

A mudança da mensuração, após reconhecimento inicial de um modelo para outro, é permitida caso venha a resultar em uma apresentação mais adequada, porém ela deixa muito claro que seria altamente improvável na mudança de modelo de valor justo para modelo de custo.

Atenção: São estabelecidas regras específicas, na norma, para o caso de aplicação inicial desta em caso de entidades que já possuíam propriedades para investimento.

27.5 Divulgação

Devem ser divulgados:

- método de avaliação da propriedade para investimento;
- critérios que levam à classificação como esse tipo de propriedade;
- métodos e pressupostos significativos utilizados na determinação do valor justo (inclusive se é adotado ou não avaliador independente);

- valores reconhecidos no resultado de receitas de aluguel e outras;
- gastos operacionais diretos com essas propriedades (segregando destes os incorridos com propriedades que não estejam gerando receitas);
- diferença acumulada do custo ao valor justo quando adotado contabilmente o primeiro;
- existência de restrições sobre tais propriedades e suas receitas e as obrigações contratuais para comprar, construir, reparar etc.

Propriedades avaliadas ao valor justo, além do item anterior, devem ser divulgadas:

- adições ocorridas no período com novas propriedades para investimento;
- propriedades baixadas e ou transferidas para outras contas;
- ganhos ou as perdas provenientes da variação no valor justo;
- variações cambiais resultantes de conversão para outra moeda etc.

Propriedades avaliadas ao custo, além do contido no item genérico de divulgação, devem ser divulgadas:

- vidas úteis;
- taxas de depreciação;
- valores brutos e líquidos contábeis;
- conciliação entre os saldos iniciais e finais do período, com a movimentação por novas aquisições, baixas, perdas por redução ao valor recuperável, depreciações, diferenças cambiais, transferências, alienações etc.; e
- também deve ser divulgado o valor justo dessas propriedades avaliadas ao custo.

Considerações finais

Analisar uma propriedade para investimento é um trabalho de bom-senso e crítica, pois a essência da operação deve destacar-se da forma.

É importante verificar que a norma tem a clara preferência e tendência pela avaliação ao método do valor justo.

Deve-se tomar cuidado na mudança de método no meio do caminho, pois é praticamente inviável justificar uma mudança do método do valor justo para custo.

Questões para fixação do aprendizado

1. Como deve ser a contabilização do custo inicial se o *pagamento de uma propriedade para investimento for a prazo*?
2. Como é definido o valor de mensuração inicial de itens adquiridos por meio de troca? Resuma a seguir as principais considerações da norma.

3. Discuta uma exceção para a obrigação de utilização de um único método de mensuração para os ativos (custo ou valor justo).

4. Caracterize ativos mantidos para investimento.

5. Qual é o significado do termo *propriedade para investimento?*

6. Em que grupo do ativo deve ser reconhecida uma propriedade mantida para investimento?

7. Em relação aos fluxos de caixas de uma entidade, qual a característica de um ativo mantido como investimento?

8. O que deve ser divulgado para uma propriedade mantida como investimento?

9. Cite e descreva alguns exemplos de propriedades mantidas como investimento.

10. Para propriedades avaliadas pelo custo, o que deve ser divulgado?

 Referências

CPC 28 – PROPRIEDADE PARA INVESTIMENTO.

HENDRIKSEN, E. S. *Accounting theory*. 4th ed. Homewood: Irwin, 1982.

IFRS – CONSOLIDATED WITHOUT EARLY APPLICATION – Official pronouncements applicable on 1 January 2012. IAS 40 – Investment Property.

MANUAL OF ACCOUNTING IFRS 2012. PricewaterhouseCoopers. Disponível em: <http://www.pwc.com/ifrs>. Acesso em: 7 jul. 2013.

IAS 41
Agricultura – CPC 29

28.1 Introdução

A norma que foca dentro do tema agricultura (i) ativos biológicos (animais e/ou plantas vivos como gado de leite, árvores de uma plantação, porcos, plantas etc.) e (ii) produção agrícola (produtos colhidos dos ativos biológicos como frutas, lã, cana, madeira etc.).

Não há diferenças entre a norma brasileira e a internacional. No Brasil, antes da convergência entre as normas, as entidades utilizavam o método do custo para mensurar esses ativos, embora fosse admitida a mensuração a valor justo, desde que observadas algumas condições.

28.2 Objetivo da norma

Estabelecer o tratamento contábil, e as respectivas divulgações, relacionados aos ativos biológicos e aos produtos agrícolas. Esta norma deve ser aplicada para contabilizar os seguintes itens relacionados com as atividades agrícolas:

a) ativos biológicos;
b) produção agrícola no ponto de colheita;
c) subvenções governamentais previstas.

Não se aplica para:

a) terras relacionadas com atividades agrícolas (ver as normas Ativo Imobilizado e para Propriedade para Investimento); e

b) ativos intangíveis relacionados com atividades agrícolas (ver a norma Ativo Intangível).

Atenção: Após a produção agrícola, considerada aquela obtida no momento e no ponto de colheita dos produtos advindos dos ativos biológicos da entidade, deve-se utilizar a norma IAS 2/CPC 16 – Estoques. A norma de ativo biológicos não trata do processamento dos produtos agrícolas após a colheita, por exemplo, o processamento de uvas para a transformação em vinho por vinícola, mesmo que ela a tenha cultivado e colhido. Tais itens são excluídos da norma, mesmo que seu processamento, após a colheita, possa ser extensão lógica e natural da atividade agrícola, e os eventos possam ter similaridades.

28.3   Visão geral do assunto

Para uma leitura facilitada desta norma, é importante que o leitor visualize os exemplos de ativos biológicos, pois somente com exemplos claros fica fácil entender e contextualizar a contabilização e o cálculo do valor justo.

Segue quadro com exemplos para diferenciação para ativo biológico.

Ativo biológico	Produção agrícola	Produto processado
Plantas	Grãos de café	Café em pó
Parreiras	Uva	Vinho

A norma traz dois exemplos ilustrativos. O primeiro aborda uma fazenda de gado leiteiro para ilustrar as evidenciações solicitadas nela, e o segundo exemplo ilustra como separar mudanças físicas e de preços.

28.4   Definições

Segue definições relacionadas com a área agrícola:

Atividade agrícola: é o gerenciamento da transformação biológica e da colheita de ativos biológicos para venda ou para conversão em produtos agrícolas ou em ativos biológicos adicionais, pela entidade.

Produção agrícola: é o produto colhido de ativo biológico da entidade.

Ativo biológico: é um animal e/ou uma planta, vivos.

Transformação biológica: compreende o processo de crescimento, degeneração, produção e procriação que causam mudanças qualitativa e quantitativa no ativo biológico.

Despesa de venda: são despesas incrementais diretamente atribuíveis à venda de ativo, exceto despesas financeiras e tributos sobre o lucro.

Grupo de ativos biológicos: é um conjunto de animais ou plantas vivos semelhantes.
Colheita: é a extração do produto de ativo biológico ou a cessação da vida deste.
Atividade agrícola: compreende uma série de atividades, por exemplo, aumento de rebanhos, silvicultura, colheita anual ou constante, cultivo de pomares e de plantações, floricultura e cultura aquática (incluindo criação de peixes). Certas características comuns existem dentro dessa diversidade:

a) capacidade de mudança: animais e plantas vivos são capazes de transformações biológicas;

b) gerenciamento de mudança: facilita a transformação biológica, promovendo, ou pelo menos estabilizando, as condições necessárias para que o processo ocorra (por exemplo, nível de nutrientes, umidade, temperatura, fertilidade, luz). Tal gerenciamento distingue as atividades agrícolas de outras. Por exemplo, colher de fontes não gerenciadas, tais como pesca no oceano ou desflorestamento, não é atividade agrícola; e

c) mensuração da mudança: a mudança na qualidade (por exemplo, mérito genético, densidade, amadurecimento, nível de gordura, conteúdo proteico e resistência da fibra) ou quantidade (por exemplo, descendência, peso, metros cúbicos, comprimento e/ou diâmetro da fibra e a quantidade de brotos) causada pela transformação biológica ou colheita é mensurada e monitorada como uma função rotineira de gerenciamento.

Transformação biológica: resulta dos seguintes eventos:

a) mudanças de ativos por meio de (i) crescimento (aumento em quantidade ou melhoria na qualidade do animal ou planta); (ii) degeneração (redução na quantidade ou deterioração na qualidade de animal ou planta); ou (iii) procriação (geração adicional de animais ou plantas); ou

b) produção de produtos agrícolas, tais como látex, folhas de chá, lã e leite.

As seguintes definições gerais são citadas:

Mercado ativo: é aquele em que existem todas as seguintes condições:
 i. os itens negociados dentro do mercado são homogêneos;
 ii. compradores e vendedores dispostos à negociação podem ser normalmente encontrados, a qualquer momento; e
 iii. os preços estão disponíveis para o público.

Valor contábil: é o montante pelo qual um ativo é reconhecido no balanço.
Valor justo: é o valor pelo qual um ativo pode ser negociado, ou um passivo liquidado, entre partes interessadas, conhecedoras do negócio e independentes entre si, com a ausência de fatores que pressionem para a liquidação da transação ou que caracterizem uma transação compulsória.

Subvenção governamental: é definida na norma IAS 20/CPC 07 – Subvenção e Assistência Governamentais.

O valor justo de ativo: tem sua determinação baseada na sua localização e nas condições atuais. Como consequência, por exemplo, o valor justo do gado na fazenda é o preço do mercado principal, menos a despesa de transporte e outras despesas necessárias para colocá-lo no referido mercado.

No o parágrafo 44, definem-se:

Ativos biológicos consumíveis: aqueles passíveis de serem colhidos como produto agrícola ou vendidos como ativos biológicos. Exemplos: rebanhos de animais mantidos para a produção de carne e para a venda, produção de peixe, plantações de milho, cana-de-açúcar, café, soja, laranja e trigo e árvores para produção de madeira.

Ativos biológicos para produção: os demais tipos, por exemplo: rebanhos de animais para produção de leite, vinhas, árvores frutíferas e das quais se produz lenha por desbaste, porém com manutenção da árvore. Ativos biológicos de produção não são produtos agrícolas, mas, sim, autorrenováveis.

No parágrafo 45, define-se a classificação:

Ativos biológicos podem ser classificados como: maduros ou imaturos. Os maduros são aqueles que alcançaram a condição para serem colhidos (ativos biológicos consumíveis) ou estão aptos para sustentar colheitas regulares (ativos biológicos de produção).

28.5 Desenvolvimento

28.5.1 Reconhecimento e mensuração

A entidade deve reconhecer um ativo biológico ou produto agrícola quando, e somente quando:

a) controla o ativo como resultado de eventos passados: controle pode ser evidenciado, por exemplo, pela propriedade legal do gado e a sua marcação no momento da aquisição, nascimento ou época de desmama;

b) for provável que benefícios econômicos futuros associados com o ativo fluiam para a entidade, normalmente, determinados pela mensuração dos atributos físicos significativos; e

c) o valor justo ou o custo do ativo puder ser mensurado confiavelmente, valor justo menos a despesa de venda no momento do reconhecimento inicial e no fim de cada período de competência.

Logo após a colheita, o nascimento ou qualquer outra forma de sua obtenção, os produtos agrícolas são avaliados *ao valor justo menos despesas de venda*, com a contrapartida desse registro afetando o resultado. Presume-se que sempre há valor de mercado para o produto agrícola. Daí para a frente, na forma de produtos agrícolas, esses estoques continuam a ser avaliados ao valor justo menos despesas de venda, com todas as variações reconhecidas no resultado, conforme esclarecido no item 3 do IAS 2 (CPC 16) – Estoques.

Os preços de mercado cotados em um mercado ativo geralmente representam a melhor medida do valor justo de um ativo biológico ou produto agrícola. Na ausência de mercado ativo, essa norma fornece orientações para a escolha de um dos outros preços de mercado ou valores.

28.6 Divulgação

De maneira geral, a norma trata as exigências quanto à divulgação do ativo biológico e do produto agrícola, das variações de seus valores, da conciliação entre saldos iniciais e finais, de restrições à sua livre manipulação, dos métodos e premissas utilizados na determinação do valor justo, de ônus e compromissos vinculados a tais ativos, de riscos climáticos e de subvenções governamentais. Atenção especial é dada ao ativo biológico avaliado ao custo.

Seguem alguns detalhamentos das exigências de divulgação:

- ganho ou a perda do período corrente em relação ao valor inicial do ativo biológico e do produto agrícola e, também, os decorrentes da mudança no valor justo, menos a despesa de venda dos ativos biológicos;
- descrição de cada grupo de ativos biológicos;
- a entidade é encorajada a fornecer uma descrição da quantidade de cada grupo de ativos biológicos, distinguindo entre consumíveis e de produção ou entre maduros e imaturos, conforme apropriado, também divulgar a base para realizar tais distinções.

As demonstrações contábeis devem divulgar:

- a) a natureza das atividades envolvendo cada grupo de ativos biológicos; e
- b) mensurações ou estimativas não financeiras de quantidade físicas:
    - i. de cada grupo de ativos biológicos no fim do período; e
    - ii. da produção agrícola durante o período.

Quanto ao valor justo:

- a entidade deve evidenciar o método e as premissas significativas aplicados para sua determinação em cada grupo de produto agrícola no momento da colheita e de cada grupo de ativos biológicos;
- divulgar o valor justo, menos a despesa de venda do produto agrícola colhido durante o período, determinado no momento da colheita;
- divulgação adicional para ativo biológico cujo valor justo não pode ser mensurado de forma confiável.

Quanto à posse e titularidade deve:

a) a existência e o total de ativos biológicos cuja titularidade legal seja restrita, e o montante deles dado como garantia de exigibilidades;
b) o montante de compromissos relacionados com o desenvolvimento ou aquisição de ativos biológicos; e
c) as estratégias de administração de riscos financeiros relacionadas com a atividade agrícola.

Divulgar conciliação das mudanças no valor contábil de ativos biológicos entre o início e o fim do período corrente deve incluir, para detalhes do quadro de conciliação, pesquisar modelos de quadros divulgados ou publicados.

No caso de mensuração de ativos biológicos pelo custo, menos qualquer depreciação e perda no valor recuperável acumuladas, no fim do período deve divulgar:

a) uma descrição dos ativos biológicos;
b) uma explicação da razão pela qual o valor justo não pode ser mensurado de forma confiável;
c) se possível, uma faixa de estimativas dentro da qual existe alta probabilidade de se encontrar o valor justo;
d) o método de depreciação utilizado;
e) a vida útil ou a taxa de depreciação utilizada; e
f) o total bruto e a depreciação acumulada (adicionada da perda por irrecuperabilidade acumulada) no início e no fim do período.

Caso durante o período corrente a entidade mensure os ativos biológicos ao seu custo menos depreciação e perda no valor recuperável, deve divulgar qualquer ganho ou perda reconhecidos sobre a venda de tais ativos biológicos, e a conciliação.

 Considerações finais

Para essa norma, o importante é o foco na mensuração. Como regra, entende-se:

- ativo biológico deve ser mensurado pelo seu valor justo, deduzido das despesas com vendas,
- produtos agrícolas colhidos são mensurados ao valor justo no momento da colheita, líquido das despesas com vendas, sendo que após a colheita, esse valor representa o custo do estoque, e o ativo passa a ser avaliado segundo estas normas.

Já o ativo biológico, cujo valor deveria ser determinado pelo mercado, porém este não o tem disponível e as alternativas para estimá-los não são confiáveis, deve ser mensurado ao custo, menos qualquer depreciação e perda por irrecuperabilidade acumuladas.

Cuidado com o caso descrito anteriormente; mensuração por custo deve ser justificada, formalizada, não é uma questão de escolha de mensuração, mas falta de opção.

Questões para fixação do aprendizado

1. A determinação do valor justo para um ativo biológico ou produto agrícola pode ser facilitada pelo agrupamento destes, conforme os atributos significativos, reconhecidos no mercado em que os preços são baseados, por exemplo, por idade ou qualidade. A entidade deve identificar os atributos que correspondem aos usados no mercado como base para a fixação de preço. Concorda ou discorda? Justifique.

2. Algumas entidades, frequentemente, fazem contratos para vender seus ativos biológicos ou produtos agrícolas em data futura. Os preços contratados não são, necessariamente, relevantes na determinação do valor justo, porque este reflete o mercado corrente em que o comprador e o vendedor dispostos à transação a realizarão. Como consequência, o valor justo de ativo biológico ou produto agrícola não é ajustado em função da existência do contrato. Em alguns casos, um contrato para venda de ativo biológico ou produto agrícola pode ser oneroso, como definido no Pronunciamento Técnico CPC 25 – Provisões, Passivos Contingentes e Ativos Contingentes e que se aplica aos contratos onerosos. Defina contrato oneroso no contexto de ativos biológicos.

3. Se não existir mercado ativo, a entidade deve utilizar, quando disponível, uma ou mais das seguintes alternativas para determinação do valor justo:
   a) o preço de mercado da transação mais recente, considerando que não tenha havido nenhuma mudança significativa nas circunstâncias econômicas entre a data da transação e a de encerramento das demonstrações contábeis;
   b) preços de mercado de ativos similares com ajustes para refletir diferenças; e
   c) padrões do setor, tais como o valor de pomar expresso pelo valor de embalagem padrão de exportação, alqueires ou hectares, e o valor de gado expresso por quilograma ou arroba de carne. Concorda ou discorda?

4. Em quais circunstâncias os custos podem se aproximar do valor justo?

5. Resuma o que se define por ganho ou perda no ativo biológico e como deve ser a contabilização.

6. De quais ativos biológicos trata esta norma?

7. Quais são as exigências de divulgação para ativos biológicos?

8. Caracterize e diferencie: ativo biológico; produção agrícola; produto processado.

9. Quando uma entidade deve reconhecer um ativo biológico?

10. Forneça um parâmetro para a medida do valor justo de um ativo biológico.

Referências

CPC 29 – ATIVO BIOLÓGICO E PRODUTO AGRÍCOLA.

IFRS – CONSOLIDATED WITHOUT EARLY APPLICATION – Official pronouncements applicable on 1 January 2012. IAS 41 – Agriculture.

MANUAL OF ACCOUNTING IFRS 2012. PricewaterhouseCoopers. Disponível em: <http://www.pwc.com/ifrs>. Acesso em: 7 jul. 2013.

Anexo
Para saber mais...

Algumas normas não foram discutidas durante o livro por se tratarem de temas muito específicos e que não fazem parte do escopo do trabalho. No entanto, é importante que se tenha conhecimento de sua existência e os casos que abrangem e, por isso, apresentaremos cada uma sucintamente:

A.1   IFRS 4 Contrato de Seguros – CPC 11

O objetivo do pronunciamento é especificar o reconhecimento contábil para contratos de seguro por parte de qualquer entidade que os emite (denominada no Pronunciamento como seguradora) até que o Comitê de Pronunciamentos Contábeis complete a segunda fase do projeto sobre contratos de seguro, em consonância com as normas internacionais de contabilidade, as quais preveem, para uma segunda fase, o aprofundamento das questões conceituais e práticas relevantes. Em particular, o pronunciamento determina:

a) limitadas melhorias na contabilização de contratos de seguro pelas seguradoras;

b) divulgação que identifique e explique os valores resultantes de contratos de seguro nas demonstrações contábeis da seguradora e que ajude os usuários dessas demonstrações a compreender o valor, a tempestividade e a incerteza de fluxos de caixa futuros originados de contratos de seguro.

É importante destacar que o Pronunciamento não trata da contabilização por parte dos segurados.

A.2 IFRS 5 Ativo Não Circulante Mantido para Venda e Operação Descontinuada – CPC 31

O objetivo deste pronunciamento é prescrever a contabilização de ativos não circulantes mantidos (colocados) para venda e a apresentação e divulgação dos efeitos de operações descontinuadas. Em particular, o pronunciamento exige que:

a) os ativos que satisfazem os critérios de classificação como mantidos para venda sejam classificados no circulante e mensurados pelo menor entre o valor contábil até então registrado e o valor justo menos as despesas de venda (componentes estes ajustados a valor presente), e que a depreciação desses ativos deve cessar; e

b) os ativos (e passivos relacionados, se existirem) que satisfazem os critérios de classificação como mantidos para venda sejam apresentados separadamente no balanço patrimonial e que os resultados das operações descontinuadas também sejam apresentados separadamente na demonstração do resultado.

A.3 IFRS 6 Exploração e Avaliação de Recursos Minerais – CPC 34 (Não Publicado)

Para o Brasil, o correspondente ao IFRS 6 seria Pronunciamento Técnico CPC 34 – Exploração e Avaliação de Recursos Minerais. No entanto, este não foi emitido para o estágio de audiência pública. É de aplicação compulsória pelo IASB, mas não está completo no que se refere a todas as fases relativas à prospecção, exploração, avaliação, e extração de minérios.

A.4 IFRS 7 Instrumentos Financeiros: Divulgação – CPC 40

O objetivo desta norma é exigir que a entidade divulgue em suas demonstrações contábeis aquilo que permita aos usuários avaliarem:

a) a significância do instrumento financeiro para a posição patrimonial e financeira e para o desempenho da entidade; e

b) a natureza e a extensão dos riscos, resultantes de instrumentos financeiros, a que a entidade está exposta durante o período contábil, e como ela administra esses riscos.

Instrumentos financeiros caracterizam-se como assunto muito específico e de extrema complexidade; portanto, não serão tratados em detalhes por esse material, que tem como foco o estudante inicial de contabilidade.

A.5 IFRS 9 Instrumentos Financeiros: Divulgação (Alterações no CPC 38)

Esta norma terá vigência para os exercícios iniciados a partir de 1º de janeiro de 2015. Introduz novas exigências para a classificação e mensuração dos ativos financeiros.

Instrumentos financeiros não serão escopo do nosso trabalho, pois não é um tema para iniciantes em contabilidade e, portanto, não abarca o público-alvo desta obra.

A.6 IFRS 13 Mensuração do Valor Justo – CPC 46

Esta norma tem vigência para os exercícios iniciados a partir de 1º de janeiro de 2013.

Norma resultante da união entre IASB e FASB, com foco de aglutinar, em única norma, as diretrizes relacionadas à mensuração do valor justo e de convergir o conceito entre os dois GaapAAPs.

- A IFRS 13:

  (i) define o valor justo; (ii) indica como determinar o valor justo; e (iii) exige divulgações acerca das mensurações do valor justo.

  De maneira geral a norma exige que as entidades classifiquem as mensurações em uma hierarquia de valor justo com base na natureza dos dados:
  - Nível 1 – os preços cotados em mercados ativos para ativos ou passivos idênticos que podem ser acessados pela entidade na data de mensuração.
  - Nível 2 – dados, exceto pelos preços de mercado cotados incluídos no Nível 1, que sejam observáveis para o ativo ou passivo, direta ou indiretamente.
  - Nível 3 – dados não observáveis para o ativo ou passivo.

A norma também esclarece as profundidades de divulgações, dependendo da natureza da mensuração do valor justo e do nível em que foi classificada.

A.7 IAS 12 Impostos sobre a Renda – CPC 32

Essa norma tem como objetivo definir o tratamento contábil dos tributos sobre a renda.

Ela estabelece os princípios e fornece orientação contábil para as consequências fiscais correntes e futuras (i) recuperação (liquidação) futura de valores contábeis de ativos (passivos) reconhecidos nas demonstrações da posição financeira da entidade;

e (ii) transações e outros eventos no período corrente que são reconhecidos nas demonstrações contábeis da entidade.

Trata-se de um tema complexo, sendo atualmente um dos que mais geram republicação das DFs no Brasil na aplicação do CPC 32.

A.8 IAS 26 Contabilizações e Emissão de Relatórios para Planos de Benefícios de Aposentadoria (sem CPC correspondente)

O objetivo dessa norma é apontar os princípios de avaliação e divulgação de relatórios financeiros de planos de benefícios de aposentadoria.

Estabelece as exigências para a emissão de relatórios de planos de contribuição e de benefício definido, trata da contabilização e apresentação de informação pelo plano a todos participantes, detalha a necessidade de uma avaliação atuarial dos benefícios dos planos de benefício definido e a utilização de valores justos para os investimentos do plano e trata a frequência com que as avaliações atuariais são efetuadas e como devem ser consideradas.

É um tema complexo, e que não foi abordado especificamente nos CPCs no Brasil; portanto, não está no escopo deste trabalho, pela sua especificidade.

A.9 IAS 29 Relatório Financeiro em Economia Hiperinflacionária (sem CPC correspondente)

Essa norma visa a fornecer orientação específica para entidades com relatórios em moeda de economia hiperinflacionária. As demonstrações contábeis de uma entidade cuja moeda funcional é a de economia hiperinflacionária são apresentadas com base em uma unidade de avaliação corrente na data final do período de divulgação.

Conforme a IAS 29, quando a economia da moeda funcional da entidade se torna hiperinflacionária, a entidade aplica os requisitos da IAS 29 como se isso ocorresse sempre.

Define-se economia hiperinflacionária de acordo com a constatação de que:

> o dinheiro perde poder aquisitivo de tal forma que a comparação entre os valores das transações e outros eventos que ocorreram em épocas diferentes, ainda que dentro do mesmo período contábil, se torna enganosa.

O texto da norma ainda esclarece que "[...] A norma não estabelece taxa absoluta [...] (e) a taxa de inflação acumulada no triênio aproxima-se de, ou excede, 100%".

Trata-se de um tema complexo, não em relação à definição, mas ao método de conversão, e que não foi abordado especificamente nos CPCs no Brasil.

Este tema não está no escopo do nosso trabalho, até porque o Brasil deixou a economia hiperinflacionária na década de 1990, o que, aliado à complexidade, o transforma em um tema muito específico para um livro de propósito geral, como este.

A.10 Demonstração Intermediária – CPC 21 (R1)

Demonstração contábil intermediária é aquela que contém tanto demonstrações contábeis completas quanto um conjunto de demonstrações condensadas de um período inferior ao exercício social completo da entidade.

Esta norma não especifica quais entidades devem ser obrigadas a divulgar ou a publicá-las, quais são essas demonstrações e com qual frequência mínima devem ser divulgadas. A decisão final desses assuntos é dos órgãos reguladores.

A norma especifica o conteúdo mínimo dessas informações, que também deve ser observado se a entidade decide divulgar ou publicar voluntariamente demonstrações intermediárias.

Conclusão

Acreditamos que esta obra se adequa ao momento que a contabilidade brasileira esta vivendo, não mais uma etapa de transição, mas de amadurecimento no uso das normas contábeis.

Esse livro se propôs a uma visão geral das normas locais e internacionais de contabilidade, com foco no fechamento deste ano.

A cada ano é muito importante que o leitor acompanhe as atualizações das regras. No site do IFRS, http://www.ifrs.org, há uma agenda com todas as normas que estão em processo de audiência pública e suas atualizações.

Para manter-se informado vale também a leitura de guias de Demonstrações Contábeis, Listas de divulgações, além de outros materiais disponibilizados na Internet pelas grandes empresas de Auditoria e Consultoria.

Veja que as mudanças nas normas não acontecem no ano e repentinamente, mas seguem a agenda e discussões prévias, para que nós, usuários, tenhamos tempo suficiente para nos prepararmos.

Entendemos que, com a leitura deste livro e a atualização constante pelo leitor, na forma indicada acima, terá sucesso na aplicação das normas.